二〇一一—二〇二〇年國家古籍整理出版規劃項目
國家古籍整理出版資助項目
安徽省文化强省建設專項資金項目
安徽省古籍整理出版基金會資助項目

桐舊集

一

方履中署

［清］徐璈◎輯録
楊懷志　江小角　吴曉國◎點校

北京师范大学出版集团
BEIJING NORMAL UNIVERSITY PUBLISHING GROUP
安徽大学出版社

圖書在版編目(CIP)數據

桐舊集/[清]徐璈輯録;楊懷志,江小角,吴曉國點校. 一合肥:安徽大學出版社,2016.5

ISBN 978-7-5664-1117-4

Ⅰ. ①桐… Ⅱ. ①徐… ②楊… ③江… ④吴… Ⅲ. ①古典詩歌一詩集一中國一明清時代 Ⅳ. ①I222.74

中國版本圖書館 CIP 數據核字(2016)第 100385 號

桐舊集

TONG JIU JI

[清]徐璈 輯録

楊懷志 江小角 吴曉國 點校

出版發行:北京師範大學出版集團
安 徽 大 學 出 版 社
(安徽省合肥市肥西路 3 號 郵編 2300039)
www.bnupg.com.cn
www.ahupress.com.cn

印 刷:合肥遠東印務有限責任公司
經 銷:全國新華書店
開 本:148mm×210mm
印 張:124
字 數:2600 千字
版 次:2016 年 5 月第 1 版
印 次:2016 年 5 月第 1 次印刷
定 價:680.00 圓(全八册)
ISBN 978-7-5664-1117-4

策劃編輯:鮑家全 姜 萍
責任編輯:高 興 徐 建 姜 萍 胡 旋 馬曉波 劉中飛
責任印製:陳 如
裝幀設計:李 軍 金伶智
美術編輯:李 軍

桐舊集

方守敦敬題

本册點校　楊懷志

總目録

第一册

前言……一
桐舊集序（姚瑩）……一
桐舊集序（馬樹華）……三
校刊桐舊集後序（蘇惇元）……五
跋（徐寅、徐裕）……七
桐舊集引（徐璈）……九
桐舊集例言（徐璈）……一一

卷一

蘇惇元 吴元甲
馬三俊 馬起升 同校

方法四首……一
方佑六首……三
方向十六首……六
方印一首……一三
方璽二首……一三
方見六首……一四
方克二首……一七
方充一首……一八

方　效六首……一九
方　點一首……二一
方　兼一首……二二
方　寶二首……二三
方　可一首……二四
方學漸八首……二四
方學箕五首……二八
方大美二首……三〇
方大晉一首……三一
方大鎮五首……三一
方大瑋五首……三四
方大鉉十四首……三六
方大階三首……四二
方大任九首……四三
方大普二首……四七
方大全一首……四九
方大欽一首……四九
方震孺六首……五〇
方孔炤十七首……五三
方孔一十首……六一
方孔時二首……六七
方孔矩四首……六八
方　文六十九首……七〇
方　思五首……一〇一
方若洙七首……一〇四
方拱乾十一首……一〇七
方象乾一首……一一三
方道乾一首……一一四

卷二

王　櫄　蘇惇元
吴元甲　姚濬昌　同校

方無隅六首……一一五
方若愫一首……一一八
方孟圖一首……一一八
方　鯤一首……一一九
方元芳一首……一一九
方聯芳一首……一二〇
方　畿十六首……一二一
方　里十首……一二九
方以智八十四首……一三三
方其義十九首……一六九
方　授十五首……一七八
方亨咸九首……一八五
方膏茂一首……一九〇
方育盛二首……一九一
方　戡一首……一九三
方　幟三首……一九三
方兆及十七首……一九五
方兆弼十二首……二〇二
方撝謙一首……二〇七
方尊堯二首……二〇七
方　穀一首……二〇九
方仲舒二十五首……二〇九

卷三

徐　寅　蘇惇元
吳元甲　光進修　同校

方中德一首……二二〇
方中通九首……二二一
方中履三十二首……二二五
方中發十八首……二三六
方綏遠一首……二四三
方啟曾四首……二四四
方于宣二首……二四六
方在庭一首……二四七
方　郊二首……二四八
方登嶧十四首……二四九
方正瑗十一首……二五五
方　珏一首……二六一
方正玭五首……二六二
方正瑞三首……二六四
方正璆六首……二六五
方正珌二首……二六七
方正玢十三首……二六八
方正璐一首……二七三
方曾祐三首……二七四
方　碩三首……二七五
方宗鼐一首……二七七
方洪學一首……二七八
方季芳一首……二七八
方原博七首……二七九
方元薦一首……二八二

方元醴一首……二八二
方元壹三首……二八三
方式濟十三首……二八四
方　澤六首……二九〇
方　苞十五首……二九二
方貞觀三十九首……二九九
方世舉十五首……三一七
方輔讀一首……三二六
方張登十五首……三二七
方　澤二十五首……三三三
方　源二首……三四三

卷　四

徐　寅　蘇惇元
吴元甲　光　熙　同校

方觀永二首……三四五
方觀承三十七首……三四六
方受疇二首……三六一
方維甸九首……三六二
方　城三首……三六七
方　壺二首……三六八
方光遠十二首……三六九
方叔厓四首……三七四
方惟寅五首……三七六
方德溥一首……三七八
方敬揚一首……三七八
方　覺十七首……三七九
方　玟二首……三八八
方其平一首……三八八
方　杓四首……三八九

方根健九首……三九一
方　樹七首……三九五
方　諸六首……三九八
方　莊一首……四〇〇
方求晉一首……四〇一
方遵軾二首……四〇一
方賜豪一首……四〇二
方賜吉三首……四〇三
方　寰一首……四〇四
方根機七首……四〇五
方於鴻七首……四〇八
方　績六十二首……四一〇
方啟壽二首……四三四
方于穀九首……四三五
方秉澄七首……四三九
方　坦十五首……四四二
方遵周二首……四四九
方遵矩二首……四四九
方　椿三首……四五〇
方　楷一首……四五二
方性道二首……四五二
方宮聲二十四首……四五三
方元琮四首……四六一
方又新十六首……四六三
方傳馨六首……四七〇

第二册

卷五

方闻　徐崐　蘇惇元　馬起泰　同校

姚顯三首……一
姚旭六首……二
姚昭一首……五
姚采一首……六
姚相一首……六
姚楫一首……七
姚昱一首……七
姚珂三首……八
姚希古一首……九
姚希廉一首……一〇
姚希顔三首……一一
姚自虞一首……一二
姚實虞七首……一三
姚之蓮七首……一六
姚之藺一首……一九
姚之藹一首……一九
姚之騏一首……二〇
姚之蘭二首……二〇
姚舜俞二首……二二
姚若水三首……二三
姚孫枝一首……二四
姚孫林一首……二五

姚孫桐一首……二六
姚孫李一首……二六
姚孫棨二首……二七
姚孫榘八首……二八
姚孫棐十九首……三一
姚孫森十一首……四〇
姚孫柱一首……四六
姚孫枚十三首……四六
姚孫植一首……五一
姚　康十首……五二
姚文然十三首……五七
姚文燮二十九首……六五
姚文烈四首……八一
姚文燕二首……八三
姚文焱七首……八四
姚文麃二首……八七
姚文烝一首……八八
姚文烟一首……八九
姚文鼇五首……八九
姚文勳五首……九二
姚文熊十二首……九五
姚文熒二首……一〇〇
姚文黔一首……一〇〇
姚文黛一首……一〇一
姚文點二首……一〇一
姚文默八首……一〇三
姚　焜十四首……一〇六
姚鼎孝三首……一一二

姚式過一首……一一四

卷六

徐寅　蘇惇元
吴元甲　馬起恒　同校

姚亮五首……一一五
姚士堂六首……一一八
姚士藟二十四首……一二三
姚士塈三首……一三二
姚士塾一首……一三四
姚士珍四首……一三四
姚士堅四首……一三六
姚士陛十六首……一三八
姚士圭七首……一四五
姚士基十七首……一四八
姚孔鏞四首……一五四
姚鈴二十首……一五六
姚孔欽四首……一六四
姚湘三首……一六六
姚孔鑌十一首……一六七
姚孔鈵八首……一七一
姚孔鋅九首……一七五
姚孔⿰金閏八首……一七九
姚孔鋠十首……一八二
姚孔鐩四首……一八六
姚孔鎬五首……一八八
姚孔碩六首……一九〇
姚範三十六首……一九一

卷七

徐寅　方聞
蘇惇元　方傳理　同校

姚興嶨二十首……二一〇
姚興泉二十首……二一七
姚興麟十首……二二五
姚興禮七首……二二九
姚興書一首……二三二
姚興昶六首……二三二
姚興樂一首……二三五
姚興潔三首……二三五
姚支莘十六首……二三七
姚　菜四首……二四三
姚　鼐七十九首……二四五
姚　建十一首……二八五
姚　馨二首……二九〇
姚超恒十首……二九一
姚　瓚一首……二九五
姚　愷二十首……二九六
姚毓楣六首……三〇五
姚青藜三首……三〇八
姚　雙八首……三〇九
姚　甡三首……三一二
姚原綬五首……三一三
姚通意三首……三一五
姚　蕖五首……三一六
姚覲闇十首……三一八
姚鑾坡五首……三二二

卷八

方聞　蘇惇元
方宗誠　馬起益　同校

陳務本一首……三二五
陳拱璧一首……三二六
陳垣一首……三二七
陳昉三首……三二七
陳伯英一首……三二九
陳焯十九首……三三〇
陳度十二首……三三八
陳式五首……三四二
陳鼐一首……三四七
陳嘉懿一首……三四七
陳高一首……三四八
陳文鑑一首……三四九
陳徽鑑一首……三四九
陳啟佑一首……三五〇
陳增美一首……三五一
陳長齡二首……三五一
陳崇中一首……三五二
陳家勉七首……三五三
陳裕燕一首……三五六
陳琦八首……三五六
陳熾二首……三五九
陳恩十二首……三五九
陳光第五首……三六四
陳堂謀二十一首……三六六

卷九

王橒　馬三俊
胡淳　蘇求莊　同校

謝佑二首……三七五
謝如山一首……三七六
謝逸九首……三七七
謝錫一首……三八〇
謝國禎一首……三八一
謝峰三首……三八二
謝范陵三首……三八四
謝冠南二首……三八五
謝燾一首……三八六
謝庭十五首……三八六
謝表一首……三九二
謝瀗恩十四首……三九三
謝得禮一首……三九八
謝宗二首……三九九
謝鴻二首……四〇〇
謝居安三首……四〇一
謝裴五首……四〇二
章綸一首……四〇四
章綱一首……四〇四
章經一首……四〇五
章頫一首……四〇六
章于漢二首……四〇六
章紱一首……四〇七
章梅芳二首……四〇八
章民察一首……四〇九

邱　甯一首……四一〇
邱　峻二首……四一一
盛　德二首……四一一
盛汝謙一首……四一二
盛世承二首……四一三
盛世翼一首……四一四
盛可藩六首……四一五
盛邦孚二首……四一八
盛斯唐四首……四一九
盛　璟一首……四二二
盛纘裕一首……四二二
袁　宏一首……四二三
袁廷憲一首……四二四
余　珊六首……四二四
余鳳銜一首……四二八

第三册

卷　十

王　㮋　吴元甲
光進修　蘇求莊　同校

錢如京六首……一
錢如畿五首……四
錢元善一首……七
錢元鼎十三首……七
錢可久九首……一四
錢可賢一首……一九
錢志立二首……一九

錢　潤二首……二〇
錢志道一首……二一
錢巨明二首……二二
錢秉鐔四首……二三
錢秉錡六首……二四
錢秉鐙六十七首……二七
錢克恭一首……五五
錢旦仍五首……五六
錢勖仍二首……五八
錢法祖三首……六〇
錢　旆一首……六二
錢光夔一首……六二
錢惟清十一首……六三
錢源啟一首……六八
錢源逢十首……六九
錢　彝六首……七三
錢　鑒三首……七六

卷十一

王　櫺　徐　裕
方傳理　蘇求敬
同校

齊之鸞三十二首……七八
齊　傑四首……九四
齊　近一首……九六
齊　述一首……九七
齊　遇一首……九八
齊琦名三首……九八
齊萊名二十二首……一〇〇
齊策名二首……一〇九

齊鼎名十四首……一一〇
齊登祚一首……一一五
齊登閎三首……一一六
齊登元二首……一一七
齊心孝七首……一一九
齊　程五首……一二二
齊　岳十首……一二六
齊維藩七首……一三〇
齊繩祖九首……一三三
齊永繩一首……一三九
齊永建一首……一三九
齊　亮一首……一四〇
齊　敕一首……一四一
齊　翰一首……一四一
齊文龍一首……一四二
齊　備二首……一四三
齊彝生一首……一四三
齊輪焱二首……一四四

卷十二

徐　寅　蘇惇元
吴元甲　徐　軺　同校

吴　檄九首……一四六
吴　倷二首……一五〇
吴自峒二首……一五一
吴一鳳一首……一五二
吴一卞一首……一五三
吴一介一首……一五四
吴應琦三首……一五五

吴應賓十七首……一五六
吴應珙二首……一六三
吴叔度二首……一六四
吴善謙三首……一六五
吴廷簡一首……一六七
吴用先九首……一六七
吴用鐔一首……一七一
吴用䃅八首……一七一
吴用舒一首……一七五
吴用鐸二首……一七六
吴紹奇六首……一七七
吴紹廉一首……一七九
吴紹志一首……一八〇
吴國琦十三首……一八一
吴道新八首……一八七
吴道濟三首……一九三
吴道坦五首……一九四
吴道約三十九首……一九六
吴道凝十六首……二一三
吴道觀一首……二二〇
吴道親一首……二二〇
吴道軾一首……二二一
吴道合五首……二二二
吴季鯤八首……二二四
吴用銘二首……二二八
吴日宥一首……二二九

卷十三

方聞　蘇惇元
徐焱　馬起益　同校

吴天放七首……二三〇
吴季鳳六首……二三三
吴德操十五首……二三七
吴德堅二首……二四四
吴顯之一首……二四五
吴日永六首……二四六
吴日袒三首……二四九
吴日駒一首……二五〇
吴日易一首……二五一
吴日昞一首……二五一
吴昌猷二首……二五二
吴接雲一首……二五三
吴汝旂一首……二五四
吴宏安四首……二五四
吴子雲六首……二五六
吴子宓一首……二五八
吴　都一首……二五八
吴　循六首……二五九
吴子遲二首……二六一
吴時雪五首……二六二
吴　昉二首……二六五
吴大濱一首……二六六
吴　泳二首……二六六
吴　騮六首……二六七
吴　驊一首……二七〇

吴志灝一首……二七一
吴志鎬一首……二七一
吴麒慶一首……二七二
吴聲洋一首……二七二
吴兆選一首……二七三
吴之逢二首……二七四
吴志度二首……二七四
吴啟沃一首……二七五
吴元安八首……二七六
吴彦璁二首……二七九
吴彦漛一首……二八〇
吴隆騭五首……二八一
吴　尚一首……二八三
吴如春二首……二八三
吴如旭三首……二八四
吴　粲一首……二八六
吴　直十九首……二八六
吴自高二十五首……二九三
吴置高一首……三〇二
吴向高二首……三〇三
吴　琅十四首……三〇三
吴巨珩五首……三〇九
吴巨琇八首……三一一
吴巨瑄二首……三一四
吴中蘭十四首……三一五
吴中芝九首……三二一

卷十四

方聞　蘇惇元
徐士秀　徐軒　同校

吴貽誠十二首……三二五
吴貽詠十九首……三二九
吴貽澧十九首……三三八
吴貽穀六首……三四五
吴貽沅四首……三四八
吴宗誠六首……三四九
吴　鏐二十三首……三五一
吴逢聖三十七首……三六一
吴逢震一首……三七六
吴逢堯一首……三七六
吴　詢十九首……三七七
吴　潮十首……三八四
吴賡枚三十一首……三八八
吴　登四首……四〇一
吴向晨一首……四〇二
吴逢盛十首……四〇三
吴雲驤十六首……四〇九
吴　炳二首……四一六
吴廷輝九首……四一七
吴士鼐十一首……四二一
吴孫織十三首……四二五
吴孫珽二十九首……四三一
吴　璆一首……四四四
吴澤階四首……四四四
吴孫杭十首……四四六

吴　鰲六首……四五〇

第四册

卷十五

王　檈　胡　淳
蘇求敬　同校

江宏濟一首……一
江中龍一首……二
江之漢四首……二
江　迥二首……三
江爲龍二首……四
江　皋十五首……五
江廣譽一首……一一
江　筆一首……一二
江自崧五首……一二
江化澐十九首……一四
江有龍一首……二一
江元春一首……二二
江　崧一首……二三
江啟猷一首……二三
江　翊五首……二四
汪居安一首……二五
汪一川一首……二六
汪國士六首……二六
汪天際三首……二九
汪百谷一首……三二
汪鶴齡八首……三三

汪啟齡十一首……三六
汪遐齡三首……四一
汪　崑十首……四三
汪必達一首……四八
汪　勁一首……四九
汪之順三首……五〇
汪自璵五首……五一
汪才宣一首……五四
汪　釧一首……五四
汪志夔五首……五五
汪志伊十一首……五七
汪　鐘四首……六三
汪　堂二首……六五
汪道直一首……六六
汪　魁三首……六七
汪正榮十首……六八
汪鎮光十四首……七三

卷十六

王　檝　胡　淳　同校
蘇求莊

阮　鶚一首……八〇
阮自華三十六首……八一
阮自嵩一首……九七
阮之鈿一首……九八
阮　湛三首……九九
秦嘉禾五首……一〇一
秦羽豐十四首……一〇三
林有望一首……一〇九

林允朝五首……一〇九
林允瀘九首……一一二
林　梅二首……一一六
蕭世賢一首……一一六

卷十七

江有蘭　王文林
方宗誠　蘇求敬　同校

何　唐二首……一一八
何思鰲一首……一一九
何如申五首……一二〇
何如寵二十四首……一二二
何應璿二首……一三四
何應珽一首……一三五
何應珏四首……一三五
何永棟九首……一三七
何永虔一首……一四一
何亮功六首……一四一
何寅亮一首……一四四
何永喆一首……一四四
何永炎三首……一四五
何永圖二首……一四六
何永紹六首……一四七
何永駿一首……一五〇
何　采二十首……一五一
何　槃一首……一五八
何彥國一首……一五九
何持國一首……一六〇
何隆遇一首……一六〇

何　循六首……一六一
何揚芳五首……一六三
何英標三首……一六五
何漢垣二首……一六六
何立休一首……一六八
何立群一首……一六八
何昌棟二十五首……一六九

卷十八

方葆馨　王　櫺
徐　裕　蘇求莊　同校

趙　鈦二十九首……一七九
趙鴻賜九首……一九一
趙士先二首……一九五
趙連城二首……一九六
趙相如十五首……一九七
趙襄國九首……二〇五
趙　鏄八首……二〇九
趙　紳七首……二一二
丁九淵二首……二一五
丁　倬二十二首……二一六
丁　易一首……二二七
丁舟巘三首……二二七
丁永烈一首……二二八
丁　鍾四首……二二九
丁　濤二首……二三二
丁　潤六首……二三三
丁璦珍一首……二三四
丁　煥六首……二三四

卷十九

方聞　王樾
江有蘭　蘇求莊　同校

戴　完三首……二三七
戴　乾三首……二三八
戴　震三首……二四〇
戴耆顯十五首……二四一
戴耆焕一首……二四九
戴耆英一首……二四九
戴宏藴一首……二五〇
戴宏閭一首……二五〇
戴宏烈二十三首……二五一
戴　藹四首……二六五
戴　臚六首……二六六
戴　研十六首……二七〇
戴　芳一首……二七七
戴時翔三首……二七八
戴　璪二首……二七九
戴　碩二首……二八一
戴　匡一首……二八二
戴其員二首……二八二
戴　涵二首……二八三
戴　珍一首……二八四
戴燕永六首……二八五
戴　澤一首……二八七
戴　恩一首……二八八

卷二十

吴元甲 徐 裕
王 樾 蘇求敬 同校

胡效才一首……二八九
胡效憲三首……二八九
胡 瓚三首……二九一
胡 珍一首……二九二
胡吴祚三首……二九三
胡學華一首……二九四
胡 縝一首……二九四
胡如瓏二首……二九五
胡如珵二首……二九六
胡如珄四首……二九七
胡代工一首……二九九
胡宗緒十一首……三〇〇
胡 臺一首……三〇四
胡 璇四首……三〇五
胡 傳四首……三〇七
胡承澤八首……三〇八
胡業宏十一首……三一二
胡 浤五首……三一六
胡 廉七首……三一八
胡 琅四首……三二一
胡 昉十四首……三二三
胡方朔二十六首……三二八
胡 烜十六首……三三八

第五册

卷二十一

蘇惇元　馬起泰
王　檝　同校

張　淳一首……一
張秉文十三首……二
張秉成二首……八
張秉彝一首……九
張秉哲十一首……一一
張　曉一首……一五
張克儼四首……一六
張　嚳二首……一八
張　載二首……一九
張　杰八首……二〇
張　英四十四首……二四
張茂稷二十七首……四五
張　佑十一首……五六
張　蕃七首……六一
張　度七首……六四
張　恂五首……六七
張　竑三首……六九

卷二十二

王　槱　蘇惇元
馬起泰　方宗誠　同校

張廷瓚九首……七二
張廷玉十一首……七五

張廷璐三十九首……八一
張廷瑑七首……九八
張廷瓘四首……一〇一
張廷珠十二首……一〇三
張廷璇一首……一〇七
張　璽二首……一〇八
張劍光一首……一〇九
張思耀二首……一〇九
張　尹六首……一一〇
張　筠五首……一一三
張　桐一首……一一五
張鴻猷一首……一一六
張　純七首……一一六
張仲華一首……一二〇
張　楫一首……一二〇
張若靄四首……一二一
張若需二十三首……一二三
張若潭一首……一三一
張若霏三首……一三二
張　崇六首……一三三
張若嵩四首……一三六
張若巖一首……一三七
張若澄三首……一三八
張若霨二首……一四〇
張若淮二十一首……一四一
張若翼一首……一五一
張若駒十四首……一五二
張若驌七首……一五九

張方爽二十一首……一六三
張輔贇十六首……一七〇
張若星四首……一七八

卷二十三

徐寅 蘇惇元 王檝 馬起益 同校

張煦二首……一八一
張水容十二首……一八二
張曾敞十二首……一八七
張曾敷三十首……一九二
張曾敭三首……二〇四
張曾懿三首……二〇五
張曾秀二首……二〇六
張曾詒十二首……二〇七
張曾培四首……二一二
張曾鼎一首……二一四
張蘭三首……二一四
張沅二首……二一五
張漱芳二首……二一六
張飇二首……二一七
張曾徽十五首……二一八
張曾虔六首……二二四
張曾獻七首……二二七
張裕爌二首……二三〇
張裕犖二十八首……二三一
張裕岱三首……二四五
張元展八首……二四七
張樂二首……二五一

張讀五一首……二五二
張　彩二首……二五二
張　昭二首……二五三
張　湄一首……二五四
張元禮六首……二五四
張元茀五首……二五七
張裕勷一首……二五九
張裕熉十一首……二五九
張梯雲二首……二六三
張元襲十首……二六四
張元輿三首……二六九
張元僡五首……二七〇
張宗岳二首……二七一
張元文六首……二七二
張　京二首……二七四
張周仲二首……二七五
張德用八首……二七六
張森若一首……二八〇
張　鳴三首……二八〇
張斯覺二首……二八二
張應森二首……二八三
張宗幹三首……二八四
張學奎十八首……二八五
張宗輝十首……二九三
張元麟二首……二九八
張聰咸三十二首……二九九
張　鈞一首……三一三
張萬年四首……三一四

張綸翰三首……三一六

卷二十四上

方林昌 吴福崇 張勳 蘇求莊 同校

馬孟禎一首……三一八
馬懋功十五首……三二〇
馬懋勳三首……三二七
馬懋德四首……三二八
馬之瑜十首……三三〇
馬之璋五首……三三四
馬之瑛八十四首……三三六
馬之瓊十首……三七三
馬之璜一首……三七六
馬敬思四十四首……三七七
馬孝思二十首……三九六
馬繼融二十首……四〇五
馬教思十首……四一二
馬國志十首……四一七
馬日思十首……四二一
馬方思十首……四二四
馬書思三首……四二八
馬雲五首……四二九
馬鳳翥二十八首……四三一
馬庶十首……四四二
馬䄔五首……四四五
馬霄四首……四四七
馬源十二首……四四八
馬飂三首……四五〇

卷二十四下

孫長燾　吴心鑑
姚濬昌　張開甲　同校

馬　靁十二首……四五二
馬　蕃九首……四五六
馬　潛十首……四六〇
馬　祜六首……四六四
馬元文一首……四六七
馬楓臣一首……四六七
馬鳴鑾二首……四六八
馬樸臣三十八首……四六九
馬棠臣一首……四八四
馬菜臣三首……四八五
馬瑴臣一首……四八六
馬耜臣五首……四八七
馬一鳴四首……四八九
馬蘇臣二十四首……四九〇
馬庸德五首……四九八
馬枚臣五首……五〇〇
馬翮飛九首……五〇二
馬　燧一首……五〇六
馬騰元三首……五〇七
馬鵬飛七首……五〇八
馬　澤三首……五一一
馬　燮二首……五一三
馬　澄一首……五一三
馬　濂四首……五一四
馬春生十首……五一六

馬岑樓三首……五二〇
馬春福二首……五二二
馬春儀一首……五二三
馬　岳四首……五二三
馬春田四十六首……五二五
馬春長七首……五四四
馬登賢七首……五四七
馬嗣緗二首……五五〇
馬維瑗一首……五五一
馬春芳一首……五五一
馬庭芬三首……五五二
馬惟醇二首……五五三
馬維璜二首……五五四
馬　溧一首……五五五
馬宗璉二十首……五五六
馬　湄三首……五六四
馬宗輝二首……五六五
馬　梁一首……五六六
馬鼎梅三十五首……五六七
馬良輔一首……五七八
馬用章九首……五七九

第六冊

卷二十五

王　槱　方葆馨
胡　淳　蘇求莊　同校

劉允昌二十三首……一

劉允芳八首……一二
劉　蕃一首……一六
劉　夔一首……一六
劉　漢二首……一七
劉鴻儀十一首……一八
劉鴻望二首……二三
劉鴻都四首……二四
劉允升六首……二六
劉輝祖一首……二九
劉起鳳四首……三〇
劉中芙二首……三一
劉希天一首……三二
劉大樾九十首……三二
劉容裕十首……七二
劉日繹一首……七五
劉姜夢六首……七六
劉　憲五首……七八
劉先岸一首……八〇
劉　漢二首……八一
劉　開五十四首……八二
劉光熙九首……一〇八
劉延禧二首……一一二
劉汝楫九首……一一三

卷二十六

蘇惇元　王　樾　吴元甲　吴民鑑　同校

左光斗十七首……一一七
左光先一首……一二七

左國柱一首……一二八
左國材二首……一二九
左國林六首……一三〇
左國棅四首……一三三
左國鼎三首……一三五
左　史一首……一三七
左國斌七首……一三七
左國昌五首……一四一
左國治一首……一四四
左國寵一首……一四四
左之輹一首……一四五
左之柳一首……一四六
左文言五首……一四六
左文博一首……一四八
左　昶三首……一四九
左　沅二十二首……一五〇
左　澂三首……一五九
左世瑯十二首……一六〇
左世經十七首……一六五
左世福一首……一七二
左世壽三首……一七二
左　衢二首……一七四
左　周一首……一七五
左　揆六首……一七五
左行琥一首……一七七
左　驥一首……一七八
左行危二首……一七八
左　祺二首……一七九

左　眉三十八首……一八〇
左堅吾一首……一九六
左　繡一首……一九七
左畹蘭一首……一九八
左　江二首……一九八
左德魁二首……一九九
左　標四首……二〇〇
左德升二首……二〇二
左　暟一首……二〇三
左　元一首……二〇四
左　智一首……二〇五
左長春一首……二〇五
左其蒲六首……二〇六
左　壎四首……二〇八
左　秩三首……二一〇
左　琅五首……二一一
左　崙一首……二一三
左朝第二首……二一四
左　祠三首……二一五
左　勷一首……二一六
左五瑞一首……二一七
左　丞三首……二一七
左鉞掄三首……二一八

卷二十七

徐　裕
蘇求敬　同校

葉　燦二首……二二〇
葉　組三首……二二一

葉士瑛二首……二二二
葉士璋一首……二二三
葉文鳳三首……二二四
葉故生一首……二二五
葉　西三首……二二六
葉晏安二首……二二七
葉　灼五首……二二八
葉夢松二首……二三〇
葉　玢六首……二三一
葉　琛一首……二三三
倪應眷二首……二三四
倪應奉一首……二三五
倪嘉善四首……二三五
倪元善二首……二三八
倪甄善一首……二三九
倪　傳一首……二四〇
倪士騏三首……二四〇
倪士棠三首……二四二
倪自清三首……二四四
倪天樞一首……二四五
倪天弼一首……二四六
倪之鐕六十五首……二四七

卷二十八

方　聞　江有蘭
王　樾　蘇求敬　同校

周　京二首……二七〇
周述謨一首……二七一
周法祖三首……二七二

周夢復一首……二七三
周康祀五首……二七四
周　蔚一首……二七六
周　岐四十三首……二七七
周孚先六首……二九六
周曰赤五首……二九九
周孔忠一首……三〇二
周永年一首……三〇三
周孔雯一首……三〇三
周肯堂一首……三〇四
周　炳三首……三〇四
周南七首……三〇六
周　瑄三首……三〇九
周大璋二首……三一一
周卜政一首……三一二
周　霔五首……三一三
周芬斗五首……三一五
周芬佩三首……三一七
周芳蘭一首……三一八
周　璞一首……三一九
周馨祖三首……三一九
周大魁三首……三二一
周映封三首……三二二
周　驥八首……三二三
周捷英五首……三二六
周心停一首……三二八

卷二十九

王　檽　戴鈞衡
蘇求莊　左維養　同校

李遇芳三首……三二九
李正時二首……三三〇
李明柱三首……三三一
李　越一首……三三三
李明楫二首……三三四
李文華一首……三三五
李在公四首……三三六
李在銓一首……三三八
李毓崑三首……三三九
李　雅六首……三四〇
李延壽四首……三四五
李　嵩一首……三四七
李文達一首……三四九
李仙枝十八首……三四九
侯　珣一首……三五七
童自澄一首……三五八
童奇珍一首……三五九
童先登八首……三六〇
童　蔚九首……三六三
童景祖二首……三六五
童孝綏二首……三六六
童友芹二首……三六七
童承高二首……三六八
童　庾一首……三六九
童淼源八首……三六九

童水源三首……三七三

卷三十

王　檼　胡　淳　同校
蘇求莊

范一謨二首……三七五
范世忠一首……三七六
范世鑑二首……三七七
范又蠡二首……三七八
鄧元盛一首……三七九
鄧元炤一首……三八〇
鄧森廣三十四首……三八〇
鄧森秀一首……三九五
鄧　芝二首……三九六
鄧　銍十六首……三九七
鄧　璩一首……四〇五
鄧　詠一首……四〇五
鄧　遴一首……四〇六
鄧　震一首……四〇六
鄧　林五首……四〇七
鄧振甲二首……四〇九
鄧　沅二首……四〇九
鄧夢禹三首……四一〇
鄧德洋五首……四一二
高文光二首……四一四
高日光二首……四一五
高拱斗一首……四一五
高友荊二首……四一六
高　華一首……四一七

殷家允一首……四一八
殷之輅一首……四一八
殷士衡一首……四一九
殷　翼六首……四一九
殷學洪一首……四二二
殷學修一首……四二二
殷從興二首……四二三
殷以眉一首……四二四
殷是煒一首……四二四

第七册

卷三十一

方葆馨　徐　裕
劉保泰　蘇求莊　同校

王曰都四首……一
王　杰三首……二
王彭年五首……四
王夷吾一首……七
王敬修一首……七
王　珆一首……八
王繼統一首……九
王廷元一首……一〇

王嘉之一首……一〇
王孫彧一首……一一
王大礽七首……一二
王宣五首……一六
王天璧四首……一八
王虬三首……二一
王之楨一首……二二
王鼎三首……二三
王玑四首……二四
王洛十二首……二六
王夢澤一首……三一
王師旦一首……三二
王宸露四首……三二
王兆熊一首……三四
王昉四首……三四
王書樵四首……三六
王佑簡三首……三七
王祖紉一首……三九
王琈三首……三九
王禮典一首……四〇
王之偉一首……四一
王爾熾三首……四一
王坦五首……四三
王樹藻二首……四五
王灼四十首……四六
王幹宗二首……六六
王平十三首……六七
王瑯一首……七二

王之翰一首……七二
王貫之六首……七三

卷三十二

王　檼　謝國華　胡　淳　蘇求敬　同校

程沖然二首……七五
程芳朝十五首……七六
程　烈八首……八四
程　仕十八首……八七
程　鳳一首……九四
程元定七首……九五
程鵬萬一首……九七
程鵬飛四首……九七
程宗洛六首……九九
程　錡一首……一〇一
程起鳳一首……一〇二
程範疇一首……一〇二
程　瀛七首……一〇三
朱延祚三首……一〇五
朱世弼一首……一〇七
朱桂芬七首……一〇七
朱士寬十三首……一一〇
朱　雅七十首……一一四
朱壽籛九首……一四一

卷三十三

王　檼　張傳枝　蘇求莊　馬起升　同校

楊允昌一首……一四五

楊　遜一首……一四五
楊臣諍十一首……一四六
楊臣鄰二首……一五二
楊臣諷一首……一五三
楊嘉謨二首……一五四
楊　芳一首……一五五
楊　騏一首……一五六
楊復震一首……一五六
楊昭雍一首……一五七
楊大章一首……一五八
楊賓禮三首……一五八
楊士敏八首……一五九
楊文選一首……一六三
楊訓則一首……一六三
楊瑛昶二十八首……一六四
光時亨四首……一七五
光廷瑞二首……一七七
光廷球二首……一七九
光廷瑛二首……一八〇
光　標十一首……一八一
光立聲十四首……一八六
光　容十三首……一九一
光　昭三首……一九六

卷三十四

方　聞　蘇惇元
王文林　方　謙　同校

夏統春四首……一九八
夏承春十六首……二〇〇

夏　遠一首……二〇八
唐時謨三首……二〇九
潘映婁二首……二一〇
潘五芝二首……二一一
潘天芝二首……二一二
潘　益二首……二一三
潘士璜一首……二一四
潘　江十九首……二一五
潘仁樾七首……二二六
潘義炳十四首……二二九
潘鴻寶九首……二三五
潘森若一首……二三八
潘　讓一首……二三八
石　麟一首……二三九
石　攸三首……二四〇
石　綸一首……二四一
石文成二十四首……二四二
曹學賜三首……二五一
曹學冉一首……二五二
曹　列二首……二五三
曹　式一首……二五四
曹夢華一首……二五四
曹　灼二首……二五五
曹于禮一首……二五六
曹孔熾二首……二五六

卷三十五

方　聞　蘇惇元
吴元甲　馬起益　同校

孫　頤四首……二五八

孫　晉十七首……二六〇
孫　臨二十八首……二六八
孫光先一首……二八四
孫如蘭四首……二八四
孫中麟十八首……二八六
孫中彖十三首……二九五
孫中鳳五首……三〇二
孫中夔八首……三〇四
孫中礎七首……三〇八
孫中岳一首……三一〇
孫大年五首……三一一
孫曰書二十首……三一四
孫曰高二十六首……三二三
孫元衡四十三首……三三三
孫　宏二首……三五二
孫炳如八首……三五三
孫建勳十二首……三五六
孫循紱十首……三六一
孫　顏十二首……三六五
孫良彭八首……三六九
孫良懿三首……三七二
孫良棻八首……三七三
孫起峘四首……三七六
孫　峋二十首……三七八
孫世昌十八首……三八七

第八册

卷三十六

王　欞　胡　淳
蘇求敬　馬起益　同校

徐待聘二首……一
徐友蕃五首……二
徐翥十首……五
徐震一首……九
徐鴻喆二十二首……一〇
徐岱四首……一九
徐宣一首……二一
徐廷鈞一首……二二
徐廷錦一首……二二
徐心誠一首……二三
徐映瓏一首……二三
徐眉二十八首……二四
徐琳一首……三三
徐春植五首……三四
徐立二十一首……三六
徐黻十一首……四四

卷三十六續編

馬樹華　蘇惇元　同録
王　欞　胡　淳
蘇求敬　馬起益　同校

徐璥九十七首……四九

卷三十七

王　橒　馬起升
馬起益　同校

彭大年四首……八八
彭　纘三首……九〇
白　筠一首……九二
白　篆一首……九二
白　瑜三首……九三
都克任二首……九五
蔣　臣七首……九六
蔣　蕙二首……一〇〇
蔣　楠二首……一〇一
陶　佐四首……一〇二
陶　剛三首……一〇四
陶　立二首……一〇六
陶傳書六首……一〇七
蘇文煒三首……一〇九
蘇紹眉一首……一一一
蘇繩武二首……一一二
蘇懷玉六首……一一二
蘇　芹一首……一一五
蘇　烺二首……一一五
蘇暢實三首……一一六
蘇　廉三首……一一八
蘇坦之五首……一一九
蘇　芬二首……一二一
蘇　蕃二首……一二二
蘇求臨一首……一二三

卷三十八

蘇惇元　胡淳
蘇求真　馬起益　同校

鮑仲熊一首……一二四
鮑　文七首……一二四
鮑　鼎一首……一二七
鮑　鎔一首……一二七
鄭邦綏二首……一二八
鄭　甯一首……一二九
祝　祺五十首……一三〇
曾　旭二十四首……一五三
曾　梅三首……一六〇
嚴　紳十八首……一六一
嚴　青十三首……一六八
嚴　琦三首……一七三
董　威七首……一七四
董　咸六首……一七七
董定遇五首……一七九

卷三十九

王櫄　胡淳
蘇求莊　同校

臧天格一首……一八二
厲　貞一首……一八二
厲　吉一首……一八三
項紹芳一首……一八四
項紹烈一首……一八四
項　斌一首……一八五
柏廷植一首……一八五

杜　陵一首……一八六
許來惠三首……一八六
許定國一首……一八八
許元英一首……一八九
許七雲十首……一八九
許　邁二首……一九三
許　鑛五首……一九四
許新堂二首……一九七
許淩雲一首……一九八
許　恒二首……一九八
許貽發二首……一九九
許　節十二首……二〇〇
許藎臣十一首……二〇四
許　準七首……二〇八

卷四十

葉文豹　胡　淳
蘇求莊　同校

金文瑛一首……二一二
金　楫一首……二一二
金璞玉一首……二一三
金之玉三首……二一四
金　賡一首……二一五
疏萬清一首……二一五
疏枝春三十三首……二一六
施霈霖二首……二二八
魏　書一首……二二九
陸　芝二首……二三〇
談松筠三首……二三一

鍾鳴世三首……二三二
顧　恂五首……二三四
鄒世諭五首……二三六
梁　芬四首……二三八
史　培五首……二四〇
史春江三首……二四二
任又班二首……二四三
崔　岩十二首……二四四
喬夢梅四首……二四九
雷　澤一首……二五〇
儲世鳳二首……二五一
龍海門五首……二五二
龍汝言二十首……二五四
文光榮二首……二六二

卷四十一

方聞　蘇惇元
吴元甲　馬起益　同校

列　女

吴氏令則二首……二六四
吴氏坤元三首……二六五
吴氏令儀四首……二六七
吴　氏二首……二六八
吴中芸三首……二六九
吴孟嘉五首……二七一
吴娍娟一首……二七三
吴娍娟一首……二七三
姚氏鳳儀五首……二七四
姚氏鳳翽三首……二七六

姚氏宛四首……二七七
姚　氏六首……二七九
姚氏德耀五首……二八一
姚氏綺霞三首……二八四
姚氏如蘭二首……二八五
方氏孟式二十一首……二八六
方氏維則四首……二九四
方氏維儀二十二首……二九六
方氏御二首……三〇五
方氏筠儀一首……三〇六
方　氏一首……三〇七
方氏雲卿十三首……三〇八
左氏如芬七首……三一三
左慕光二首……三一六
潘氏翟二首……三一七
潘　氏二首……三一八
陳氏舜英二首……三一九
章氏有湘八首……三二〇
張　氏一首……三二三
張氏瑩十三首……三二四
張氏似誼二首……三二九
張氏令儀二十三首……三三〇
張氏潤芬一首……三三九
張氏瑞芝一首……三四〇
張氏玉芝一首……三四〇
張氏愛芝一首……三四一
張氏熙春六首……三四二
江氏瑶六首……三四四

馬　氏三首……三四七
胡氏師蘊三首……三四八
劉蕙閣一首……三四九
程氏令嫒五首……三五〇

卷四十二

蘇惇元　吴元甲　同校
馬起益

方　外
羽　士
吴道隆三首……三五三
王鳳鳴三首……三五四
衲　子
净　倫二首……三五六
洪　恩十一首……三五七
德　清四首……三五九
本　智一首……三六二
佛　光一首……三六二
行　岡一首……三六三
大　巇一首……三六四
如　清七首……三六四
存　省二首……三六七
大　甯十二首……三六八
明　雪二首……三七三
性　華十四首……三七四
海　斑二首……三七九
音　可一首……三八〇
音　時三首……三八〇
智　操十首……三八二

興　斧三首……三八六
元　澤一首……三八八
雨　花一首……三八九
道　楷一首……三八九
萬　清十首……三九〇
源　慎十五首……三九四
世　惺十二首……三九九

景印桐舊集識語（光雲錦）……四〇五

前言

一

桐城是散文之邦，亦是詩歌之邦。自明至清，乃至民國，桐城文人學者的詩歌創作長盛不衰，作者如林，群星燦爛，涌現出二千多位詩人，有資料可考的詩歌專集，有二千五百餘部，詩作數十萬首。區區一邑，何其盛哉！姚瑩在桐舊集序中説：

竊嘗論之：自齊蓉川廉訪以詩著有明中葉，錢田間振於晚季，自是作者如林，是以康熙中潘木厓有龍眠詩之選，猶未極其盛也。海峰出而大振，惜翁起而繼之，然後詩道大昌。蓋漢、魏、六朝、三唐、两宋以及元、明諸大家之美，無一不備矣。海内諸賢謂古文之道在桐城，豈知詩亦有然哉！亡友徐樗亭嘗以木厓未見後來之盛，欲通前後更鈔之，購求精擇二十餘年，乃有桐舊集之鈔。其人存者不録。

其後，桐城詩歌創作賡續傳承，高潮迭起，其中著名詩人，有姚瑩、劉開、方東樹、張聰咸、戴鈞衡，光宣乃至民國時期，有姚浚昌、姚永概、姚倚雲、方守彝、吴闓生等人繼之，賡續輝煌。統而觀之，桐城詩派濫觴於齊之鸞，奠定於錢澄之、潘江，而鼎盛於劉大櫆、姚鼐，道光以後，仍詩人輩出，詩作紛呈。從先河後海的發展過程，我們可以看出，桐城詩派興起早於文派，且寫詩的人遠多於作文的人。桐城作文的人都善擅長詩歌，而寫詩的人亦能作文。他們大都詩文兼擅。著名學者吴孟復先生在桐城文學淵源考序中説：『桐城文派之外，還有個桐城詩派，程秉釗早已説過：「論詩亦有桐城派，比似文章孰重輕？」錢鍾書先生也同意這個提法（見談藝録）。近年來，也有人就這方面寫了專文，桐城文派的重要作家如劉大櫆、姚鼐、姚瑩、戴鈞衡等人，本身就是桐城詩派的作家。這個詩派還直接影響到近代的「光宣詩壇」，若姚叔節、范伯子，即「光宣詩壇」中巨子。』吴孟復先生在桐城文派述論一書中，特爲桐城詩派撰寫一章，錢鍾書先生則明言：『桐城亦有詩派，其端自姚南青範發之』，『詩勝於文』（見談藝録）。潘江先生主編的龍眠風雅和徐璈先生主編的桐舊集，便是桐城詩派的兩座豐碑，彰顯着桐城詩派的輝煌。

二

徐璈，字六驤，號樗亭，嘉慶甲戌進士，官户部主事，學習報滿，念母老，請改官知縣，便於迎養。嘗爲令銘於座曰：『去其太甚，毋無已甚。勿致廢事，不可多事。』官主事時，勾稽出蘇松蒙隱未觧銀七十萬兩。任壽昌知縣，修廢舉墜，事無滯者。任臨海，獄訟殷係，處之裕知。任陽城，多惠政，捕蝗驅惡獸，申請禁營馬蹂禾稼等事，百姓尤思之，生爲立祠。其性疏慵，且性强植，好自率胸臆，不能與世俯仰，尤不善伺應長官。然居心仁恕，爲政寬平不苛，民深賴之。少好學，兄徐眉以經行稱於時，徐璈從受學，超出同輩。後益矻矻鑽研，於書無所不窺，期爲不朽之業。爲京外官，又得以政閑之餘，奮力著述。喜遊覽，嘗游黄山，登泰山，游天臺、雁蕩，歷觀華山、嵩山、廬山、衡山之高峻雄奇，覽洞庭、鄱陽、震澤之恢廣無際，作爲詩歌以寄其遐曠。好聚書，多達三萬餘卷。嘗自述曰：『非儒非俠，亦吏亦民，爲雜家學，作無心人。』詩作頗富，時人多有好評。王晴園曰：『五古溯晋魏而上，七古在韓、蘇之間，近體純乎唐音，無一字落宋以下，大家正宗，此殆兼之。』鮑覺生曰：『亭亭明玕，落落清瑶，詩品在元暉、仲言之間。』陳燮樓曰：『五古既别大謝，人所共知，乃其五律高處，源流或未易測。竊嘗於何遜、吴均諸家中，默然參消息，自謂得之。』樗亭詩原出葩經，其所著詩廣詁於古温雅之旨深矣。故其發爲詩正而純，雋而厚。讀樗亭詩，當於此求之。』姚伯山曰：『樗亭懲世俗鹵莽、流易二弊，選格必分正變，選字必分雅俗，而性情所抒，時有起詣，殆可傲楊文憲所不能矣。』諸家評論誠爲確評，不爲溢美之辭。徐璈的山水詩作尤爲精彩。他以才情充沛之筆，更得江山之助，盡情揮灑，使山河增色，江山添彩。如在游黄山用吴子華原韻一詩中寫道：

天都岧嶢聚群仙，蓬萊駕海乘鼇顛。狻猊虎豹隨雲軿，白猨青鳥和朱絃。蓮花耀日開嗎然，丹成古竈霏瓊烟。蒼風怒號慄不眠，銀濤涌海翻桑田。峰鋭如筆浮如船，上齊七曜下九淵。萬象羅列誰真銓？快遊如疾霍然痊。一洗萬斛塵埃捐，逍遥翠微東西連。芙蓉仙掌森拳拳，回視岧瀑天中懸。

大氣磅礴，色彩斑斕，耀人眼目，美不勝收，奇松、雲海、蓮花、天都、生花妙筆等自然景觀，一一呈現，真可謂詩中有畫矣。一本黄山紀勝就是一幅幅山水畫卷。徐璈著作有：詩經廣詁、牖景録、防河類要、黄山紀勝、詩集、文集、選撰桐舊集等。

徐璈的貢獻還在於編撰了桐舊集。樗亭先生官只一縣令，官微俸薄，清風兩袖。他與潘江先生一樣，熱心於鄉邦文學的保存流傳。『名山重傳人，不忍没風雅』。明末清初，戰亂頻仍，兵火流離，卷帙委散。徐璈先生在桐舊集引中寫道：

國初以來，搜輯遺逸，編録韻章，若錢田間、姚羹湖、潘蜀藻、王悔生諸先生詩傳、詩選、龍眠詩、樅陽詩之類，皆爲總集佳本。第其書或未經鋟梓，或已鏤板而漸就毁蝕，其諸家專集亦大半湮落無可收拾。且自康熙迄今又百餘年，名輩益衆。余不敏，浮沉簿冗，無所酬能於世，而言念曩者，俯慨方來，竊欲效施、阮諸公，輯宛雅、廣陵詩事之意，賡續錢、王諸先生之緒，采萃鄉邑先輩詩章並言行之表見於他書者，寸累尺積，匯爲若干卷，顔曰桐舊集，以蘄流示來兹，永言無斁焉。惟是衣食奔走，見聞媕陋，每於藏本莫備，輒穎而嘆，尚冀里中同志，凡有專集總集，與夫稗乘往編，或經刊布，或待傳鈔，示以所藏，俾就甄録，庶幾盛有可傳，善有同歸，不勝引企之切云。

於是，爲挽救里中先賢詩作不與腐草荒烟共消沉，他不辭勞累，備嘗苦辛，憑一己之力，以潘江先生未見後來二百年作者如林之盛，欲通前後更鈔之，於是購求精擇二十餘年，可謂不遺餘力，合龍眠風雅而並選之，成桐舊集一書，上起明初洪武方法，下迄清代道光庚子，共録入詩人一千二百餘人，詩作七千七百餘首，以姓氏爲區别，層次井然，並對部分詩作加圈點評語，皆簡要而中關鍵，有助於閲讀欣賞。辟『摘句』一欄目，雖零璧散珠，則能以印全璧。於作者小傳，除汲收潘江先生龍眠風雅小傳資料外，本着『采諸國史，副以家乘』的原則，認真考證，將作者姓名字號、家庭出身、科第功名、人生大節、個人德性、事業政績、文品文譽以及身後情節，認真撰寫。同時搜羅當時大家名家評語，資料甚富，精挑細選，予以録入，以彰顯桐城詩派之影響，突出在明清詩壇之地位，其功甚偉。爲編此書，他不僅耗盡家資，亦耗盡心血精力，兹集刊刻僅三分之一，徐璈先生不幸病逝，可以説他爲桐舊集獻出了生命，他這種無私的奉獻精神永遠值得後人學習。

值得一提的是，桐舊集刊刻三分之一，徐璈病逝，家計艱窘，未能續刊，淹滯已及十載，里中鄉賢繼任其事。蘇惇元在校刊桐舊集後序中寫道：

馬公實通守爲之勸募醵貲續刻。去歲春，姚石甫廉訪歸里，慷慨倡捐，邑中多樂助之者。内兄徐汝諧、汝卿亦請諸前輩爲之籌畫，通守任總其事。時惇元授徒通守家，相與商訂校勘。越歲餘，刊始蕆事。兹集實吾邑文獻所關，爲不可少之書，亦庶幾備一邑之風，且爲綜録海内之詩者取資焉爾。

馬樹華在桐舊集序中寫道：

今春與姚君石甫語及，輒慷慨倡捐白金，聞者勃焉興起，而㮰亭之甥蘇君厚子適館予家，力任其勞，數月之間遂刊得數十卷，計日可以竣事。因思兹編非㮰亭淵雅夙學，一意表章先哲，勤勤懇懇，昕夕丹鉛，則選擇固未必精審；非石甫勇於成人之美，作登高之呼，則集腋亦大不易；非厚子誠篤精密，搜補有名無詩之闕略，讎校稿本、寫本、刊本之僞舛，兼綜財用，督飭工役，亦未能如是之速成。雖顯晦各有其時，得人而行，不可謂非吾邑藝苑之厚幸已！

由此可以看出桐舊集刊行於世，非衆先鄉賢之力，或至湮滅而無傳。桐舊集書成之二年，即咸豐二年癸丑，桐城遭太平軍之戰事，桐舊集板片遂毁於兵火，書亦散失，同人欲覓原本重印已不可得。蓋存者大都殘缺不齊，間有全書者，又或以獨得自矜，不肯公諸於世，一書之成之傳，何其難哉。幸虧里中賢達方守敦先生收得是集，僅缺末册列女、方外二卷，適邑中光雲錦家藏有末册二卷，竟合成全書，因付之影印，以廣流傳。方守敦先生慨然應允，并倡同人鳩資相助，而千二百家嘔心刻腑之篇什幸得復傳而免遭湮滅，可謂大幸！先賢此種善舉風誼令人肅然起敬，值得表彰，爲後人樹立了板樣。

三

桐城在明清兩朝屬文化大縣、强縣，有舉人約九百人，進士二百八十餘人，全國州縣罕有其匹。散文、學術、詩歌專集數千部，有『冠蓋滿京華、文章甲天下』之美譽。桐城詩歌創作何以如此繁榮呢？

首先，發達的教育，造就了大批人才。桐城明清兩代的教育遠比周邊州縣發達，讀書氛圍特別濃厚。方孝標在龍眠詩傳序中說：『蓋吾邑重名教，耻輕肥，父兄之教子弟，不僅制藝，自其初學，即訓以音切對偶，爲詩賦古文之學，故自賦邑以遠鄉里，雖婦人童子，多能才吟詠，而士大夫立德立功者，又皆名滿天下，從綿以爲生材之異。由今觀之，豈非原本於先教乎？』到了清代，崇文重教尤盛。『三代不讀書，猶如牛馬猪』，不讀書即遭人鄙視，『窮不丢書，富不丢猪』，這則民諺在桐城家喻户曉，婦孺皆知，被桐城人視爲金玉良言而世代遵行之。在桐城人心目中，金銀珍寶不敵墨韻書香。乾隆年間，詩人姚興泉在龍眠雜憶中寫道：『桐城好，鄉校頌聲傳。都堂繼志開家塾，南路延師啓後賢，膏火給良田。』『桐城好，課子重名師。四時八節情義重，兩飯三茶恐怕遲，學俸好元絲。』『桐城好，負笈尋遠師。花業澆業春風暖，同下談經夜漏遲，三八是文期。』『桐城好，父教比師嚴。不容頃刻稍含戲，但認尊師即別嫌，呵斥動相兼。』晚清桐城派名家馬其昶詩『城裹通衢曲巷，夜半誦聲不絶。鄉間竹林茅舍，清晨弦歌琅琅』，便是生動的寫照。時至今日，此風不減。教育乃是桐城一大品牌。桐城知識分子熱心教育，有不少人甚至辭官從教，如姚範、葉酉、姚鼐、吴汝綸等。教師在桐城人心目中地位特别高。當尊師重教的風尚養成，教育就形成了良性循環。桐城知識分子不僅樂於教書，且善於教書，還熱心於在家鄉創辦學校。吴汝綸創辦桐城中學堂就是一典型，他爲學校題詞：『合東西國學問精粹，陶冶而成；後十百年人才奮興，胚胎於此』，横額曰『勉成國器』。桐城人引以爲豪的書香門第，世代相傳，科第聯翩，入世出仕，名揚四海，飲譽鄉里，因此不論官宦世家，還是農耕之家，特别注重擇師教子，請不到品端學粹的老師，就自己教。陳澹然在育人一文中説：『成材必自家庭教育始，己不能教，必求賢師，明教法，原其本根，然後各量其材投入。』如方以智從小就學於姑媽方維儀，要求十分苛嚴，有時免不了要受撲責。稍長，則受父親方孔炤學。如方苞，其父方仲舒工詩，『課余及弟誦詩甚嚴』，『五歲吾父課章句，稍長，治經書、古文，吾父口指畫焉』（見方苞集）。劉大櫆的祖、父及兄長均以教書爲業，他幼年即從父兄讀詩書。姚範幼年喪父，家貧，其母任氏『教範兄弟以禮法自持，懼隕先緒，課之學不少假』。姚鼐兄弟三人從小即從伯父姚範受經學。姚瑩是姚鼐的侄孫，他在得姚鼐教誨的同時，還得到其母的嚴格家教。姚瑩説：『瑩兄弟方幼，太宜人竭蹙延師教之，每當講授，太宜人屏後竊聽，有所開悟則喜，苟不慧或惰，則俟師去而笞之。夜必篝燈，自課瑩兄弟，詩、禮二經，皆太宜人口授，旦夕動作，必稱説古今賢哲事。』（姚瑩東溟文集卷六）姚瑩之子姚浚昌，親自『以義法教授其子』姚永楷、永樸、永概及女兒姚倚雲。桐城名門望族如張、馬、左、方、吴諸家無不如此。所以桐城明清兩代作者如林，名家輩出，首功於教育。

其次，重在傳承，薪火相傳，代有聞人，産生群體效應。如果你瀏覽一遍桐城不同時期的詩人專集，會驚奇地發現桐城文學有着優良的傳承關係。傳承有兩個層面，從縱的方面來説，則爲家族傳承，父子相授，兄弟互爲師友，所以書香門第代代相傳，長盛不衰。桐舊集以姓氏爲序，便十分鮮明地突出了這一特點。如『桐城文學三姚』、『龍眠四左』、『姚門五虎』，不勝枚舉。著名詩人范當世寫詩頌揚姚家：『順康元老（指姚文然）家，乾嘉大儒（指姚范、姚鼐）係，道咸名公（指姚瑩）孫，同光詩人（指姚浚昌）子』，便是明証。姚門自希廉子侄輩開始，蕊榜珠聯，瑶篇玉綴，科第之盛，前所未有。由其子自虞至之騏、之蘭兄弟，再至孫棐、孫森、孫榘、孫棨、孫林等，再至文然、文燮、文燕、文烈、文熊等，再至士塈、士藟、士堂、士珍等，再至孔鈵、孔鍹、孔鏞、孔欽等輩，真可謂瓜瓞連綿。方氏亦然。自方學漸先生始，至大鎮、大任、大鉉、大美兄弟，至孔炤、拱乾、方文、方思兄弟輩，至以智、其義、孝標、亨咸兄弟輩，再至中德、中通、中履兄弟。張、馬、左、吴諸大姓無不如此，代有名家，著述滿屋。從横的方面來看，則爲師友傳承，文朋詩友互相砥礪，切磋交流，共同提高，形成一種濃厚的文學氛圍。明清兩代桐城詩社文會如雨後春笋，如汐社、環中社、瑟玉堂文會、聞鷄文會、竹林會、率真詩社、射蛟臺文會、澤園十五子之會等等，形成群體，活動頻繁，影響巨大，產生連鎖效應，有力地推動了詩歌的創作。

我們從龍眠風雅與桐舊集中大量酬唱詩作便看出一個特點，即在明清兩代不同時期，桐城詩壇都有標杆式人物，領袖詩壇。領軍人物周圍聚集了一大批文朋詩友。領軍人物有超强的號召力、影響力和凝聚力，樣板的力量是無窮的。較遠者可上溯明正德年間，余珊詩『沉雄高古，與何、李同時，極爲所推』，對里中詩人頗具影響。齊之鸞『歌行體力追少陵，近體直逼初、盛，洵詞壇巨匠也。朱之蕃稱其遒勁』。姚瑩稱其爲桐城詩派之濫觴者，馬其昶亦曰『公天才宏麗，桐城文學推公先導』（見桐城耆舊傳），實開桐城詩派之先河。明末清初，錢澄之、潘江、方文崛起，掀起了桐城詩歌創作的第一波高潮。康雍乾時期，有劉大櫆、姚鼐領銜，再掀波濤，爲桐城詩派鼎盛時期。乾隆年間，以劉大櫆爲主軸，結集了一大批桐城詩人。方東樹説：『劉氏名弗耀於遠，而其説盛行一時。及門暨近日鄉里後進私淑者數十輩，往往守其微言緒論以道學，肖其波瀾意度以爲文及詩者，不可勝紀。』（方東樹劉悌堂詩集序、見桐城派名家文集方東樹集）。如王灼、陳家勉、左堅吾、吴中蘭、朱雅、張水容、李仙枝、楊家禮、張敏求、張鵠、方懷萱、劉琢、楊含英、謝庭、吴逢盛、許畹、許國、吴孫琨諸人，師事劉氏，受古文法，爲詩爲文。嘉慶年間，以姚鼐爲核心，聚集了一大批桐城詩人，如劉開、方績、張聰咸、段匡叔、胡虔、左眉、疏枝春、章甫、姚憲、左朝第、許鯉躍、姚柬之、姚元之、張元輅、馬樹華、姚通意等人。道光年間，又以方東樹、姚瑩爲標杆，團結了一大批詩人，如方昌翰、葉毓桐、馬瑞辰、光聰諧、戴鈞衡、方宗誠、蘇惇元、馬起升、張勳、文漢光、江有蘭、馬三俊、劉宅俊、張泰來、胡淳、鄭福照、胡恩溥等人。同光兩朝，在吴汝綸直接教育和影響下，桐城詩派再度崛起，如蘇求莊、蘇求敏、陳澹然、方守彝、馬復震、吴康平、劉元佐、方濤、吴汝繩、徐宗亮、姚浚昌、姚永樸、姚永概、吴闓生等人。賡續傳承，長盛不衰。陣容之强大，詩作之繁富，實爲罕見。

尤其值得稱道的，桐城一些布衣詩人，盡管一貧到骨，却千卷在胸，實學韞藏，勤於創作，如李雅等人。有些詩人囊無餘資，却走遍全國，探幽訪古，流連山水，得江山之助，佳篇秀句，雲錦紛呈。簡而言之，詩歌成了他們生活的一部分，不可斯須或闕。方大任説：『生而有吟癖，未嘗一日廢。』方授説：『詩是吾家事。』方拱乾與其子孝標、亨咸、育盛等人身處絶域荒徼，不廢吟哦，開創了奇特的東北『流人文化』的景觀。由此可見，桐城詩人對詩歌創作是何等的摯着！因此，桐城詩歌創作繁榮就不言自明了。

再者，現實生活爲桐城詩歌創作提供了廣闊而豐富的題材。桐城知識分子飽讀孔孟之書，學富五年，深受儒家思想影響，有積極入世的强烈願望。他們關注國家命運，民族安危，人民的福祉，他們希望施展自己的抱負和才能，立德立功立言，以期不朽。然而改朝换代，桑滄巨變，使他們心靈經歷了一場深哀巨痛，故國情懷，對忠君愛國的桐城詩人來説，難以割舍，撫平創傷談何容易。文章憎命達。有志圖恢復、凛然就義者不乏其人；有祝髮爲僧，悒鬱以終者爲數不少；有絶意仕進，退隱山林、消極反抗者，大有人在；更有閉門却掃，鋭意著述者，借著述消愁遣憤。但他們有一個共同特點：即把這一切都寓之於詩。『經難經灾經疾病，哭親哭弟哭交遊』（方中通詩句），面對時代的不幸，人民的痛苦，詩人們能不呻吟嗎？

四

桐城文派雄居清代文壇二百餘年，有『天下文章其在桐城乎』之贊譽，除了作家們寫了一大批優美散文作品外，還有一套全面、系統且縝密的文論，爲時人所認可，並奉爲金科玉律而遵行之。其實桐城詩派亦有詩論，只不過没有文派文論那麽完整、全面、系統罷了。桐城詩派的詩論多散見於桐城詩人們零篇散論之中，這些詩論，既有對前人詩歌創作經驗的總結，更有自己創作實踐的體會，不乏真知灼見，切實能指導詩歌創作。

方仲舒曰：『詩之爲道，無異於文章之事也。今夫能文者，必讀書之深而後見道也明，取材也富，其於事變乃知之也悉，其於情僞乃察之也周，而後舉筆爲文，有以牢籠物態、包孕古今。詩之爲道亦若是而已矣。吾未見夫讀書者之不能爲詩也，吾未見夫不讀書者之能爲詩也。世之人不於讀書之中求詩，而第於詩中求詩，其詩豈能工乎？』（見桐舊集 方仲舒小傳）方仲舒强調了讀書的重要性。他自己無書不窺，尤好老莊之書，所以他的詩寫得『跌宕淋漓，雄渾悲壯』，與方文、杜于皇輩齊名。

錢澄之集詩説：『杜有「賦詩新句穩，不覺自長吟」，蓋窮幽鑿險，必有不易之處，而忽得穩，非世之但協律叶韻之爲穩也。』又曰：『晚節漸於詩律細，蓋一句而有數轉，一字足當數折，内無不盡之義，而外無可見之痕，故律之細，惟子美獨到也。』又曰：『詩者，文事中之最精者也。凡文字中數十百言不能盡者，詩以一句盡之。文字中數十百言作轉者，詩以一字轉之，故其事至難，而其法甚巧。爲詩者有天事焉，有人事焉。性情、氣韻、聲調之間，天爲之也。其謀篇、造句、運事，則人事之所出盡也。』又曰：『詩有其才焉，有其學焉。有才人之才，聲光是也。有詩人之才，氣韻是也。有學人之學，淹雅是也。有詩人之學，神悟是也。故詩人者，不惟有别才，抑有别學焉。』這些可以看出錢澄之先生以杜甫之詩論並結合自己的創作實踐，就詩之協律叶韻、詩句文字轉换之技巧、氣韻神悟聲調之雋逸，謀篇、造句、運事之自然縝密，談出自己的甘苦，見解卓越，發前人之未發。所以，錢澄之先生詩作亦能以詣精造微、抗行於古人之間而無愧。

姚文燮自序其詩曰：『詩者，才情理法也，兼之而後成。蓋情至而法見焉。情能藏法，法能宣情，抑惟才能用情与法。古今未有詩人而不能窮理者，抑未能不爲才人而能爲詩人者。』姚文燮聰慧穎異，才情兼備，故其爲詩能獨辟堂奥，冠絶流輩，被譽爲東南雄，尤工爲艷曲，流麗自喜，雖温李無以過之，晚年詩風爲之一變，斂華就實，漸造平淡，意旨深遠温厚。

方貞觀輟鍛録曰：『有才人之詩，有學人之詩，有詩人之詩，未有熟讀唐人之詩數千百首而不能吟詩者，讀之既久，章法句法字法，用意用筆用典，音韻神致脱口皆肖。點綴與用事是兩項，用事有正用、側用、虚用、實用之别，作詩最忌敷陳多於比興，詠嘆少於發揮。古人有一二語獨臻絶勝，後人萬莫能及，則一時興會所致，不能强得也。音韻之於詩所關甚重，蓋聲音之感人最捷，入人最深，而其消息則甚微。立題簡爲主，所以留詩地也。所謂「語不驚人死不休」者，非奇險怪誕之謂也。或至理名言，或真情實景，應手稱心未曾有，便可驚心動魄。康熙己卯、庚辰以後，一時作者古體多學韓、蘇，近體多學西崐。空疏者多學陸務觀，然徒有其貌耳。近人又舍漢魏、三唐，别有師承，另成語句，往往取宋元之説部，摭實還就，語意不貫，氣勢不屬，尤爲黯於大道矣。』不難看出，方貞觀强調寫詩是要有才能的，要想才能得到充分施展，則必須讀書。寶劍鋒從磨礪出，才能出自讀書。他根據自己的創作實踐對寫詩章法句法字法、用意用筆用典，都提出自己的獨到見解，尤其强調音韻、比興、詠嘆於詩所關甚重，並對不善學古人提出批評。他的詩作大抵於張籍、王建及長慶集爲近，壯歲以南山集牽累出關，屈鬱抑塞，羈懷旅緒，形之歌詠，多流離顛沛之慨；放歸田里後，益造平淡，益近自然，無鉤棘之苦，無雕鎪之跡。誠如陳恭尹所言方貞觀詩大體達到了『感人以理者淺，感人以情者深，感人以言者有盡，感人以聲者無窮』的境界。

方東樹在詩論方面用力尤深，用工尤勤，見解卓越。他的昭昧詹言就是一部完整的詩歌理論專著，將桐城詩派理論推向一個新的高峰，與姚永樸的文學研究法爲桐城文學理論之雙璧，至今無書替代。以古文法論詩乃是桐城詩派的傳統，方東樹更深得其中三昧。他在昭昧詹言中，總結了學詩的六種方法，即創意、造言、選字、隸事、文法、章法。六法旨在：創意，須避凡俗淺近習熟近腐常談；造言，應當言簡意賅，自鑄偉詞；選字，務必清新典雅；隸事，惟陳言之務去，翻新致用；文法，以斷爲貴，氣勢峥嶸；章法，起承轉合，橫截縱通，運用自如。他在劉悌堂詩集序中更明確指出：『漢、魏、六代、三唐之熟境、熟意、熟詞、熟字、熟調、熟貌，皆陳言不可用。』要象杜甫之詩『下語必驚人，務去陳言，力開生面』（見昭昧詹言）。同時，方東樹强調詩的『闡道翼教』、『助流政教』的功能，他在昭昧詹言中説：『詩以言志。如志無可言，强學他人説話，開口即脱節，此謂言之無物，不立誠』，『學人好爲高論，而不求真知，盡客氣也。』爲詩者，必須務本重道，適時尚用，『體之爲道德，發之爲文章，施之爲政事』（見與羅月川太守書），以期道德、文章、政事的完美統一。方東樹的詩歌創作大體上體現了自己的詩論思想。他詩作不多，氣韻沉酣，格調堅勁，語言樸質無華，有一股兀傲峭厲之氣，在桐城詩壇頗具影響。

桐城詩家的詩論大多見於爲他人專集所作序言中，如果認真梳理，對詩歌的創作是有指導意義的。吴闓生專著詩義會通爲時人稱頌，他特别欣賞用『逆』之法，贊嘆葛覃爲『文家用逆之至奇者也』，在詩歌理論上頗有獨到的見解，對方東樹的詩論有所補充，使桐城派詩論更爲完善。

五

桐城詩作繁富，從内容上看，題材廣泛，無所不包，但反映現實生活仍是主旋律，國家的安危，民族的命運，人民的痛苦，仍是桐城詩人關注的焦點，成爲詩歌創作的主題，即使是一些酬唱贈答之作，也表達了詩人們對美好生活的渴望和追求，所以具有較深刻的社會性。可以説一部桐舊集就是一面歷史的鏡子，反映了明清時期的社會風貌，是中國封建社會的一個縮影，中國封建社會的許多問題，大多可以從桐舊集中找到答案。所以説桐舊集是一部詩史是不爲過的。從藝術風格上看，可能不象桐城文派的文章風格那麼鮮明，獨具特色，但可以用百花齊放、萬木争榮來形容。有唐音悠悠，有宋韻繞梁，出唐入宋，融唐宋於一爐，能標新立異，自成體貌，異彩紛呈，各領風騷。

我們不妨從不同時期選幾位桐城詩派的代表人物，對他們的詩作略作分析，以見其概。

齊之鸞，桐城詩派的濫觴者。他以陝西按察僉事巡視寧夏，經花馬池、小鹽池、毛不刺、榆林等地，地瘠民貧，憂心如焚，進言時事，可憂者三，可惜者四，言詞極切，並進飢民所食蓬子。他在陳民疾苦疏中言：『環慶而北，山城、萌城、隰寧、小鹽池等處，驕陽五年，赤地千里，畝無植禾，居人刈穫蓬，其類有綿蓬、刺蓬二種，饑人仰此爲命數年矣。臣因取蓬子麪嘗啖之，苦惡辛澁，螫口貫心，嘔逆竟日。今將二蓬子封題賫獻御前。』他正色立朝，不計個人得失，爲民訴苦，言人所不敢言，一身正氣，洵骨鯁之臣。詩如其人。入夏諸詩除描繪山川險隘、大漠風沙，風景雄奇，更多的是爲民鼓而呼，慷慨激昂，言辭宏麗，多遒勁之氣，開桐城詩派之正氣。其入夏録繪邊塞風光，寫風土人情，抒憂民憂國之情。寧州曉發：

> 燈火啓嚴城，戴星行未已。夜來下絶坂，左右崇墉倚。昏黑迷前旌，時顧斗杓指。晨鷄登頓初，蒙昧曙光紫。林泉衍山巔，溪雲行地裏。陂陀首乾龍，浮立土不滓。所以穴居民，患燥不患水。改邑視井泉，卑栖固其理。耕者百仞上，汲者千尋底。下山阻深溝，上山據高壘。四鄰守無虞，塞馬徒爲駛。民貧獨可憂，咸秦此唇齒。

詩爲西北地瘠民貧之寫照，詩人所憂甚巨，李自成、張獻忠揭竿而起，已於詩意見其端矣。潘江評其詩曰：『歌行力追少陵，近體直逼初、盛，洵詞壇巨匠也。』

潘江，桐城詩派的奠基者。他的木厓集和續集，存詩六千餘首，可能是桐城詩派中存詩作最多的一位詩人。同時的友人方文先生稱頌『潘子蜀藻詩文爲東南之美』，執桐城詩壇之牛耳。輝照两江，飲譽全國。木厓先生含英咀華，才雄筆健，屬詞命意，寄託深遠，以漢魏爲淵源，李、杜爲風骨，出入香山、放翁，取諸家之長，疏通其微法，搜摘其妙義，深而不鑿，新而不巧，可謂善學古人，非徒優孟之衣冠。木厓先生博極群書，精研簡練，於諸大家已入堂奥，兼綜而互出之，探本窮源，得其指歸，特開生面，標新立異。雖縱横放逸而不失馳驅，鋪陳刻畫而不失自然。元氣爲根，神合古人。所謂風人之賦麗以則，非俗學庸才可以仿佛。木厓先生不僅破萬卷書，亦行萬里路，游履所經幾半天下，所經山川之險要，興亡之古迹，風俗之淳澆，政治之得失，一一皆寓之歌詠，民瘼國恤，情動於中，發爲詩歌，慷慨擊節，聲振環宇。此全是木厓先生慜時病俗之所爲作也，以資教化，其有益於斯民斯世可謂多矣。木厓先生詩作不僅是桐城人民的精神財富，亦是中華傳統文化之菁華。

劉大櫆，是桐城詩派鼎盛時期的一位代表人物。他非仕非農，晚年謀得一教諭，實乃一介布衣。一生舌耕筆耘。『白髮蕭然，半盞寒燈，替諸生改之乎者也；黄金盡矣，一枝秃筆，爲舉家謀柴米油鹽』。這副對聯便是海峰先生生活的寫照。他是一位因詩而存人的典型。海峰先生才雄筆峻，能包括古人之異體，熔以成其體，雄豪奥秘，揮斥出之，其才有獨異，故其爲詩爲文詞洋洋乎才力縱恣，無所不極，而斟酌經史，未嘗一出於矩矱之外。乃師方苞先生曰：『今世韓歐才也。』其詩力追昌黎，師其意而不師其詞，詩格高雅，詩境曠遠。

五言古尤多可詠，自李、杜而後能兼漢魏、六代之長者，明惟高青邱、徐昌谷，清代惟吴天章、劉海峰諸選體力與之抗。其五言近體以盛唐之格律行中、晚之工緻，當與施愚山争衡。七絶高者似李太白，次則劉中山，又兼有宋元諸家之盛，可謂曠世逸才。七言詩悲歌慷慨而魄力足以達之，有李、有杜、有韓、蘇，投之所向無不如意。竇東臯評曰：『海峰五言詩原本魏晋，出入於陳拾遺、李供奉之間，而自成一家。七言淋漓激昂，擺脱常格，五律亦各入妙品，不愧作者。』所以程魚門讀其詩集，曰：『劉大櫆詩勝於文也。』

值得稱道的，明清兩代桐城涌現一大批名媛，桐城女詩人是桐城詩壇的一支生力軍，《桐舊集》專列一卷，輯録了四十二位女詩人的作品，她們大多學識淵博，貫穿經史，才情兼備，詩文兼擅，而命運又多不幸。守貞與寂寞爲伴，詩書與禮儀爲友，借詩遣懷，自寫其憂傷哀怨之音是最自然不過的。誠如潘江先生所言：『其境愈苦，其節愈堅，其詩亦愈工。』難能可貴的是，她們不僅抒寫個人的悲歡離合、憂愁苦悶之情，而能推己及人，寫出封建社會女子的悲苦，表達出女同胞共同的心聲，格調高雅。她們不是無病呻吟，而是抒情吶喊，憂民生，病國運，關注國計民生，抒寫時代的不幸，反映人民的病苦。她們在一些詠史詩裏，借古諷今，表達改變現狀、追求美好的願望。她們的一些寫景詩，清詞麗句，婉約凄美，韻味綿長，回味無窮。吴坤元、方維儀、張令儀是她們中的佼佼者，還有晚清姚倚雲琴棋書畫無一不精，堪稱才女。她存詩兩千多首。晚年投身教育事業，成績赫赫，爲民國時期著名的女教育家。簡而言之，桐城女詩人心胸開闊，詩境高尚，詩韻雋永，詩足以流傳，稱得上巾幗不讓鬚眉。

六

此次整理點校的桐舊集，以民國十六年刊本做底本，參校道光庚子本；同時還參校方文、姚文然、張英、張廷玉、姚範、劉大櫆、姚鼐、劉開等人詩集和已出版的龍眠風雅，並出校記。對於人名、字號與它書有異者，一般不作校改。底本空白或塗黑處，參校它書補正，並予以說明。對異體、古體、生僻字，一般改為常用字，不出校記。對避諱字如『元』、『玄』等徑改；對『己』、『已』混用的，也徑改，都不出校記。由於桐舊集收録的詩歌作者人多面廣，時間跨度長，不同時期、不同作家的刻本，也不相同，我們在整理過程中，遵守古籍整理的基本要求和原則，在不影響閱讀的前提下，努力保存原貌，體現刻本的時代特點。

桐舊集曾列入『二〇一一—二〇二〇年國家古籍整理出版規劃項目』，獲批『二〇一五年安徽省文化强省建設專項資金項目』、『二〇一五年度國家古籍整理出版資助項目』和『二〇一五年度安徽省古籍整理出版基金會資助項目』。我們對各方面的大力支持表示衷心感謝。在整理過程中，高興先生、徐成志先生、余國慶先生、王先斌先生幫助審稿，提出諸多寶貴意見或建議；陳來社長、朱麗琴副總編等出版社領導和鮑家全、高興、徐建、姜萍、胡旋等編輯，以及安徽大學歷史系部分研究生幫助録入原稿，他們都為本書出版付出了辛勤勞動；還有胡中生、張秀玉等學者給我們提供相關資料，對我們做好整理工作，非常有益，在此一併感謝。

限於學識疏淺，疑莫能明、斟酌欠妥之處，在所難免，盼請讀者、學者不吝賜教。

楊懷志

二〇一六年六月

桐舊集序

昔人談詩，才力或限於一代；風氣或囿於方隅。有餘者，每恨龘豪；不足者，又嫌淺弱。豈非作者之通病哉！至於鈔選諸家，則又以意爲進退，或去連城之璧而拾其碔砆，使作者面目不存、精神澌滅，是亦詩人之一厄也。

國朝持論之善，足愜天下大公者，前有新城尚書，後有吾從祖惜抱先生，庶其允乎！歸愚沈氏所得本淺，論詩僅存面貌，而神味茫如，其當乎人心之大公者，蓋寡矣。然此通一代或數代言之，非一都一邑之作也。至一都一邑之作，近世鈔刻尤多，囿於方隅，往往又滋詬病。吾桐則不然，竊嘗論之：自齊蓉川廉訪以詩著有明中葉，錢田間振於晚季，自是作者如林。是以康熙中潘木厓有龍眠詩之選，猶未極其盛也。海峰出而大振，惜翁起而繼之。然後詩道大昌。蓋漢、魏、六朝、三唐、两宋以及元、明諸大家之美無一不備矣。海内諸賢謂古文之道在桐城，豈知詩亦有然哉！

亡友徐樗亭嘗以木厓未見後來之盛，欲通前後更鈔之，購求精擇二十餘年，乃有桐舊集之鈔，其人存者不録。余在臺灣，君從陽城寓書述意而艱於鋟刻之資，余深歎之。未幾，君歸家，旋卒。余亦多故，不能助君成之也，嘗以屬里中諸君子。是時光律原方伯已有龍眠叢書之刻，於是馬公實通守力任其事，復屬樗亭之甥蘇厚子重加審校，而附樗亭之作於徐氏末，爲君已亡也。今將刊竣，乃爲序之。

夫襄陽耆舊傳，古人景慕前賢所作也。兹以『桐舊』名集，樗亭之意，豈不曰吾以是著耆舊之思乎？矧前賢苗裔，其企慕又何如也。樗亭往矣，異時必有續是集而爲之者，合律原叢書觀之，可徵吾桐之文獻矣。

咸豐元年春正月姚瑩謹序

桐舊集序

曩嘉慶之季，徐君樗亭自農曹假歸，擬撰次鄉先輩詩曰桐舊集，屢以見約。予方輯先世詩鈔，又欲自唐曹校書、宋李檢法、朱舍人以逮近世人詩，輯爲桐城詩録，議論未定而别。至道光乙未夏，予乞養歸，樗亭方爲陽城令，旋寓書來言桐舊集已有端緒，屬爲網羅所未備，時予年已五十，自念精神漸衰，詩鈔雖成，猶未付梓，其他尚有遺書數種必須校刊，既恐詩録之未易就，而吾邑騷壇夙盛，前者潘氏選本已不復存，安得有深於詩學且殫心輯録如樗亭者，洵數百年一時之會也，遂舉向所藏弆數十家悉以寄之。嗣有續獲，隨時郵致，樗亭乃編定四十二卷，付梓十數卷已用錢六十餘萬。庚子之冬，言歸將謀竣其事，不意獻歲遽卒！予亟具啟同人，應者殊罕，忽忽又十載矣。

今春與姚君石甫語及，輒慷慨倡捐白金，聞者勃焉興起，而樗亭之甥蘇君厚子適館予家，力任其勞，數月之間遂刊得數十卷，計日可以竣事。因思茲編非樗亭淵雅夙學，一意表章先哲，勤勤懇懇，昕夕丹鉛，則選擇固未必精審；非石甫勇於成人之美，作登高之呼，則集腋亦大不易；非厚子誠篤精密，搜補有名無詩之闕略，讎校稿本、寫本、刊本之譌舛，兼綜財用，督飭工役，亦未能如是之速成。雖顯晦各有其時，得人而行，不可謂非吾邑藝苑之厚幸已！予自愧衰鈍，無能爲役，而始終與其事亦深忻忭，故不辭鄙陋，述其顛末而書之，以諗後之君子。

道光三十年十月己卯馬樹華謹序

校刊桐舊集後序

古者，孟春之月，行人振木鐸徇於路，以采詩獻之太師，比其音律，以聞於天子。此列國風詩所由載之簡策，孔子所由删定而存三百篇者也。後世其制寖廢，而郡邑各輯其詩爲總集，亦猶古國風之遺意，其可闕乎！然而非伯樂不能識騏驥，非匠石不能別楩楠。纂次郡邑之詩必學深識明，始得品第公允，去取精當也。

吾桐城之詩，康熙間木厓潘氏曾輯之。今幾二百年，詩家輩出，而卷帙浩繁，或有選輯一鄉一族之詩，而合邑通選未有續其事者。吾舅氏徐櫏亭先生深於四始，於歷代詩究其源流，其所著作卓然名家。於嘉慶之末，始擬選輯合邑之詩，遂隨時鈔録若干家。道光乙未待選京師，旅居閒暇，乃徵詩選録。及授陽城令，公餘丹鉛，踰數年而成集。自明初迄道光庚子，凡四十二卷，作者一千二百餘人，詩七千七百餘首，其批評圈點皆簡要而中關鍵，大家名家選録尤爲精當，小家無刻本者或少從寬。奈舅氏自陽城解組歸，甫七十日而捐館舍。兹集所刊僅三之一，家計艱窘，未能續刊，淹滯已及十載，馬公實通守爲之勸募醵貲續刻。去歲春，姚石甫廉訪歸里，慷慨倡捐，邑中多樂助之者，内兄徐汝諧、汝卿，亦請諸前輩爲之籌畫。通守任總其事，時惇元授徒通守家，相與商訂校勘。越歲餘，刊始蕆事。茲集實吾邑文獻所關，爲不可少之書，亦庶幾備一邑之風，且爲綜録海内之詩者取資焉爾。

咸豐元年辛亥秋八月蘇惇元謹識

跋

先叔父樗亭先生，少好學，篤志敏行，於書無所不窺。嘉慶甲戌成進士，授户曹，改官縣令，歷任壽昌、臨海、陽城諸邑。政教所被，頌聲不絶。公暇益肆力典籍，著有詩經廣詁、牖景録、河防類要、黄山紀勝及樗亭詩文集等書行世。居恒每留心桐邑掌故，於先輩詩文篇什，搜求闡揚，蓋三致意焉。往者潘木厓先生選刻龍眠詩，自前明洪武迄本朝康熙間三百餘年，爲正續二集，誠善舉也。叔父念自康熙迄今道光間，又近二百年，作者林立，恐久而散佚，於是廣爲徵采，合潘本而並選之，彙爲一編，題曰桐舊集。詩以姓爲區別，名字之下系以事實，凡四十二卷，實吾邑文獻攸關，惜僅刊刻三分之一。辛丑春，叔父遽捐館舍，事遂寢息。

己酉秋，弟裕歸自吴門，每與寅商榷，思續成其事，弟崑亦郵書問訊。明年夏，相與諮請方植之、馬元伯、光律原、姚石甫、馬公實諸丈爲之籌畫，蒙慨然佽助，遂續剞劂。凡討論讎校，公實丈暨表弟蘇厚子之功實多。叔父見背於兹十稔，因以叔父詩附刊入集。兹幸刊刻蒇事，乃誌其始末於後。異時輶軒之使采一邑之風，將必賴兹集之信有徵云。

咸豐元年歲在辛亥八月既望從子裕、寅謹跋

桐舊集引

宣城施愚山先生有言：『全集繁而易失，選本合而易行。』又曰：『昔之作者更閱數十百年，盈尺之書强半爲鼠蠹噉盡，至鄉里不能舉其姓字，子孫不能詳其緒言矣。』又新城王文簡公云：『余邑先輩文獻無徵，每以爲恨，故於群書中，遇有邑人舊事輒掌録之。』今阮芸臺宫保亦云：『嘗欲搜輯遺逸，以盡鄉里後學之責。』此其惓惓於鄉邦之間者，誠懼前言之易墜，往緒之難尋，而溯典型於異世之間，發幽潛於朽骨之後，不有人焉采摭放佚，匯萃群言，幾何不使前人之畢能竭慮、靡精耗神、憔悴篇章，以求不敝者，亦皆澌爲飄風、逝若流水哉！此漢唐以前所由有襄陽耆舊、陳留風俗、魯國先賢等傳，而宋、元以後所由有會稽掇英、梁園風雅、姚江逸詩各集也。

桐城在漢爲鄉，依山建城，肇於唐至德間。然自宋元以前，著聞記傳之人，類統稱爲舒州。舒州者兼今懷寧、舒城之域。惟洎有明以後，凡皖北舒南之産皆别之爲桐，不至紛淆，而五六百年内名臣碩儒、文人畸士亦相繼林出，其往行故蹟，流風餘韻，傳於文字，見於篇什，較之宋元以前，近而可徵，廣而能備矣。國初以來，搜輯遺逸，編録韻章，若錢田間、姚羹湖、潘蜀藻、王悔生諸先生詩傳、詩選、龍眠詩、樅陽詩之類，皆爲總集佳本。第其書或未經鋟梓，或已鏤板而漸就毀蝕，其諸家專集亦大半湮落無可收拾。且自康熙迄今又百餘年，名輩益衆，余不敏，浮沉簿冗，無所酬能於世，而言念曩者，俯慨方來，竊欲效施、阮諸公輯宛雅、廣陵詩事之意，賡續錢、王諸先生之緒，采萃鄉邑先輩詩章，並言行之表見於他書者，寸累尺積，彙爲若干卷，顔曰桐舊集，以蘄流示來兹，永言無斁焉。

惟是衣食奔走，見聞媕陋，每於藏本莫備，輟穎而嘆，尚冀里中同志，凡有專集總集，與夫稗乘往編，或經刊布，或待傳鈔，示以所藏，俾就甄録，庶幾盛有可傳，善有同歸，不勝引企之切云。

道光歲次乙未初夏徐璈六驤氏識於都城之試館

桐舊集例言

一、是編起於明初，迄於今之逝者，倣江蘇詩徵之例，分姓列卷，其間略以時代之先後爲序，至族望之同異、輩行之尊卑、年齒之長幼，有不能盡詳者，則有各姓之譜牒在，覽者諒之。

一、每姓以最前之一人爲次第，如甲家之卷前一人係洪武朝人，乙家之卷前一人爲永樂朝人，則以洪武朝人居前，永樂朝人居次，非有所軒輊於其間也。閱者鑒之。

一、各家專集，繁簡不同。今於諸家之詩，所録少者僅一二首，多者不過八九十首，非妄爲去取也。凡千二百餘家，不能不約之又約。若以去留失當、不全不備爲訾議，則補綴增續，刊誤糾謬，是所望於後之君子。

一、專集未付鐫者，往往漸就湮没。即刻本亦未能盡存，如龍眠古文，李芥須、何存齋兩先生所閱各家集，今已什不存五六矣。至選本如錢田間先生詩選、方盒山先生四十家詩、姚羹湖先生詩傳、馬湘靈先生詩鈔，遍訪無從得觀，可勝浩嘆。

一、兹集計千有餘家，所見原集不過三四百家，就各選本、鈔本録出者居其大半。年來雖延友遍歷城鄉采輯，而挂漏尚不能無。自顧衰慵，未宜只留稿本，亟先付梓，續獲再計增編。

一、此編成書，篇卷頗繁，搜輯校訂賴同年馬君公實之力爲多焉。

樗亭徐璈識

目録

卷一

蘇惇元　吴元甲　同校
馬三俊　馬起升

方法四首……一
蜀中逢客作……二
絶命辭……二
渡黄河……三
方佑六首……三
送簿之官……四
三十六灣南阻風……四
送余僉憲考績……五
祁陽道中……五
過長沙……五
書懷……六
方向十六首……六
山中雜詠……七
過饒風嶺……七
雷港大風行……八
夜坐感懷……九
送妻元善……九
桃源道中　明詩綜選　御選明詩録……一〇

界亭驛 …… 一〇
寄皖中諸友 …… 一〇
雜懷 七首之一 …… 一一
田家謠 …… 一一
鎮遠道中 …… 一一
過三兄十竹軒 …… 一二
海南雜詠 十一首之一 …… 一二
投子寺題壁 …… 一二
方印一首 …… 一三
夜泊 …… 一三
方璽二首 …… 一三
詠雪 …… 一四
答吴仕富 …… 一四
方見六首 …… 一四
晚霽 …… 一五
送別章惟仁 …… 一五
即事 …… 一六
春日 …… 一六
投子山春日 …… 一六
雨中思家 …… 一七
方克二首 …… 一七
景濂亭 …… 一七
雪中歸自喬莊枕上作此寄南淙兄 …… 一八
方充一首 …… 一八
黃山歌贈楊子 …… 一八
方效六首 …… 一九
寄周延栗 …… 一九

獨坐……二〇
歸途（明詩綜選）……二〇
招胡汝學同年……二一
寄弟舉……二一
庭桂……二一
方點一首……二一
即事……二二
方兼一首……二二
挽楊先生……二二
方寶二首……二三
秋江別友……二三
挽豹嶺樵閒……二三
方可一首……二四
題楊黃山清隱齋……二四
方學漸八首……二四
白雲巖（明詩綜選　御選明詩録）……二五
再遊浮山　四首之二……二六
龍眠精舍……二六
東征（明詩綜選）……二七
賽社壇……二七
水簾洞……二七
采蓮曲……二八
方學箕五首……二八
緑漪亭……二八
春日訪友不遇歸宿途中悵然有述……二九
劉慎吾贈石（明詩綜選　御選）

明詩録 …… 二九
春　行　二首之一 …… 二九
醉後口號 …… 三〇
方大美二首 …… 三〇
題白雲寺 …… 三〇
方大晉一首 …… 三一
別舍鏡齋 …… 三一
方大鎮五首 …… 三一
富池驛 …… 三二
抵　舍 …… 三二
涂揆宇太僕滇中寄書奉答
明詩綜選　御選明詩録 …… 三三
長安春興　二首之一 …… 三三
謁先祖天台會洞 …… 三三
方大瑋五首 …… 三四
三月望後聞鵑 …… 三四
留別内弟 …… 三五
詠白苧帳子 …… 三五
得家訊 …… 三六
春　思　二首之一 …… 三六
方大鉉十四首 …… 三六
寄周子 …… 三七
投子山二首 …… 三七
舟至泥汊　二首之一 …… 三八
泊牛渚 …… 三八
天雄道上 …… 三九
游浮山　四首之一 …… 三九
伯兄候旨都門遥寄詩章 …… 三九

陽平 …… 四〇
憑虚閣 …… 四〇
春日偕友人入龍眠 …… 四一
子夜四時歌 …… 四一
閨曲 …… 四一
方大階三首 …… 四二
能仁寺訪奕于 …… 四二
舟中即事 …… 四二
春郊傷亂 …… 四三
方大任九首 …… 四三
詠懷（明詩綜選　御選明詩録） …… 四四
夜雨懷以沖 …… 四五
定居示思拔思實兩弟 …… 四五
瑞洪道中 …… 四六
送靈岳上人之九華 …… 四六
同兄君静君節遊胡水部山莊 …… 四七
戲君重弟 …… 四七
方大普二首 …… 四七
途中苦雨 …… 四八
水中雁字次韻　十首之一 …… 四八
方大全一首 …… 四九
金陵 …… 四九
方大欽一首 …… 四九
秋日宿松山舍弟大瑠大城宅 …… 五〇
方震孺六首 …… 五〇

獄中逢趙金吾世茂 …… 五一

贈唐二華進士遣戍 …… 五二

送周金吾赦歸 …… 五二

諸城邱子廪已舉東省以策詆魏璫被刖子廪乃余同年邱六渠方伯子時方伯在繫 …… 五二

惠元孺先生獄中初度 …… 五三

丁卯中元余在繫經三中元矣 明詩綜選 …… 五三

方孔炤十七首 …… 五三

新設屯田 明詩綜選 御選明詩録 …… 五五

錦江懷古 …… 五五

易水 …… 五六

香油坪行 …… 五六

井中鐵 …… 五七

密議歎 明詩綜選 …… 五七

別黃石齋太史 …… 五八

高陽池 御選明詩録 …… 五八

登皖城 …… 五八

謁方正學先生祠 明詩綜選 …… 五九

春興長安 …… 五九

昆閣同曾二雲作 …… 六〇

歸白鹿洞 御選明詩録 …… 六〇

龍山行 御選明詩録 …… 六〇

客傳言三首之一 明詩綜選

天池寺文殊臺 …… 六一
〈御選明詩録〉 …… 六一

方孔一十首 …… 六一
短歌行 …… 六二
步放鶴亭 …… 六二
天津衛 …… 六三
過閔子祠 …… 六四
浴罷 …… 六四
泊高郵有懷 …… 六五
同古岡林荃猗許雪橋梁學夏夜集分韻 …… 六五
松棚 …… 六六
紫沙洲 …… 六六
小齋初成對花詠懷 …… 六六

方孔時二首 …… 六七
甲申聞變後讀先斷事公絶命辭作 …… 六七
賦寄凝齋兄 …… 六八

方孔矩四首 …… 六八
中秋同仁植兄龍山看月 …… 六八
憶爾孚弟 …… 六九
自合肥至霍山途中雜詠 …… 六九
月夜同吴湯日潘若玨吴于廷何令遠登玉峰 …… 六九

方文六十九首 …… 七〇
秋夜飲顧與治齋中 …… 七二
田居雜詠〈明詩綜選〉 …… 七二

華不注 明詩綜選 …… 七三
游焦山 明詩綜選 …… 七四
潤州訪楊龍友兵憲 …… 七四
左蠡行 明詩綜選 …… 七五
贈徐五善生 …… 七六
題張大風山人松石圖 明詩綜選 …… 七七
揚州别王貽上司理 …… 七七
炎風行留别兄子子唯 …… 七八
武林行贈陳應倩處士 …… 七八
宛陵雨中訪蔡芹溪 …… 七九
吴門行 明詩綜選 …… 八〇
除夕歎 明詩綜選 …… 八〇
文德橋步月 …… 八一
攝山絶頂 明詩綜選 别裁集選 明詩正鈔選 …… 八一
酬吕霖生吏部 …… 八二
劉伯宗應徵北上賦此送之 …… 八二
贈孟光白兼懷戴敬夫 …… 八三
送沈治先歸宛 篋衍集選 感舊集選 詩持選 …… 八三
旅夜 詩持選 篋衍集選 感舊集選 …… 八四
贈孫克咸 …… 八四
池口晚眺 …… 八四
七夕牛渚 …… 八五
湯氏宅 明詩綜選 …… 八五

未至楊樹灣十里而暮 …………………… 八五
章門訪陳士業徵君〔明詩綜選〕 …………………… 八六
喜張材官襲賊山中 …………………… 八六
白門買宅梅連書來却寄 …………………… 八七
送謝孺玉計偕 …………………… 八七
書事 …………………… 八七
得梅朗凶聞因寄麻孟濬沈景山 …………………… 八八
留別陸夢文 …………………… 八八
寄懷梁公逖以樟 …………………… 八九
送吴無奇還毘陵 …………………… 八九
送曾庭聞遊漢中 …………………… 八九
送曾青藜之吴門〔明詩綜選〕 …………………… 九〇
將歸別内 …………………… 九〇
題劉遠公扁舟江上圖 …………………… 九一
賦得鍾山梅下僧贈蕭尺木 …………………… 九一
高座寺 …………………… 九一
人日吴園次中秘招集興寺古槐下〔感舊集選〕〔詩持選〕 …………………… 九二
留別宋大塗〔詩持選〕〔篋衍集選〕 …………………… 九二
游廬山含鄱嶺至太乙峰〔廬山志〕 …………………… 九三
贈智創大师 …………………… 九三

戲贈左子直納妾用藥名……九四
春日……九四
遇鄉人 明詩綜選 感舊集選……九五
題酒家壁 明詩綜選 明人詩鈔正集選 感舊集選……九五
黄河……九五
三月晦日客中作……九六
竹枝詞三首……九六
潯陽夜泊 明詩綜選……九七
送張楚材之碭山……九七
贈滕鍊師……九七
猷州城 明詩綜選……九八
舒溪 明詩綜選……九八

方

雪後懷林茂之……九八
将北遊张虞山閣百詩杜送至清江浦夜宿僧寺分賦……九九
雲間别邢孟貞……九九
喜遇陳允倩處士兼懷陸麗京梯霞 感舊集選……九九
立秋……一〇〇
送徐翁遊越……一〇〇
題汪大年小像……一〇〇
題半山道人畫册 篋衍集選……一〇一
題王元倬像……一〇一
思五首……一〇一
宿徐莘叟草堂……一〇二

霍山道中……一〇二
憶次兒渾客灊……一〇三
赤壁晚眺……一〇三
歲寒泊廣陵寄懷藻思 三首之一……一〇四
方若洙七首……一〇四
怨婦詞……一〇四
和潛夫弟嘉州歌……一〇五
潞河同弟潛夫……一〇六
蜀江雜詠 三首之一……一〇六
夏日舟中贈潛夫弟……一〇六
紀　遊……一〇七
蜀江竹枝詞……一〇七
方拱乾十一首……一〇七
濟　水……一〇八
四壬子圖爲爾止弟題……一〇九
邏卒歎……一〇九
晤剩和尚 四首之一……一一〇
寧古塔雜詩 二十首之一……一一〇
螢　火……一一一
將别寧古塔書壁……一一一
寄鐵公……一一二
途中即事 三首之一……一一二
中元步虛詞 八首之一……一一二
惠山竹枝詞 三首之一……一一三
方象乾一首……一一三
喜弟姪登第念幟戡兩兒

……一一三
方道乾一首……一一四
雜感……一一四

卷二

王橒 蘇惇元 吴元甲 姚濬昌 同校

方無隅六首……一一五
過鳳臺山寺……一一五
和友冬日登冶父訪星師……一一六
入門口號……一一六
贈省非上人……一一七
化山禪師北關外構茅屋落成……一一七
田翁……一一七
方若愫一首……一一八
楊樹灣……一一八
方孟圖一首……一一八
過邱魯瞻齋頭感賦……一一八
方鯤一首……一一九
夏日飲榮園……一一九
方元芳一首……一一九
過小關……一二〇
方聯芳一首……一二〇
竹枝詞……一二〇
方畿十六首……一二一
將赴赤城望前途趙川龍門雨作……一二一
遣興……一二二

詠荆軻……一二三
同芥須過敦復遠峰亭……一二三
槐龍軒成　二首之一……一二四
顛崖歸……一二四
湖舟漫興　二首之一……一二五
歲暮别季父還淮南余亦歸
四松矣……一二五
送齊惟木還里門……一二六
汪瑶若亭子次韻……一二六
寶　雞……一二七
黄州九日風雨集顧赤方寓
……一二七
步余澹心韻……一二八
湖　上　三首之一……一二八
寄嚴公偉寧戎塞上……一二八
大羅庵祖西禪師塔……一二九
方　里十首……一二九
吴城登望湖亭……一二九
彭　澤……一三〇
懷歷陽馬平子……一三〇
玉　峰……一三一
哭左子永……一三一
贈王子雲……一三二
旅　懷　四首之一……一三二
沙　上……一三二
夜航船……一三三
杜鵑花……一三三
方以智八十四首……一三三

當擬古詩　二首之一……一三六
古詩三首　明詩綜選　御選明詩録……一三七
擬古　御選明詩録……一三八
變擬古詩　四首之一……一三八
感賦……一三九
和陶飲酒　明詩綜選……一三九
寄梅朗三　御選明詩録……一四〇
悉索詩……一四〇
德政殿召對紀事　二首之一　明詩綜選……一四一
董逃行……一四一
白紵舞歌詞……一四二
東飛伯勞歌　御選明詩録……一四三
監軍苦　明詩綜選　明詩續鈔選……一四三
登陴守……一四四
牛角飲　明詩綜選……一四四
將進酒……一四五
估客苦　明詩綜選……一四五
狂歌……一四六
從冶父道中還家作　御選明詩録……一四六
釣臺作　明詩綜選……一四七
哀哉行　明詩綜選……一四八
春酌……一四九
看月　明詩綜選　別裁集選

明人詩鈔續集選　御選明詩録 …………… 一四九
贈陳臥子李舒章 …………… 一四九
聞　雁　明詩綜選 …………… 一五〇
逍遥洞　明詩綜選
御選明詩録 …………… 一五〇
和巢友星岩見懷之作 …………… 一五〇
春辭長安道蘆溝橋　御選
明詩録 …………… 一五一
孟廟作　御選明詩録 …………… 一五一
鯉湖漫興 …………… 一五二
鯉湖旁宋林樵谷隱處　感
舊集選 …………… 一五二
度梅嶺 …………… 一五二
雨後閒題　御選明詩録 …………… 一五三
答長干舊韻似宇昭覺岸 …………… 一五三
鼓櫂漫興 …………… 一五三
六叔舊聘長干女子期而不
至爲此招之 …………… 一五四
雲間同夏彝仲朱宗遠徐闇
公陳臥子醉後狂歌分賦 …………… 一五四
送石仲昭調潮洲 …………… 一五五
同姜如須早朝看月分作 …………… 一五五
閶門憶吴湯日舅氏閩中 …………… 一五五

鍾山偶集得元字 …… 一五六
小東皋即事 …… 一五六
贈閩中劉薦叔 御選明詩録 …… 一五七
送別劉薦叔 御選明詩録 …… 一五七
陳卧子成進士 …… 一五七
七星巖遇徐巢友分韻 …… 一五八
贈承天劉阮仙且爲轉有所憶云 …… 一五八
控疏請代父罪 …… 一五九
告哀詩 七首之五 …… 一五九
春興 …… 一六〇
哭卧子 …… 一六〇
從江上歸里作 …… 一六一
仙回西溪梅花十里嚴伯玉引至不覺成吟 …… 一六一
梧州冰舍待刃既放回拈示彭孔晢何叔鑑 …… 一六一
同錢幼光李磊英入裴村口 …… 一六二
企喻歌詞 明詩綜選 御選明詩録 …… 一六二
折楊柳歌 明詩綜選 御選明詩録 …… 一六二
來羅 …… 一六三
西平樂 明詩綜選 御選明詩録 …… 一六三

碧玉歌　御選明詩録……一六三
石城曲　御選明詩録……一六四
湖南曲　御選明詩録……一六四
南州行　御選明詩録……一六四
下客謡……一六五
酒樓贈燕人　御選明詩録……一六五
風雨夜泊……一六五
聽蘆笙　明詩綜選　御選明詩録……一六六
擬春宮曲　御選明詩録……一六六
跋清明上河圖　感舊集選……一六六
似金乾陽　感舊集選……一六七
一線天……一六七
每問……一六七
燕市謡　三十首之二……一六八
西湖雜興　御選明詩録……一六八
秦淮漫興　御選明詩録……一六九
偶題……一六九
方其義十九首……一六九
西變記略成感賦……一七〇
黨禍　明詩綜選……一七一
出門行……一七一
夜泊赤壁秉燭遊之　明詩綜選……一七二

東孫克咸　二首之一 …… 一七二
宋子建記黃石齋先生召對冊書後 …… 一七三
客雲間聞楚警送杜于皇歸白門同宋轅文徐惠朗分得安字 …… 一七三
野宿 …… 一七四
和李舒章燕臺懷古　二首之一 …… 一七四
聞劉念臺掌憲金天樞僉憲同日蒙譴 …… 一七四
送張敘五北上 …… 一七五
贈吳駿公少司成 …… 一七五
和侍御孩未伯贈范質公諫

謫歸里　四首之一 …… 一七五
哀秋浦 …… 一七六
懷范小范 …… 一七六
明月謠 …… 一七七
答默公午夢詩 …… 一七七
風雨歌 …… 一七七
瓊花觀 …… 一七八
方授十五首 …… 一七八
詠史　五首之二 …… 一七九
牽兒衣 …… 一七九
往慈溪示秦汝翼朱君爽 …… 一八〇
折楊柳 …… 一八〇
野外 …… 一八一

家君鄉行雜詠 二首之一 …… 一八一
蘧園秋思 …… 一八一
贈蕭尺木居士 三首之一 …… 一八二
中秋旅懷 …… 一八二
偶成 …… 一八三
即事 …… 一八三
懷小戴青山 …… 一八四
喜得戴大書 …… 一八四
柬李士雅 …… 一八四
方亨咸九首 …… 一八五
獻歲四日同諸弟侍老母飲
見新月 …… 一八六
瓶花 …… 一八六
銅雀臺 …… 一八七
江行雜詩 …… 一八八
早春憶兩尊人 …… 一八八
泛愚溪 …… 一八八
桂州雜詩 …… 一八九
白鶴峰懷古 …… 一八九
錢左車招同飲光然石登汴
故宫後山 …… 一九〇
方膏茂一首 …… 一九〇
歸家 別裁集選 …… 一九〇
方育盛二首 …… 一九一
吴晞齋招同李劬庵飲城西
書屋 …… 一九一

洗象行……一九二
方戭一首……一九三
春日游謝公墩……一九三
方幟三首……一九三
秦淮新水次杜于皇韻……一九四
三月十九日偶作……一九四
秦淮竹枝詞……一九五
方兆及十七首……一九五
折楊柳……一九六
懷余振千子采……一九六
感懷……一九七
懷吴南蒼……一九七
洛陽道……一九八
劉生（別裁集選）……一九八
盧家少婦……一九九
紀事詩十首……一九九
銅雀妓（別裁集選）……二〇一
方兆弼十二首……二〇二
馬湘蘭故宅　二首之一……二〇二
捉月亭　三首之一……二〇三
懷伯兄蛟峰濟上……二〇三
招蜀藻……二〇四
題從父螽山先生草堂……二〇四
擬自君之出矣……二〇五
桃葉歌　四首之一……二〇五
過彭澤　二首之一……二〇五
期王太史不至……二〇六

姑蘇竹枝詞　八首之一……二〇六
聞東之途中遇掠……二〇六
舊　院……二〇七
方撝謙一首……二〇七
贈俞喜臣……二〇七
方尊堯二首……二〇七
答六公禊日見懷之作因訂
同歸種鱗……二〇八
病中懷萬淇園……二〇八
方　穀一首……二〇九
白帝子歌……二〇九
方仲舒二十五首……二〇九
有　鳥……二一〇
緼袍吟……二一一
喜晤豫章樊蒓公兼送其遊
吴門……二一一
聞路秦詒訃音……二一二
梁燕歌……二一二
成公生日……二一三
病中縈河過訪信宿東齋
……二一三
秋杪雜興……二一三
驢　背……二一四
雨　後……二一四
初夏漫興……二一四
題澳園……二一五
示　子……二一五
病起乞子留叔拄杖……二一五

人　生 …… 二一六
返棠村 …… 二一六
贈毛翰翔 …… 二一六
贈方貽子 …… 二一七
贈四弟蒼玉 …… 二一七
江舟食蟹有懷茶村先生 …… 二一七
初至湖上 …… 二一八
寄陸菽園 …… 二一八
歸舟雜詠 …… 二一八
秋夜讀書 …… 二一九
醉中見兒輩觀史 …… 二一九

卷　三

徐　寅　蘇惇元
吴元甲　光進修　同校

方中德一首 …… 二二〇
和韓聖秋白海棠詩（感舊集選） …… 二二〇
方中通九首 …… 二二一
崖　門 …… 二二一
正學先生祠 …… 二二二
過茲園 …… 二二二
濯樓次小愚韻 …… 二二三
贈于雲龍 …… 二二三
濯樓思親 …… 二二三
鹿湖泛月 …… 二二四

七夕珠江留別龔蘅圃秦望菴陳生洲梁葯亭及兄子正玉……二二四
古絶句……二二五
方中履三十二首……二二五
詠史　感舊集選……二二六
當擬古詩……二二七
行路難……二二七
宣府雜詩……二二八
宣府教場……二二八
重憶天末風景　十二首之三……二二九
遊大別山作……二二九
歸雲閣……二三〇
吴門示吴人……二三〇
重渡鄱陽湖……二三〇
歸夢……二三一
彭城……二三一
漫題……二三一
雨後再至龍井關看瀑布……二三二
飲河發山樓……二三二
編次遺集紀哀　十首之一……二三二
秋日送大兄至江干因同過白鹿莊坐便足樓作……二三三
暫攜家至稻花齋……二三三
答蔣素書……二三四

四時宫詞 拜經樓詩話録 …… 二三四
…… 二三五
偶　占 …… 二三五
留别内子燈下同賦 …… 二三五
難婦竹枝詞 …… 二三五
方中發十八首 …… 二三六
感　遇 …… 二三七
雜　詩 …… 二三八
石帆亭 …… 二三八
鮑　山 …… 二三八
將還山與叔兄夜飲 …… 二三九
魯　徉 …… 二三九
都官山 …… 二四〇
孔　城 …… 二四〇
北峽關 …… 二四〇
送錢雁湖劉深莊之豫章董中丞幕 …… 二四一
落馬湖 …… 二四一
寄酬新城王少司農　五首之一 …… 二四一
題戴剡溪城北新居 …… 二四二
寄龍茗麓 …… 二四二
促　織 …… 二四三
詠　棋 …… 二四三
湖上口號 …… 二四三
方綏遠一首 …… 二四三
海南道中 …… 二四四
方啟曾四首 …… 二四四

雨後坐諷書懷……二四四
贈李芥須……二四五
河北旅懷……二四五
方于宣二首……二四六
懷兄　二首之一……二四六
九日遊龍眠……二四六
方在庭一首……二四七
暑中坐陳大匡新亭……二四七
方郊二首……二四八
和李芥須　六首之一……二四八
古別離　十首之一……二四八
方登嶧十四首……二四九
古詩……二五〇
村北……二五〇
子夜四時歌……二五一
幽州馬客吟……二五一
秦女休行　別裁集選……二五一
盤中詩　別裁集選……二五二
霜遲樂　別裁集選……二五二
出西郊道過摩訶庵經前明宦寺葬地　別裁集選……二五三
七兄以詩慰病答和　別裁集選……二五三
望南信不至　別裁集選……二五三
憶舊遊……二五四
紀事　別裁集選……二五四
移居……二五四
洞庭曲……二五五

方正瑗十一首……二五五
述母訓　別裁集選……二五六
關西書院落成示諸生　別裁集選……二五七
度秦峪嶺至商州與王如玖
刺史　別裁集選……二五七
隴　干……二五八
白鹿莊……二五八
三南至宣城同飲北樓……二五九
宿華清禪院……二五九
古　鏡　別裁集選……二六〇
至望江縣……二六〇
同亮儕非熊遊敬亭……二六〇
和于殿撰……二六一
方　珏一首……二六一
閉　門……二六一
方正玭五首……二六二
陽春曲……二六二
邊農嘆……二六二
秦　中　八首之一……二六三
閒　步……二六三
塞上曲……二六四
方正璿三首……二六四
旅　雪……二六四
渡　口……二六五
即　事……二六五
方正璆六首……二六五
訪楊子西園……二六六

華嚴寺示宗公後人諸子 …… 二六六
陟投子 …… 二六六
柳 …… 二六七
復集印土庵 …… 二六七
方正珌二首 …… 二六七
平荆關道中 …… 二六八
送師許二生南歸 …… 二六八
方正玢十三首 …… 二六八
擬古 …… 二六九
饑民詞 …… 二六九
花朝宴集詩 …… 二六九
夜泊 …… 二七〇
送扶南弟歸里 …… 二七〇
送左集虛丈歸里兼寄同學諸子 …… 二七一
金山寺 …… 二七一
懷徐周尹 …… 二七一
曉發 …… 二七二
客中秋懷 …… 二七二
送張司空還朝 …… 二七二
返自建州再邱已於是日歸楚 …… 二七三
西湖雜詩 …… 二七三
方正璐一首 …… 二七三
牽船行 …… 二七四
方曾祜三首 …… 二七四
尋秋 …… 二七四
月夜過建初寺同潘集山陳

臨湘納涼……二七五
過東夾橋飲汪氏芳渚園……二七五
方碩三首……二七五
送戴蜀客入蜀……二七六
重九後三日集飲潘貽孫宅次還山兄韻……二七六
境主廟……二七七
方宗鼐一首……二七七
江南行……二七七
方洪學一首……二七八
舫閣贈陳官儀……二七八
方季芳一首……二七八
秋夜……二七八
方原博七首……二七九
海行十日抵中山紀事三十韻……二七九
中島蕉園……二八一
久米竹屏……二八一
中山雜韻 三十首之四……二八一
方元薦一首……二八二
山館夜月 國朝詩品選……二八二
方元醴一首……二八二
荷柳魚稻之鄉 十八首之一……二八三
方元壹三首……二八三
憶古塘……二八三
十姊妹花……二八四

贈楊管亭……二八四
方式濟十三首……二八四
遠行曲 別裁集選……二八五
采萱 別裁集選……二八五
護菊 別裁集選……二八六
掃地 別裁集選……二八六
八月十七日霜 別裁集選……二八七
蜀錦曲 別裁集選……二八七
題遂安鄒廣文效忠圖 別裁集選……二八七
次韻答江上晚吟……二八八
題道院……二八八
送朱鹿田之任蜀中 別裁集選……二八九
偕錢大敦一晚眺……二八九
法塔吟門……二八九
題小姑廟 雨村詩話選……二九〇
方澤六首……二九〇
晚春登緑雲樓憶方齋兄酒泉消息……二九〇
雨中……二九一
栝州署樓秋望……二九一
希夷峽……二九一
柴林即景……二九二
安定門外……二九二
方苞十五首……二九二
將之燕別弟攢室……二九四

赴熱河晚憩谿梁……二九四
擬子卿寄李都尉……二九五
裴晉公……二九五
明　妃……二九六
嚴子陵……二九六
薄暮自樅陽渡江赴九華
……二九七
送楊黄在北歸……二九七
展斷事公墓……二九七
川姑墓……二九八
輓李餘三方伯……二九八
别葉爾翔……二九九

方貞觀三十九首……二九九

喜姚鐘見過……三〇二
秋　光……三〇二
遊三共山……三〇三
雲龍山宿田家作……三〇三
送别姚寶珩……三〇四
程風衣作歸山圖見寄奉答
……三〇四
題天居寺……三〇五
曉發含山縣……三〇五
净果寺……三〇六
春　遊……三〇六
郊　居……三〇七
寄懷相如……三〇七
日　暮……三〇七
趙姑祠……三〇八

侵曉……三〇八
舅氏程梅齋先生罷建州守……三〇九
秋分……三〇九
别馬相如……三一〇
寒食……三一〇
宿畏吾村……三一〇
重有感……三一一
新秧……三一一
自虎丘抵無錫……三一二
得家書效𧦶山體……三一二
與沈凡民夜話有懷大司馬一齋范公……三一三
復還京師出北峽關……三一三
寄内……三一四
和汪令聞秋柳……三一四
游仙詩 十首之二……三一四
符離鎮感舊……三一五
初歸喜手植海棠花開……三一五
西湖袁四娘竹枝詞……三一五
南行道中口號 十八首之二……三一六
吴懷朗課耘圖……三一六
方世舉十五首……三一七
慰伯父失古錢六十韻……三一八
逐貓……三一九
贈龍醫士……三二一
郭舍人於宫竹酒杯既失復

得……三二二
題表弟程午橋編修篠園……三二二
登板子磯……三二三
魏文帝賦詩臺……三二三
董子祠……三二四
梅花嶺……三二四
感舊詩二十四首之二……三二五
長洲陸叟漻 小感舊 十首之一……三二五
西江李健卒……三二六
張相國歸里過話……三二六
滕王閣 隨園詩話……三二六
方輔讀一首……三二六
松下步月……三二七
方張登十五首……三二七
先大夫墓下述哀……三二八
輪園修禊……三二八
三慧庵……三二九
寄浮山洪公……三二九
雪晴自古浪送兵至武威……三二九
天印山……三三〇
温忠武墓……三三〇
河華讀書處……三三一
雲臺觀夜宴……三三一
江州風雪……三三一
虹橋泛舟至平山堂……三三二

秋夜送客……三三二
平涼文太守宴席……三三二
憶懷坡並夢遊邗上……三三三
自題秋香圖……三三三
澤二十五首……三三三
首　路……三三四
苦　熱……三三四
迢迢谷松石……三三五
次韻左繭齋古硯……三三五
三月晦日贈杜鵑……三三六
和葉花南太史題趙子昂畫
馬……三三六
待廬看月分韻……三三七
子　規……三三七
夢涼涼生……三三七
阻風效誠齋體……三三八
重至白門哭蛍照堂兄弟……三三八
同王希文費修大蔣星巖韋
慎占管一潮泛舟登平山
堂得雲字……三三八
靖州道中……三三九
郟縣道中……三三九
龍門紀游　四首之二……三三九
與蔡芳三夜話感賦……三四〇
歲暮得鄉問有懷胡亦士張
弼扆……三四〇
七夕次李春坊韻……三四一

發良鄉 …… 三四一
旅夜 …… 三四一
送張廣文還鄉次息翁韻 …… 三四二
曉發 …… 三四二
曉發采石 …… 三四二
河東道中 …… 三四三
方源二首 …… 三四三
宿屯溪 …… 三四三
郊行即事 …… 三四四

卷四

徐寅 蘇惇元
吴元甲 光熙 同校

方觀永二首 …… 三四五
隨侍塞上 十首録二 …… 三四五
方觀承三十七首 …… 三四六
太公遣赴奉天 …… 三四八
采石江打䑶二十二韻 南州詩略選 …… 三四九
曹素功蓺粟齋墨歌 湖海詩傳選 …… 三五〇
雨後夜坐 湖海詩傳選 …… 三五〇
威遠堡邊門 …… 三五一
舟過天津官雲程貽盆蘭賦答 …… 三五一
皖城中秋 …… 三五二
暮 …… 三五二
夜來香 …… 三五二

曉發白楊村……三五三
嘉峪門登籌邊樓作 湖海詩傳選……三五三
野 宿……三五四
哈密東城……三五四
趙北口道中……三五五
五 日……三五五
津門燈夕賓僚宴集……三五六
冬夜雨中同劉林一馬湘靈話故鄉風景 湖海詩傳選……三五六
舟 謡……三五七
上都河道中……三五七
淀舟即事……三五七
感宋祖許錢王歸國事……三五八
灞橋新柳……三五八
早過千里叔邀同朱景山秦淮泛舟即事……三五八
連雨書悶……三五九
五日留闕下……三五九
卜魁竹枝詞……三五九
從軍雜詩 一百首録五……三六〇
方受疇二首……三六一
盤 山 二首録一……三六二
北平道中……三六二
方維甸九首……三六二
寄朱幹臣吏部……三六三
將之盤山留别……三六四

寄　内……三六四
題蔣礪堂制府竹深荷净圖
即送之嶺南……三六五
寄裴端齋内兄……三六六
寄張船山……三六六
方城三首……三六七
便足樓即事……三六七
同王似山季弟雨中登柴林
……三六八
過銅陵……三六八
方壺二首……三六八
惜陰亭……三六九
水　碓……三六九
方光遠十二首……三六九
登焦山……三七〇
環渠齋露坐……三七〇
山居草堂……三七一
登池陽城……三七一
舟泊銅陵……三七一
池陽九華門外泛舟……三七二
小龍山……三七二
山　行……三七二
晚次舊縣……三七三
漁　父……三七三
山中即目……三七四
雪美人……三七四
方叔厓四首……三七四
壽僧六湛……三七四

寄觀白上人……三七五
贈姪緒勻……三七五
遊黃連再造廟集飲王文徵
園亭得與字……三七五
方惟寅五首……三七六
怨歌行……三七六
客中遣興……三七七
北道夜發……三七七
寄　慨……三七七
葉氏寓園即方氏將園也招
賞牡丹感賦……三七八
方德溥一首……三七八
登香界寺遊寶珠洞……三七八
方敬揚一首……三七八
述　懷……三七九
方覺十七首……三七九
余自倦遊歸與姚五與泉張
三曾徽遊處最密三人者
年皆七十餘矣遂作三叟
詩追昔撫今不無慨歎云
……三八〇
贈韋五謙恒……三八一
寄答左衆郛贈行元韻……三八一
遊平山堂雨歸躓於途傷左
手戲作……三八二
昔昌黎韓愈有訟風伯辭以
爲山雲澤氣將雨而風散
之故旱余以上天降災非

獨風伯咎也作訟風伯解……三八二
復至帶子溝觀桃紀遊……三八三
去秋來真州即耳容甫名未見也今春獲晤數接言論學深博無涯涘而志存經世不屑屑爲詞章以亟有用者將執以往然其於世味泊如也爲賦一章以誌傾倒……三八四
重過頤莊看芙蓉……三八四
冬夜懷高松根……三八五
次韻孫咫莽表兄將返青門留別……三八五
筆泉招遊龍眠山莊……三八五
題姚夢穀詩集……三八六
予卜居龍眠胡孟升有詩見懷次韻答之……三八六
馬嵬……三八六
春日即事……三八七
庭菊……三八七
夏日……三八七
方玟二首……三八八
寄赤泉弟白下……三八八
孔城夜渡……三八八
方其平一首……三八八
過故人山莊……三八九
方杓四首……三八九

古　意……三八九
訪陸羽長洲居雨阻留宿……三九〇
望匡廬……三九〇
下筠門嶺即事……三九〇
方根健九首……三九一
還居山中……三九一
一管筆……三九二
龍井潭觀瀑……三九三
題張根固梯雲韻梅草堂……三九四
宿山寺……三九四
寄訊張根固……三九四
山居秋夜……三九五
方樹七首……三九五
遊齊山……三九五
讀韓信傳……三九六
三至口湖亭……三九六
江行曲　八首之一……三九七
橘……三九七
客中夜興……三九七
宿北峽關……三九八
方諸六首……三九八
雜　詩……三九八
送春曲……三九九
聞　笛……三九九
望湖亭……三九九
枕上作……四〇〇
無　題……四〇〇

方　莊一首……四〇〇
塞上葺茅屋成用季父韻……四〇〇
方求晉一首……四〇一
讀淮陰侯傳……四〇一
方遵軾二首……四〇一
皖城秋夕有感……四〇二
老　馬……四〇二
方賜豪一首……四〇二
春　寒……四〇三
方賜吉三首……四〇三
縣齋雜詠……四〇三
緑　渚……四〇四
滇中雜詩……四〇四
方　寰一首……四〇四
瓊南春日即事……四〇五
方根機七首……四〇五
飲遂情山房留别熊坦如姚宜匡徐體猷體孺諸子……四〇五
悼　馬……四〇六
哭錢若璣……四〇六
潁上王晉齋先生與穀男書感賦……四〇六
過王家套……四〇七
初夏江南道中……四〇七
和伯兄……四〇八
方於鴻七首……四〇八

方

寒食日遊北蘭寺……四〇八
東　郊……四〇九
舟行雜詠……四〇九
廣濟道中……四〇九
百泉閒眺……四一〇
續六十二首……四一〇
明　妃……四一一
紅葉畫幀……四一一
再賦齊山石……四一一
月夜不寐……四一二
張雪鴻三丈爲余作墨筆牡丹望之如成五色詩以詠之……四一二
先生見余牡丹詩復爲作墨竹……四一三
初夏友人治具郊遊……四一三
大風雨後同左叔固胡觀海遊東郊……四一四
贈叔固……四一四
賦齊山石呈池州席太守貴池韓明府……四一五
舒州田婦望雨歎和東坡吴中田婦歎韻……四一五
豐年詩追和王半山元豐行韻呈六安沙刺史……四一六
戲作醉侯歌……四一六
調叔固……四一七
秋日郊遊有懷舍弟……四一七

彭澤清明即事……四一八
四更起看月……四一八
張虎兒畫雪竹……四一八
醉中自詒……四一九
夢叔固……四一九
感　春……四二〇
生日家人對酒……四二〇
秋日閒居……四二〇
聽人道南中之勝……四二一
不　省……四二一
送人蜀遊……四二一
寄張虬御……四二二
春日送胡雒君之湖北謁畢制府……四二二
寄孫符如……四二二
暮春遣興……四二三
讀經戲成二首……四二三
潘鼎如將赴蜀月下留余飲口占贈之……四二四
良宇久客上黨聞其老而學詩寄此詢之……四二四
諸　友……四二四
重過樅陽感懷海峰先生……四二五
暮春齋中遣興……四二五
讀海峰先生遺集……四二五
讀鮑海門集書後……四二六
先大父諸弟子年來俱就凋謝今天民先生又没存者

惟姬傳先生一人而已觸
事愴情因成此作 …… 四二六
登小孤山 …… 四二七
過彭蠡湖 …… 四二七
乙卯秋偕光静叔久住南昌
歲杪將赴吉安作此招静
叔小飲即以志别 …… 四二七
自豐城舟行至南昌登滕王
閣有懷故鄉諸友 …… 四二八
賞菊醉後見月 …… 四二八
春暮客中獨酌效誠齋 …… 四二八
宿山中詠塋上古松 …… 四二九
寓歎 …… 四二九
出郊 …… 四二九
書事 …… 四三〇
觀劇 …… 四三〇
自題詩稿 …… 四三一
秋意 …… 四三一
即事 …… 四三一
閨恨 …… 四三二
莫愁湖 …… 四三二
江南春送人之江右 …… 四三二
有感奉酬 …… 四三三
春雨送客楚遊 …… 四三三
江邊 …… 四三三
書涪翁遊青原山詩後 …… 四三四
五月十九日復古書院 …… 四三四

方啟壽二首 …… 四三四

莫愁湖……四三五
舟發安慶……四三五
方于穀九首……四三五
寄磬庵……四三六
南康舟中……四三六
夜酌懷養蕉……四三七
自問……四三七
星石攜樽夜話……四三七
答子固寄題稻花齋　四首之一……四三八
答路杏池……四三八
秦淮雜詠……四三九
過小龍看花　六首之一……四三九
方秉澄七首……四三九
駿馬篇……四四〇
黃鵠篇……四四一
雜感……四四一
嘉禾送植之兄……四四二
方坦十五首……四四二
遊清涼寺……四四三
登釣魚臺歌……四四三
愛客泉長生蘋歌……四四四
尋磻溪草堂……四四四
投子山……四四五
大風渡河……四四五
熨斗臺懷四溟山人……四四五
崇興寺　二首之一……四四六
登南雄郡城……四四六

漫賦……四四七
湯雨生都尉消寒雅集……四四七
喜雪……四四七
廣州雜詠……四四八
題畫……四四八
春望……四四八
方遵周二首……四四九
六安道中……四四九
七夕……四四九
方遵矩二首……四四九
送別……四五〇
暮歸道中……四五〇
方椿三首……四五〇
送文濤之廣陵……四五一
竹塢……四五一
中秋月下……四五一
方楷一首……四五二
懷李二海帆 二首之一……四五二
方性道二首……四五二
小孤山……四五二
登晴川閣……四五三
方宮聲二十四首……四五三
詠史……四五四
汪梅塍百一鸜鴿硯寮圖……四五四
雨耕丈書來問江行消息……四五五

渡頭……四五五
月中過北崦觀荷……四五六
屈原祠……四五六
至休寧遲子均不歸再寄揚州兼紀行迹 九首之四……四五六
來青伯撫浙舟次謁呈……四五七
呈石伍伯父……四五八
山塘夜泊……四五八
過歙懷淩仲子年伯……四五八
答家兄子山報罷客武清寄懷……四五九
半夜……四五九
暮輿……四五九
題天門山……四六〇
板橋雜詠……四六〇
惆悵……四六〇
抵皖獨宿操江廠……四六一
冶春詞和韻……四六一
方元琮四首……四六一
雜詩 七首之一……四六二
晨起……四六二
夜泊皖江……四六三
來青制軍小春赴山海關……四六三
方又新十六首……四六三
題廬山三笑圖……四六四
贈菊瘦……四六四

初夏山居……四六五
重遊蘭實書屋贈菊瘦……四六五
書懷……四六六
有感……四六六
昌平即事……四六六
四時詞　四首之二……四六七
夜宿范陽……四六七
自遣……四六八
雜興……四六八
示姪孫春畦……四六八
夜泊采石……四六九
出都之密雲留別友人朱晴
佳……四六九
垂釣……四六九

方傳馨六首

趵突泉……四七〇
夜光木歌……四七一
東方曼倩故里……四七二
閏二月十三日偕劉雲洲出
右安門至廣惠宫……四七二
天津……四七二
初夏自京師赴大梁途中雜
詠　四首之一……四七三

卷一

蘇惇元　吴元甲
馬三俊　馬起升　同校

方法四首

方法　字伯通，建文己卯舉人，官四川都司斷事，靖難殉節死。明史方孝孺傳：『方法，字伯通，官四川都司斷事。諸司表賀成祖登極，當署名，不肯，投筆出，被逮。次望江，瞻拜鄉里，曰：「得望先人廬舍足矣。」自沉於江。』江南通志：『方法，洪武己卯舉人，事母以孝聞。後以不署名殉節。』欽定勝朝殉節諸臣録：『靖難，入祠，職官四川都司斷事方法。』齊心孝方斷事公幽忠傳論、方魯岳幽忠録云：『斷事舉於建文之己卯，主試者爲方正學，題爲「託孤寄命，大節不可奪。」其後正學以不肯草詔，赤其十族。公亦以不署表，自沉以死。』傳論曰：『公配鄭孺人守義四十年，懷公爪髮以殁。公女川貞亦終身不字，奉母以終於家。今方氏歷三百年，世濟蟬聯，以不潰其家聲，豈非食於厥祖忠貞之遺哉！』

蜀中逢客作

有客從江南，布衣行入蜀。自言少賤貧，未能策高足。放蕩遊江湖，飛飛慕黄鵠。方今兵戈興，死者道相屬。聞之拔劍舞，忼慷爲誰告。引領望京師，安知我躑躅。泣下非故鄉，君勿竟此曲。

讀此則知靖難師起，公固欲拔劍戎行，爲盛庸鐵鉉，不徒以身殉也。

絶命辭

休嗟臣被逮，是報主恩時。不草歸降表，聊吟絶命辭。身當殉國難，死豈論官卑？千載波濤裏，無慚正學師。

聞道望江縣，知爲故國濱。衣冠拜丘隴，爪髪寄家人。魂定依〔一〕高帝，心將愧叛臣。相知應〔二〕賀我，不用淚霑巾。

璈按：公卒於望江後，立祠於望江華陽鎮。

校記：〔一〕『依』，龍眠風雅作『從』。〔二〕『應』，龍眠風雅作『當』。

渡黄河

野曠天陰日欲西，北風吹雪雁行低。交河路斷行人少，一片寒沙没馬蹄。

方佑六首

方　佑　字廷輔，天順丁丑進士，官桂林知府，有省庵集。江南通志：『公官御史，按蘇浙巡鹽，一洗宿弊。再按廣西，有平苗功。後由知府告歸，結屋萬松間，足不及城市，著有詩文集。』郡志：『佑按廣西時，苗賊窺桂林，城守告急，佑下令：「大軍且至，吏民妄動者斬！」乃悉居民尾軍士後，全披甲出南門，入東門，循環迭進，苗錯愕去。』方達卿邇訓：『方懋自勉，敦行力學。史仲宏精堪輿，任俠，嘗至自勉家，聞其家兒啼聲、讀書聲、紡織聲，歎曰：「君後嗣必蕃盛，且富貴。」因以佳城授之。』史又嘗曰：『自勉、自寬，藍田之雙璧。其子五人，海門之五龍。自勉，省庵之父也。』邇訓又曰：『公天順間爲御史，有邊民被掠逃歸，謬以降論死，佑活之。中官訴於上，謫知攸縣。』潘蜀藻曰：『公由攸縣擢用，會銜者主銓政，推桂林知府，以其舊按地抑之也。』

送簿之官

仇覽之官去，行行出帝城。楊花風外落〔一〕，草色雨中生。駐馬鞭初贈，歌驪酒更傾。知非鸞鳳集，計日又相迎。

校記：〔一〕『落』，龍眠風雅作『舞』。

三十六灣南阻風

南灣暫泊蓼汀前，風捲秋江浪拍船。夏〔一〕口有山雲礙樹，洞庭無岸水連天。和烟鷺傍幽溪立，帶雨鷗尋静渚眠。對此不堪人久住，長安回首路三千。

三、四寫湘湖遠景，可擬隨州。

校記：〔一〕『夏』，龍眠風雅作『喬』。

送余僉憲考績

青驄一自别南臺，開府遥看桂嶺來。赫赫九年旌節重，勞勞兩鬢雪霜催。江飛畫鷁程雖遠，路轉嘉魚瘴已開。此去若膺前席問，薰風今日阜民財。

祁陽道中

千里程途五兩風，祁陽泊處路方中。藍拖一帶瀟湘水，青出層霄衡岳峰。漁唱樵歌隨處别，竹籬茅舍幾家同。歸期計在之官日，畫鷁明年又嚮東。

過長沙

岳州南望即長沙，路轉岐分去更賒。鴻雁未稀鄉信少，青楓漸老客愁加。雨餘氣肅茅無瘴，風逗香來桂有花。千户素封千樹橘，年年珍重當桑麻。

書懷

一生書劍客他鄉，漸覺蕭蕭鬢滿霜。千里故人頻入夢，柳陰疏處菊花黄。

方向十六首

方向 字與義，成化辛丑進士，官瓊州知府，有素亭集。明詩綜系傳：『由進士授南京户科給事中，以言謫多羅驛丞，後官瓊州知府。』明史姜綰傳：『先是御史余濬劾中官陳祖生占後湖田，下南京主事盧錦勘報。錦故與祖生有隙，而給事中方向嘗率同官繆樗等劾祖生及大臣不職，又因雷震劾大學士劉吉等十一人，而詆祖生益力。祖生銜向切骨，時向方監後湖黄册，向、錦遂揭祖生實侵湖田，詔下法司勘，勘未上而祖生與吉合謀，削向籍，謫向官雲南多羅縣驛丞，後起官瓊州知府。』方達卿邇訓：『成化時官給諫，以論劾陳祖生等十數人罪狀，謫多羅驛丞，朝論不平，而向直聲動天下。』江南通志：『向爲瓊州守，瓊有珠池，故産珠，入覲時其僕私市一珠，索而投諸海。』

山中雜詠

薄雲不成雨，山月有餘白。月光墮尊酒，照我衰顔色。舊交日已遠，芳草坐來歇。悵恨平生懷，今夕竟何夕。

造化握玄柄，寒暑無停機。百年能幾時，而乃多是非。沉憂起中夜，新涼侵故衣。嚶嚶草根蟲，生意相與微。

門前舊遊路，上有人紛紛。青蓋擁白馬，素光生練裙。言笑各娟好，寒燠相殷勤。悠悠結遥〔一〕思，遠樹滋停〔二〕雲。

校記：〔一〕『遥』，龍眠風雅作『心』。〔二〕『滋停』，龍眠風雅作『停孤』。

過饒風嶺

夜宿饒風亭，曉登饒風山。峰回路詰曲，行行欲催轅。青雲起足下〔一〕，白日手可捫。人家蝸牛居〔二〕，倒〔三〕粘石壁間。下窺黝無底，慄然心膽寒。蜀魄繞馬首，百叫聲未闌。行人到此際〔四〕，瞬息凋朱顔。

校記：〔一〕『起足下』，龍眠風雅作『足下起』。〔二〕『蝸牛居』，龍眠風雅作『似蝸殼』。〔三〕『倒』，龍眠風雅作『亂』。〔四〕『到此際』，龍眠風雅作『莫到此』。

雷港大風行

忠宣坊下東風起，仗劍長揖别知己。乘流一葦疾如飛，掉頭忽過鱘魚嘴。行行漸覺天氣春〔一〕，萬竅怒號泣鬼神。布帆〔二〕狂舞不勝風，船檣攲側舷傾水〔三〕。老子戰競〔四〕屢移座，兒童涕泣頻囓齒〔五〕。此身已分委泥沙〔六〕，一柁何期〔七〕屹如砥。夕陽在上鳥在下〔八〕，風息猶看浪靡靡〔九〕。東吴同年顧夫子，隨我江干駐行李。掀篷招我過船去。慰勞神魂〔十〕驚且喜。急呼斗酒發狂吟〔十一〕，夜静歌吟撼鄰里。死將魚腹葬無所〔十二〕，生還蝸角争難止〔十三〕。明朝挂帆各有程，一笑何时燭花紫？

校記：〔一〕『春』，龍眠風雅作『惡』。〔二〕『布帆』，龍眠風雅作『帆脚』；『勝風』作『那吹』。〔三〕此句龍眠風雅作『船窗脱落斜蘸水』。〔四〕『戰競』，龍眠風雅作『傾攲』。〔五〕『頻』，龍眠風雅作『空』；『齒』作『指』。〔六〕『分委泥沙』，龍眠風雅作『拚永爲泥』。〔七〕『何期』，龍眠風雅作『公然』。〔八〕『鳥在下』，龍眠風雅作『飛鳥下』。〔九〕此句龍眠風雅作『須臾浪息風亦靡』。〔十〕『慰勞神魂』，龍眠風雅作『縮頭吐舌』。〔十一〕『狂吟』，龍眠風雅『吟聲』。〔十二〕此句龍眠風雅作『死休魚腹已無知』。〔十三〕『争難止』，龍眠風雅作『仍不止』。

夜坐感懷

小坐傍疏櫺，淒然百感生。鄉山千里月，砧杵萬家聲。近〔一〕壁寒蟲切，挑燈深夜明。沉吟不成寐，静數短長更。

四語較『月中聞搗萬家衣』更簡練。

校記：〔一〕『近』，龍眠風雅作『一』。

送婁元善

連翩不惜羽觴飛，别思撩人酒力微。眼底故交千里遠，天涯遊子幾時歸？悠悠歲月隨流水，望望山河帶落暉。珍重客游偏自愛，風塵偏上宦遊衣。

桃源道中　明詩綜選　御選明詩録

桃源西望是辰州，两境中開五置郵。征旆影隨紅樹没，斷橋水帶夕陽流。關山迢遞孤臣路，風物淒涼滿地秋。半世飄零竟何事？獨騎瘦馬重回頭。

界亭驛

亂雲重疊萬山幽，僕馬勞勞此暫休。丹葉滿林楓樹晚，雪花鋪地木棉秋。壁題半染孤臣淚，酒力難澆去國憂。獨坐中庭不成寐，寒更已報第三籌。

寄皖中諸友

野蘿橋上一分襟，漠漠江城悵望深。芳草斜陽南浦路，青燈夜雨故園心。幽懷誰共樽前話？舊約多從夢裏尋。幾載素書空在袖，江雲渭樹雨沉沉。

雜懷 七首之一

相思復相思，十年九別離。房廖炊已盡，富貴須何時？

田家謡

大山出雲雲滿天，大塘積水水如川。高田種麥低田稻，不信兒孫無社錢。

鎮遠道中

瘴雨蠻烟路欲迷，馬頭又報夕陽西。鷓鴣不省行人意，故故飛來耳畔啼。

過三兄十竹軒

霜盤蟹劈金脂黃，春甕酒倒梨花香。西風且莫吹落日，鷓鴣聲中意正長。

海南雜詠　十一首之一

海外風光別一家，四時楊柳四時花。寒來暑往無從識，只看桃符記歲華。

投子寺題壁

深山深夏似深秋，葵扇桃笙不用謀。只是夢魂猶未穩，去來栩栩岳陽樓。

方本庵邇訓：『邑令蔡子晉登山寺，見此詩嗟賞，因悉剷去他詩，獨留此篇。』蔡有寒食登鳳凰山投子寺題壁詩曰：『曾於圖志識山城，攬勝從教此一行。日麗風和人上塚，故鄉今日亦清明。』按：蔡公令桐，不載於志，故附録詩於此。又明詩綜載海寧朱瑞登嘉靖進士，知桐城縣，有詩集。海鹽徐泰，弘治舉人，桐城教諭，有玉池稿。侯官張利民，崇禎進士，知桐城縣，有野衲詩集、雨村詩話。綿竹汪波叔度，由孝廉知桐城縣，有詩十卷。隨園詩話：『錢塘倪廷模，乾隆進士，兩宰桐城，謳歌載道，詩亦清新拔俗。』諸公皆有詩集，而莅桐日應多題詠，惜罕有存者，故莫由登録焉。

方印一首

方印　字與信，成化丁酉舉人，官天台知縣。方達卿邇訓：『公爲令，專務以德化民，不爲嶢嶢赫赫之政，而邑自理。民祀之，建方公祠。』江南通志：『印令天台，僅九月卒官，吏民罷市吊哭，爲畫像立祠祀之。』按：公祠今在天台城外之清溪。

夜泊

舟停野水碧連天，鼓角傳更思黯然。千片歸帆雲島外，一灣漁火露汀前。雞鳴半夜荒荒月，人語孤村渺渺烟。賴有佳朋能好我，青燈相對不成眠。

方璽二首

方璽　字與節，自稱一得老人，處士。有一得稿。方達卿邇訓：『老人正身率物，表率鄉閭，建晚翠軒，賦詩自娱，年八十屢賓於鄉，不出。』

詠雪

六出花飛亞秃枝，忍寒偏耐北風吹。封條漫作三冬瑞，宜麥先防五月饑。入地遺蝗深幾尺，争巢凍雀鬧多時。漁人何處歸來晚，惹得紛紛滿鬢絲。

潘云：『一得稿今逸不存。此從緑槐窗詩唱酬中録出。』

答吴仕富

春風三月識君時，皎皎君如〔一〕玉樹枝。今日相思〔二〕獨惆悵，逢人重讀寄來詩。

校記：〔一〕『君如』，龍眠風雅作『珊瑚』。〔二〕『相思』，龍眠風雅作『思君』。

方見六首

方見 字惟素，成化間歲貢生，有南淙稿。南淙自記：『予别墅在縣治東南五十里，而近負山面湖，左右環以長河。其東南值赤城寺，門之首有石梁焉，每春雨時，降水與石激，有聲淙淙，因以「南淙」自號焉。』方本庵邇訓：『惟素儲書萬卷，力學敦行，年四十不第，即隱於赤城湖山之間，託興杯酒，放情吟嘯，三十年不入城市。江南北皆慕其高，詩致超絶，嘗於蔡令坐，賦詩應聲成韻，託意曠遠。蔡曰：「不意建安劉、王近在座中！」所著有南淙稿，空谷遺音。』郡志：『才名冠時輩，嘗儲書萬卷。手自校讎，晚號空石。隱居不仕，所爲詩沉淡雅韻，綽有唐風。』

晚霽

積雨晚開霽，池塘水自深。殘霞明柳色，斜日淡花陰。漠漠烟横浦，飄飄鳥入林。采桑何處女？歸去淚霑襟。

送別章惟仁

北雁忽南飛，行人正值〔一〕歸。一燈留夜話，片月滿秋衣。水闊蒹葭冷，山深芋粟肥。故園三日近，明發思依依。

校記：〔一〕『行人正值』，龍眠風雅作『先生又説』。

即　事　遹訓：『惟素嘗出遊，忽睹墓上花，即跏趺墓上，呼酒詠詩云。』

墓上花枝好，墓中人不知。對花如不飲，春色笑人癡。

春　日

東風吹紫陌，到處起香塵。病骨何須酒，晴光自醉人。

投子山春日

桃花拂檻柳垂堤，竹繞茅牆傍小溪。天氣困人初睡起，隔林黄鳥數聲啼。

雨中思家

燕山楚水四千里，細雨斜風十二時。客况渾如秋色淡，挑燈獨坐數歸期。

方克二首

方克 字惟力，嘉靖丙戌進士，官苑馬寺少卿，有西川集。郡志：『克仲父向，以論中貴獲譴。及克官御史，亦劾中貴邱得，人爲危之。克曰：「得紹前武，罪且甘之。」往按中都倉，一切裁省，及奉使經里至北峽關曰：「豈得以皇華驕父母邦。」屏騶從，獨乘馬至家。後告歸，未嘗入公府，事有不便於民者，必致書論之。』

景濂亭

落落濂溪後，乾坤復此亭。天垂四野碧，松繞一窗青。活水涵心地，幽花散德馨。誰從遊賞裏，雙眼醉能醒。

雪中歸自喬莊枕上作此寄南淙兄

醉中騎馬雪中歸，離思漫天共雪飛。花落嶺梅吹玉笛，絮飄江柳點春衣。鷗波未放吴東櫂，虎旅平衡塞北圍。夢醒夜深燈在壁，枯腸詩興忽崔嵬。

方充一首

方　充　字惟美，號槐亭，嘉靖时邑廩生。

黄山歌贈楊子

我聞廬山高入天，武夷名勝堪並肩。黄山崋屼擅江表，色凝佳氣春花妍。聯峰沓嶂幾千仞〔一〕，朱崖石壁飛〔二〕清泉。玉烟吐翕巒罍外，金屏疊矗牛斗邊。山因仙名固恒理，楊君落落〔三〕來徙倚。自分丘壑足歲年〔四〕，手招黄鶴蹁躚起。君不見仙人浮丘把臂來〔五〕，軒轅丹鼎晨光紫。但看庭内繞烟霞，豈屑塵中逐侈靡。望望黄山雲海雲，剪刀峰下思裁取。

校記：〔一〕『幾千仞』，龍眠風雅作『總峭崒』。〔二〕『飛』，龍眠風雅作『俯』。〔三〕『落落』，龍眠風雅作『昂昂』。〔四〕『足歲年』，龍眠風雅『謝塵囂』。〔五〕『浮丘把臂來』，龍眠風雅作『王喬樂與群』。以下龍眠風雅作『四皓芳踪差可擬。又不見下帷繼董坐春風，獨立庭前尤訓鯉。垂籤架滿書，揮毫雲滿紙。心比谷中虛，不屑逐侈靡。黄山兮，黄山兮，春到欣欣木向榮，信是公門多桃李。』

方效六首

方效 字去病，號石洲，佑孫，嘉靖乙酉舉人，有石洲集。方本庵邇訓曰：『其父有寵媵，頗專恣，家人不悦，效獨禮之。父卒，效曰：「愛屋及烏，况父之侍子乎？」爲擇善配，筐篋惟所攜去，不問。』

寄周延栗

久不遂歡遘，永歲念恒切。川途既阻修，雲林應巇嵲。丈夫志馳驅，相期在掀揭。芳秋况轉蓬，青燈無作輟。

校記：〔一〕『馳驅』，龍眠風雅作『四方』。

獨坐

獨坐梅花館，陰雲漠漠收。徑留今雨濕，地傍此君幽。暝笛林歸鳥，春犁隴放牛。輕寒知尚在，未可薄衣裘。

歸途 明詩綜選

大龍之嶺高插天，石塘湖邊秋可憐。麥花菊花遞相馥，遠壑近壑屯晴烟。江聲激壯自今古，峽徑紆回還〔一〕歲年。悠然獨馬渡河去，日暮滄州停客船。

拗律峭勁，極似山谷。

校記：〔一〕「紆回」，龍眠風雅作「縈紆」。

招胡汝學同年

遥瞻雞鳴寺，渺渺予懷切。夕陽下山來，期君共明月。

寄弟舉

避暑林亭試葛衣，薰風拂拂稻花飛。黄雞白酒秋山畔，坐我松陰一醉歸。

庭　桂

桂花開是菊花時，莫訝天香分外遲。回首紛紛紅紫客，風林遥落已空枝。

方　點一首

方　點　字子輿，號蘭林，見子，嘉靖間官經歷。

即事

明月頻來點碧紗，長松秀竹自年華。階除閒看蘭芽茁，信是春風戀我家。

方兼一首

方兼 字子山，號于崖，見子，邑諸生。

挽楊先生

鄉邦文獻後先同〔一〕，不少金蘭結契〔二〕中。絳帳春風原有偶，青氊夜雨惜無公。談鋒曾奪呵呵佛，怪事徒書咄咄空。細和新詩望遺跡〔三〕，那堪含淚向西風〔四〕。

校記：〔一〕「吾鄉」，龍眠風雅作「鄉邦」；「後先同」作「道原同」。〔二〕「結契」，龍眠風雅作「滿目」。〔三〕「望遺跡」，龍眠風雅作「遺吊客」。〔四〕「那堪」，龍眠風雅作「老夫」；「向」作「灑」。

方寶二首

方寶 字□□，號西村，嘉靖間諸生，有西村詩稿。□□□序曰：『西村翁達觀萬彙，芻狗群品，放形骸於物外，鼓熙皡於渾噩。所撰詩有曰：「惟有忘機沙上鳥，閒眠春晝伴漁郎。」又曰：「清風明月悠悠興，野雀孤雲淡淡心。」可以觀其志矣。』

秋江別友

駐馬江亭日欲斜，離情愁思倍交加。孤舟此夜知何處，野水寒江蘆荻花。

挽豹嶺樵間

六十餘年豹嶺樵，可憐仙夢竟飄飄。荒山野水埋新冢，淡月斜陽伴寂寥。

方可一首

方可 字子時，號山泉，嘉靖間諸生，官光禄寺監事。

題楊黄山清隱齋

先生抱道隱黄山，列岫青青碧落間。晝聽鸝聲傳雅調，夜看金氣識丹顔。茹芝餐术何妨老，乞竹分花未許閒。乘興且來賠笑語，頓教吟賞不知還。

方學漸八首

方學漸 字達卿，號本庵，萬曆間歲貢生，有連理堂集。高景逸性善繹序曰：『陽明先生始以心體爲無善無惡，心體即性也。今海内反其説而復之古者，桐川方本庵先生、吾邑顧涇陽先生也。』顧涇陽千里同聲卷曰：『先生表章正學，士類向風。』又曰：『德愈盛，心愈下，萬頃汪洋，孰窺其際！』又曰：『先生至予邑且數日，邑侯陳石湖聞而造謁，始往報焉。瀕發，擬送一舟，謝却之。人以爲過。從行者曰：「先生素守如是，不可强。」余輩亦不之强也。』黄黎洲明儒學案曰：『少而嗜學，長而彌敦，老而不懈。一言一動，一切歸而證諸心。爲諸生祭酒二十餘年，領歲薦棄去，從事於講學。』郡志：『學漸爲趙恒庵婿，有匳田在邑北，學漸以歸其兄，而已以筆耕自給。時有楓、杞二樹連理而生，觀者以爲兄弟友悌之詳，因爲亭其下，曰「連理。」』静志居詩話：『方氏門才之盛甲於皖口，明善先生實濬其源，東南學者推爲幟志。』潘蜀藻曰：『先生明經不仕，里居講學。時如高景逸、顧涇陽諸公皆所推挹。卒後門人私謚爲「明善先生」。』子大鎮、大鉉，孫孔炤，曾孫以智，文章科第焜耀聯綿，則先生之遺澤遠矣。所著有易蠡、性善繹、心學宗、桐彝、邇訓、桐川語等書。』四庫全書附存目録史部地理類：方學漸桐彝三卷；子部儒家類：方學漸心學宗四卷。張太傅敦復曰：『明善先生以布衣振風教，食其澤者代有傳人，至於砥礪名節，講貫文學，子弟孝友任睦，流風餘韻皆先生之穀詒也。』

白雲巖　明詩綜選　御選明詩録

磴道斜飛瀑，巖花半入雲。望中孤鳥没，天外一江分。竹柏山樓色，旃檀石鼎薰。軒然長嘯發，清嘯好誰聞。

再遊浮山　四首之二

麥秀暮春天，重遊島嶼邊。青山開石屋，碧水泛芝田。花對巖前酒，茶分樹杪泉。老僧能任達，夜共竹牀眠。

金谷岧嶤外，春花紫翠重。漁家明滅火，梵閣有無鐘。雨徑來僧履，風巖拄客笻。登臨興不極，尊酒上層峰。

龍眠精舍

高林散紫烟，列岫敞青天。水下丹崖曲，花開石磵邊。坐茵分野鹿，鳴瑟應山鵑。誰信雲深處，蛟龍長隱〔一〕眠。

前四語純任自然，極其天趣。

校記：〔一〕『長隱』，龍眠風雅作『未穩』。

東征 明詩綜選

朝鮮海外作東藩，長護遼城絶塞垣〔一〕。豈謂憑陵愁日本，至勤軍旅出中原。千艘鎧甲衝鯨〔二〕浪，萬里旌旗散蟻屯。聞説釜山新築壘，控絃未許息轅門。

朱竹垞曰：『宛然空同華泉遺響。』

校記：〔一〕『塞垣』，龍眠風雅作『寇源』。〔二〕『鯨』，龍眠風雅作『鼉』。

賽社壇

山叟不知春，燕來一賽社。不采杜鵑紅，壇前問桑柘。

水簾洞

洞雲長日静，流水不曾閒。坐見寒流去，悠然自閉關。

按：公詩所詠有石馬潭、滑石河、盤雲徑、豸角峰、雙木岑、蓮華屋、走馬崗、楓香庵、鵝公嶠、黄白嶺、蛇蜒谿、水簾洞、楮棚灣、蜈蚣巒、賽社壇、幽玄峽、環流壑、育龍湫、澤豹巖、搏虎嵬，皆桐之山水佳處也。歷今三百餘年，有故蹟就湮、稱名改易者矣，故附識於此。

采蓮曲

若耶薰風花正飛，木蘭舟楫蕩晴暉。青春白面誰家子？夜夜放歌溪上歸。

方學箕五首

方學箕 字紹卿，號少州，效子，國子監生，有卷石山房詩稿。

緑漪亭

孤亭小敞緑漪隈，明鏡浮空照客杯。平地衡烟飛鳥去，半谿懸日片帆來。園林雋〔一〕藻千篇麗，紫翠生綃百幅開。黄鶴更無崔顥句，謫仙空詠鳳凰臺。

校記：〔一〕『雋』，龍眠風雅作『具』。

春日訪友不遇歸宿途中悵然有述

文園共坐軒楹敞，改席郊坰酒漫斟。小榼愧攜無異饌，孤琴遠抱待〔一〕知音。光生暝樹花籠月，寒戀春衣雨過林。良夜已虛徐孺榻，瀟然猶覺似山陰。

校記：〔一〕『待』，龍眠風雅作『爲』。

劉慎吾贈石　明詩綜選　御選明詩録

怪石從何得，玲瓏自可憐。感君同白璧，置我小窗前。

春行　二首之一

燕語鶯啼相和，風恬日暖兼嘉。野渚堤堤楊柳，春山處處桃花。

醉後口號

斜日西風青酒旗，鳥啼花發斷腸時。歸來醉渡溪橋晚，上馬離鞍總不知。

方大美二首

方大美 字黄中，號沖函，萬曆丙戌進士，官太僕寺少卿。江南通志：『爲御史巡按江西，抗税璫，飭吏治，尤好士。故事，校士皆屬學使者，大美獨以拔孤寒、羅英俊爲己任焉。』

題白雲寺

遥看寺插白雲邊，風雪〔一〕松門敞法筵。不住鐘聲鳴萬壑，翛然春〔二〕氣繞諸天。山圍雁塔浮金界，水涌龍宫噴玉泉。顧我搴帷嵩汝地，何當重問慧公禪。

林幽風掃翠嵐亭，簾是珍珠錦是屏。僧去池邊看洗鉢，鹿來階下聽談經。瀟瀟佛舍雲垂白，漠漠君山雨漾青。向晚諸天烟霧裏，闍黎稱有少微星。

校記：〔一〕『雪』，龍眠風雅作『穴』。〔二〕『春』，龍眠風雅作『香』。

方大晉一首

方大晉 字君錫，萬曆間郡廩生，有碧荷亭集。

別含鏡齋

去來三月悲生事，含鏡羞人夢裏情。壺榼乍攜冬日暖，笑談相對暮雲平。極知士也貧非病，莫訝歸與道不行。聚散升沉盡如此，書空咄咄爲誰鳴。

方大鎮五首

方大鎮 字君靜，號魯岳，萬曆己丑進士，官大理寺少卿，有寧澹居詩集。明詩綜系傳：『由進士除大名推官，擢江西道御史，巡鹽浙江，遷大理寺丞，歷左少卿。』江南通志：『任大名推官，決獄全活百三十人。御史按河南奏減福藩莊田，請褒崇理学名臣鄒元標等，後歸隱白鹿山莊。』静志居詩話：『少卿與鄒忠介、馮恭定、高忠憲、顧端文諸公講學首善書院，筮得「同人於野」，遂乞休，自號野同翁，年七十廬母墓而終，鄉人私謚曰「文孝先生」。其歲杪聞召詩云：「仕途百折如浮海，客邸孤蹤似出家。」足以占所尚矣。』潘蜀藻曰：『公嘗特書疏爲陳獻章、胡居仁請謚，又與高、鄒、馮講學於首善書院，所著有易意、詩意、禮說、詩文集。』四庫全書存目子部儒家類：『方大鎮荷薪義八卷。』

富池驛

曾聞山鳥掌中食，今見江烏帆上集。舟人團飯擲虛空，群喙啄之無一失。相傳此鳥〔一〕似有神，飛舞回翔長近人。翻笑三更蜀帝魄，萬古熱血啼殘春。別有感觸。

校記：〔一〕『烏』，龍眠風雅作『烏』。

抵舍

癸丑九月，余自中州解任抵舍壽母，喜二弟君節成進士，旋履刑曹任，不約同期，感作此詩。

霜露滿天地，琴書仍草堂。世情危灩澦，吾意快滄浪。白髮迎門喜，黄花注酒香。一經懷二魯，羔雁愧元芳。

涂揆宇太僕滇中寄書奉答　明詩綜選　御選明詩録

白雲迢遞點蒼居，十載關心萬里餘。枕上西風孤客夢，天涯北雁數行書。黄花並憶漳河賦，緑酒相從上谷車。夷蹠報施無定論，燕山迷望轉踟躕。

長安春興　二首之一

蓬萊日轂詩輯作『出』擁天顔，玉殿高居霄漢間。赤汗如雲羅詩輯作『騰』紫舍，黄金爲土貢青山。繭絲使者貂冠出，露布將軍鵲印還。正是平陂憂十漸，袞衣曉夜不曾閒。

謁先祖天台會洞

百里分符許致身，三春時雨足車輪。兒童九月喧馴雉，父老千秋薦渚蘋。霞起赤城標畫棟，雲高玉笥護貞珉。當年剩有桃花米，歲歲春風供飲醇。

按：祠在天台清溪之側，至今祀享。

方大瑋五首

方大瑋 字君重，號有璞，萬曆間邑廪生，有貫蕊集。潘蜀藻曰：『元圃好爲大言，風發泉涌，輒傾其座人，以是攖衆忌。有姻戚誤殺人，元圃身當之，瘐死獄中。』齊登元方君重貫蕊集序：『君重之才，奇邁豪放，以勢家佃甈累，如盧子木、徐文長之事，不幸死獄中。今其孫震一搜得遺詩數百首，刊之成集。』

三月望後聞鵑

二月紅英飛雨餘，巂周啼向五更初。哀哀失乳兒孫似，東叫西呼淚滿裾。人生乘時須努力，機會纔差悔何及。紫殿瑤宮不肯居，竄枝跳葉空啼血。君不見明經白面身七尺，唇如渥丹眼如漆。摛詞妙麗盡無雙，點筆蹤横稱第一。一朝戢翼罹網羅，注眼韶光虚九十。

留別内弟

魂去〔一〕蛟龍引，名驚齒頰餘。陰房流熠燿，宵露滿蟾蜍。海鶴存清唳，原鴒斷素書。踏拖慚〔二〕對汝，習氣不曾除。

校記：〔一〕「去」，龍眠風雅作「苦」。〔二〕「慚」，龍眠風雅作「還」。

詠白苧帳子

郢雪扶湘簟，陽雲泛月鉤。氣陵姑射去，神到洛川遊。玉像朝烟燭，梨花暮雨收。耶溪兒子〔一〕手，濯素亂中流。

校記：〔一〕「子」，龍眠風雅作「女」。

得家訊

枯樹烏啼落井檐，池州卑濕地形偏。三年賦鵩徒傷賈，六月飛霜若憶燕。雀啄含桃江樹變，魚嘗寢廟大官鮮。故園小麥婦姑穫，黄耳音書太損眠。

春思 二首之一

齊山女伴踏春回，水長平湖浸緑苔。莫向翠微堤上望〔一〕，東風吹雨濕紅鞋。

校記：〔一〕『望』，龍眠風雅作『過』。

方大鉉十四首

方大鉉 字君節，號玉峽，萬曆癸丑進士，官户部主事，有搴蘭館集。郡志：『工詩歌、古文詞，才氣縱横，典雅瞻麗，動數千言。所著有聽峽齋草詩集。』

寄周子

爲客無時了，依人更遠遊。番王家浩邈，投子信沉浮。生理憑朱紱，風沙送白頭。邊雲日暮起，愁殺薊門秋。

投子山二首

鷲峰佛子地，馬鬣侍郎封。漆炬爐中火，亂〔一〕枝殿角松。碑鐫新敕重，翠圃〔二〕舊時濃。遷轉悲人世，逍遥任野筇。

磴險憑童僕，松横挂綌衣。江湖絶頂盡，城郭下方微。泉閟珠襦飾，山空寶樹暉。趙州橋底水，日夜咽巉磯。

按：投子寺向在城北投子山上。傳燈録載：『有青原派十世舒州投子義青禪師，蓋寺爲唐大同禪師開山，明嘉靖間頽廢。盛操江因營窀穸，雍正十一年釋萬清奉敕興復，乃移建於縣北三十里之周婁岡，工竣，賜名「慈濟寺」，令萬清住持。』

校記：〔一〕『亂』，龍眠風雅作『虬』。〔二〕『圃』，龍眠風雅作『補』。

舟至泥汊　二首之一

濡須溪上柳，偏解繫行舟。江月净〔一〕相逕，天風吹未休。漁燈穿樹小，雁語入雲愁。枕檝三更夢，飄飄白鷺洲。

校記：〔一〕『净』，龍眠風雅作『清』。

泊牛渚

江上秋風夕，蘆邊獨客舟。雨檣棲斷港，野火射寒流。釃酒懷高詠，宫袍憶壯遊。夜深雲霧散，白月滿滄州。

天雄道上

洩雲高拂樹，西日遠銜波。鬼廟孤村火，牛車異地歌。風帆纔白下，霜轡又黄河。漂泊今如此，生涯竟若何？

游浮山　四首之一

群聖棲真地，躋探結趣長。竹還嘉祐種，塔是遠公藏。苔色榮〔一〕仙井，雲陰曳石廊。洞門聊枕肘，空翠撲衣涼。

校記：〔一〕『榮』，龍眠風雅作『縈』。

伯兄候旨都門遥寄詩章

野老江湖恨未捐，每從邸報問幽燕。不聞鶴禁歌鐘鼓，但見貂璫上榷錢。徐泗黄河漂萬户，邗襄赤日慘三年。至今臺省無消息，極目鴒原思愴然。
庭闈白髮日稀疏，弟妹蕭條上草廬。萬里風沙雙淚眼，十年心事幾行書。雲陰鳷鵲迷
仙掌，日色桑乾冷客裾。獨把屠蘇驚節物，登樓搔首賦何如。
二詩取法杜陵，風格殊健。

陽平

陽平十月若冰霜，客舍風高冷鷫鸘。亭菊孤開沙日白，樹鴉群噪野雲黄。囊琴匣劍俱
含恨，城柝檐鈴總斷腸。向晚題詩搔短髮，豪華空負少年場。

憑虚閣

虚閣嶙峋倚鷲峰，下方雲樹幾千重。臺城嶽色窺檐静，壁水槐陰著眼濃。宫闕晴霄摶
鸛鶴，江天風雨挂虬龍。六朝舊業餘荒草，壑底寒烟濕暮鐘。

春日偕友人入龍眠

野水桃花三月天，興來小騎入龍眠。蔪蔪麥秀勻鋪隴，稶稶蔬香軟護田。糵〔一〕嶺瀑泉松杪落，華崖晴雪日中懸。忽看峽柳經年長，把酒攀條意惘然。

峽，玉龍峽。結末寓王元偉攀柏之思。

校記：〔一〕『糵』，龍眠風雅作『寥』。

子夜四時歌

因風脫羅裳，蘭湯試新浴。能使儂身涼，難解儂心熱。

閨　曲

灼灼朱榴照畫溪，幾行鳩婦竹中啼。陽臺五月多雲雨，郎在瀟湘何處迷？

方大階三首

方大階 字景元，諸生，有逸叟隨筆。潘蜀藻曰：『隨筆自序云：「老夫二子一孫，後先俱歿。老夫年七十餘，煢然無傳。後之覽此集者録其什一，足延姓名於不朽矣。」嗚呼！序言如此，亦可哀也。』

能仁寺訪奕于

問訊能仁寺，雲山一徑深。松風吹客面，池月印禪心。寶殿摇旛影，珠〔一〕龕聚梵音。經年城市裏〔二〕，到此愜幽尋。

校記：〔一〕『珠』，龍眠風雅作『瑤』。〔二〕『城市裏』，龍眠風雅作『坐城市』。

舟中即事

暮春三月水東流，落日乘風下石頭。千里未烹〔一〕張翰鱠，一帆誰共〔二〕李膺舟。愁聽積溜鳴江閣，興到攜錢上酒樓。瞥對晚霞幽意愜，青青杜若滿汀洲。

校記：〔一〕「千里未烹」，龍眠風雅作「有客却思」。〔二〕「一帆誰共」，龍眠風雅作「何人能共」。

春郊傷亂

東風習習日荒荒，野外凋殘空晝長。到處人家烟火斷，只存桃李弄春光。

方大任九首

方大任　字玉成，號赤城，萬曆丙辰進士，官副都御史，巡撫順天，有霞起樓集。明詩綜系傳：『由進士除元城知縣，擢廣西道御史。天啟末，魏璫營生壙，僭侈踰制，特疏糾之，削籍。崇禎初起官，升僉都御史，巡山海關。尋以副都御史撫順天。』通鑑輯覽：『崇禎二年，御史方大任與巡撫解經傳、總兵官楊國棟守通州，大兵越薊州而西，下順義。』龍眠古文：『公參魏忠賢，疏曰：「臣高祖給事中方向曾劾巨璫陳祖生於孝宗之朝，臣叔曾祖方克曾劾巨璫丘得於世宗之朝。」公數世以御史著直聲如此。』江南通志：『巡撫順天，以疾告歸，著有易解囈語、偶存詩文集等書。』郡志：『己巳巡順天，守通州，城賴以全。性孤介，不俯仰時趨，官開府而家無千金之産。』

詠懷 明詩綜選 御選明詩録

束髮慕奇癖，讀書萬卷餘。游思緬邈場，削迹紛華途。舉世争捷徑，欣然笑其愚。稟氣固已然，改轍將焉如。孔道恥溝壑，原貧〔一〕安桑樞。素志亮有託，斯人豈盡迂。掩耳謝時賢，一心抱區區。

徘徊方塘上，微風扇輕波。連岡陰青松，仄徑冒緑莎。是時秋正〔二〕深，粳稻蕃陂陀。腰鐮朝出隴，捆載夕歸家。烏雀啄場圃，牛羊散巖阿。曰余無立錐，鼓腹行謳歌。拾穗甌窶間，一飽不願多。嗟彼攘攘子，鼎食終如何？

孔雀游層〔三〕霄，牛角何由觸。麒麟可縶羈，翻爲犬羊辱。伊余類窮猿，投林不擇木。悠悠長傍人，顧影傷局促。百鍊忤時好，繞指乖素欲。犂鋤儻可給，誓息西山麓。

校記：〔一〕『貧』，龍眠風雅作『子』。〔二〕『正』，龍眠風雅作『候』。〔三〕『層』，龍眠風雅作『赤』。

夜雨懷以沖

我生落落〔一〕無與耦，但言俗子便疾首。白眼常滿〔二〕天地問，青袍獨綴〔三〕風塵後。眼底交遊能幾人，葉生於我情最真。傾肝吐膽無所惜，痛飲狂歌倍有神〔四〕。年來苦負道途債，南馳〔五〕北走無根蒂。故里雲山遠〔六〕渺茫，天涯歲月愁〔七〕踰邁。相思入夜雨沉沉，檢君贈詩吟復吟。何時攜手桐陂上，却〔八〕話江干夜雨心。

校記：〔一〕「落落」，龍眠風雅作「骯髒」。〔二〕「滿」，龍眠風雅作「横」。〔三〕「綴」，龍眠風雅作「落」。〔四〕「倍有神」，龍眠風雅作「驚鬼神」。〔五〕「馳」，龍眠風雅作「奔」。〔六〕「遠」，龍眠風雅作「長」。〔七〕「愁」，龍眠風雅作「空」。〔八〕「却」，龍眠風雅作「細」。

定居示思拔思實两弟

幽意聊堪息，青山已定盟。溪邊饒夜雨，隴上動春耕。芳樹葉皆暗，閒禽時一鳴。秋來秫米熟，樽酒日同傾。

瑞洪道中

秋日澄潭曲，悠悠泛短槎。鸕鷀漁父業，樟樹野人家。候暖饒新雁，霜遲足晚花。風光堪自慰，未覺在天涯。

送靈岳上人之九華

吾聞九華勝，九十九芙蓉。問爾從今去，高眠〔一〕第幾峰？泉聲清萬慮，雲影伴孤蹤。應念迷津客，風塵事事慵。

風格超逸。

校記：〔一〕「高眠」，龍眠風雅作「棲禪」。

同兄君静君節遊胡水部山莊

一徑尋來水石居〔一〕，沙平草淺步〔二〕徐徐。何須問主方看竹，倘許爲鄰好借〔三〕書。小舫橫陂閒繫〔四〕纜，長溪送瀑自〔五〕通渠。如何作客天涯去，忘却家山畫不如〔六〕。

校記：〔一〕此句龍眠風雅作「負郭從來愛此居」。〔二〕「沙平草淺步」，龍眠風雅作「幽期曉步忍」。〔三〕「好借」，龍眠風雅作「擬賣」。〔四〕「繫」，龍眠風雅作「不」。〔五〕「自」，龍眠風雅作「直」。〔六〕龍眠風雅末兩句作「晚凉岩徑佳何限，短杖輕裾進所如」。

戲君重弟

何處香風入翠樓，樓頭小婦抱箜篌。已聞歐氏名如願，復道盧家字莫愁。蛺蝶俱飛迷曉日，芙蓉並蒂媚清秋。吹簫且莫乘鸞去，結綬還期躍馬遊。

方大普二首

方大普　字君用，號中渡，崇禎庚午舉人，官建寧知縣，有歸田指南諸稿。郡志：「爲建令，廉潔慈愛，莅事廉明。甲申挂冠歸隱，守先廬五畝，曰「梅花館。」

途中苦雨

倦馬長途行路難，况當明發滯江〔一〕關。地分瀛海滹池〔二〕界，風入燕南趙北間。岸柳騾鳴徒聒耳，村醪屢熱不酡顔。鵬程應待〔三〕扶摇力，豔説〔四〕春明玉笋班。

校記：〔一〕『滯江』，龍眠風雅作『涉間』。〔二〕『池』，龍眠風雅作『沱』，是。〔三〕『待』，龍眠風雅作『借』。〔四〕『豔説』，龍眠風雅作『置我』。

水中雁字次韻〔一〕　十首之一

波紋澄〔二〕澈數行斜，自許臨池別一家。萬斛珠泉奔渴驥，千叢芰芳〔三〕走驚蛇。乍疑韓氏溝中葉，轉似〔四〕江郎夢裏花。莫訝遺文散天外，才人自昔怨〔五〕長沙。

校記：〔一〕龍眠風雅詩題作水中雁字次韻舅氏吴客卿太史韻。〔二〕『澄』，龍眠風雅作『清』。〔三〕『芰芳』，龍眠風雅作『菱芡』。〔四〕『似』，龍眠風雅作『覺』。〔五〕『昔怨』，龍眠風雅作『古在』。

方大全一首

方大全 字汝棠，郡諸生。

金 陵

館娃人面妒花紅，一片飛塵楊柳風。回首舊來歌舞地，野猿山鳥典春風。

南都故宫之思，非復尋常望幸之詞。

方大欽一首

方大欽 字君典，號唐山，郡廩生，有盛唐山人集。郡志：『兩兄廷尉、司農皆貴顯，欽布衣，授經自若，諸兄析産推多與之，讓不受曰：「自有硯田在也。」』潘蜀藻曰：『唐山爲明善先生之叔子，母疾，刲股以進，秘不使人覺，易簀之夕，諸子見其瘢痕始知之。』

秋日〔一〕宿松山舍弟大瑨大城宅

爲問山中酒，相知有幾人？特來尋舊約〔二〕，不是逐飛塵。盆小供黄橘，湖寛探白蘋〔三〕。與君謀〔四〕一醉，風露及蕭辰〔五〕。

校記：〔一〕『秋日』，龍眠風雅作『中秋』。〔二〕『尋舊約』，龍眠風雅作『看月色』。〔三〕五、六句龍眠風雅作『夜静山空鳥，秋高白滿蘋』。〔四〕『謀』，龍眠風雅作『渾』。〔五〕此句龍眠風雅作『何必問鱸蒓』。

方震孺六首

方震孺　字孩未，寄居壽州，萬曆癸丑進士，歷官右僉都御史，巡撫廣西，有集。明史本傳：『桐城人，移家壽州，萬曆四十一年進士。由沙縣知縣入爲御史。熹宗嗣位，逆璫魏忠賢内結客氏，震孺疏陳三朝艱危，言宫妾近侍嚬笑易假，窺瞷可慮。中旨頻宣，恐蹈斜封隱禍。元年，陳拔本塞源論疏入直，聲震朝廷。遼陽既破，震孺一日十三疏請增巡撫，通海運，調邊兵，易司馬。日五鼓撾公卿門，籌畫痛哭而自請犒師。震孺出關延見將士，吊死扶傷，軍民大悦。尋命巡按遼東監紀軍事。震孺居不廬、食不火者七月，後有主事徐大化，魏忠賢黨也，劾震孺曰「攘差」。鄒元標奮筆曰：「方御史保全山海無過，且有社稷功。」給事中郭興治遂借道學以逐元標。元標去，震孺亦罷歸。明年，忠賢、廣微與大獄，興治再論震孺河西贓，私逮問掠，治坐贓六千有奇，擬絞。又誣與揚州守劉鐸交通，坐大辟，繫獄三年，莊烈帝嗣位得釋還。八年春，流賊犯壽州，震孺倡士民固守，賊自是不敢逼壽州。巡撫史可法上其功，用爲廣西參議，尋擢右僉都御史，巡撫廣西。京師陷，福王立南京，即日拜疏勤王，馬士英、阮大鋮憚之。敕還鎮，竟鬱鬱憂憤而卒。』

獄中逢趙金吾世茂

此地胡爲聚，相看一愴神。深驚前路險，更覺故人親。拙計羞明主，餘生厭小臣。斛山精氣在，倘許作比鄰。

自注：金，秦人，與斛山楊先生爵同里。

贈唐二華進士遣戍

吴楚三千里，相逢一寸居。背時同患難，畏禍各躊躕。衆毁餘沖聖，重生即故廬。那須問鄉國，何處不樵漁。

送周金吾赦歸

皇路新開網，驊騮第一趨。看人生羽翼，寄夢到江湖。秋水黄河静，天風鴻雁呼。問君横玉帶，肯换彩衣無？

諸城邱子廩已舉東省以策詆魏璫被刖子廩乃余同年邱六渠方伯子時方伯在繫

已耀蛾眉雪，猶歸東海程。人争惜國寶，我自羨家聲。似斬一時遇，相酧萬古名。冥冥與漠漠，此際有深情。

惠元孺先生獄中初度

南冠相對逼佳辰，欲頌南山淚眼新。夢裏家園雙白髮，坐中形影兩陳人。懺除宿業憑經呪，呵護餘生問鬼神。未必海天羅網密，江湖亦自有疏鱗。

丁卯中元余在繫經三中元矣　明詩綜選

黑海中元三度過，青山一望淚滂沱。浮生幾日仍衣食，鄉夢頻宵怯網羅。心上盂蘭依古寺，天邊墳墓近淮河。荒原秋草知蕭瑟，况復傾巢江上波。

方孔炤十七首

方孔炤　字潛夫，號仁植，萬曆丙辰進士，官湖廣巡撫，有中丞公集。明詩綜系傳：『由進士除嘉定知州，調福寧州，入爲兵部員外，歷郎中。魏忠賢欲封兄子良卿爲伯，執不覆，削職。崇禎初起尚寶卿，以副都御史巡撫湖廣，忤楊嗣昌，坐兵敗下獄。嗣昌死，屯撫河北卒。』明史鄭崇儉傳：『孔炤，萬曆四十四年進士，天啟初爲職方郎，忤崔呈秀，削籍歸。崇禎元年起故官，定桐城民變，還朝。十一年巡撫湖廣，擊賊李萬慶、馬光玉、羅汝才於承天，八戰八捷。時文燦納獻賊降，處之穀城，孔炤條上八議，言撫賊之誤，不聽，而陰厲士馬，備戰守，已而果叛，如孔炤言。賊故畏孔炤，不敢東。文燦檄孔炤防荆門、當陽，遏獻賊，有來家河神通堡之捷獻，陵得無恙，會川沅兵剿竹山寇，兩將深入至香油坪而敗，楊嗣昌代文燦，以孔炤主剿，異議，遂劾孔炤，逮下獄。子簡討以智伏闕，訟父冤，膝行沙堤者兩年，帝爲心動，減孔炤罪，戍紹興。久之，用薦復官，命督山東軍務，命甫下而京師陷，孔炤南奔，歸隱十餘年，卒。』江南通志：『初任嘉定州，發奸如神，以執法忤范侍郎，脱高舉人於獄，及巡撫湖廣，九戰八捷，香油坪之敗，爲嗣昌所陷，天下寃之。』莆田余颺方中丞集序：『潛夫先生先初以論璫削籍，後撫荆襄，復以忤樞相下獄，釋歸後即家召起，行至齊郡，聞國變南歸。生平憂患坎壈之時多，優遊泮渙之日少。今讀其詩，時作莊語也，若思；時作諧語也，若笑；時作痛哭語也，使人哀；時作怒駡語也，使人泣。先生之詩，先生之性情也。』錢田間集祭方貞述公文：『公開府於楚，楚事已潰，竟以忤督師，致香油坪之敗。甲申國變，以太夫人在，祈死不得，遂陽狂暗啞，後廬母墓卒。門人私謚「貞述先生」。』方中履中丞公集跋曰：『公，書生也。親出入行間，日冒矢石，與士卒同甘苦，士卒無不願爲公死，故麾下僅三千人，騎兵不及十一，乃能以寡擊衆，八戰皆破賊，以故藩陵無恙，未失一城。乃即坐此，忤時相。及後召起戍所，則天下之事不可爲矣。』明史藝文志：『方孔炤周易時論十五卷、全邊略記十二卷。』

新設屯田

明詩綜選　御選明詩録

廟議既不與，屯田徒有名。河北山東地，水利難與争。當先布賞格，有司乃奉行。隱覈召民種，亦須三年成。吁嗟恐不及，不如先議兵。兵既不如議，田亦何由耕？

錦江懷古

君不見公孫掌文王建毬，錦江電激瞿塘流。又不見孟家花蕊李家髮，子夜絃聲咽明月。惟有市簾留得青城春，乖崖荅拜懷綸巾。西川本是回翔地，幸喜欄牛愛文字。時人但覺司馬琴臺豔人眼，不如杜陵草堂澆酒盞。

易水

田光先生齒已衰，舞陽少年膽未煉。碣宮之社方欲灰，滈池之讖方欲啖。漸離之目可無薰，於期之頭可無獻。此是司馬子長自作歌，至今易水風揚波。

香油坪行

川、沅、楚三路進剿房縣賊，楊世恩、羅安邦先進戰勝。貪功深入，而余又奉閣部調回守襄，相去八百里，鞭長不及，川、沅近而不救，二將陣亡，烈哉哀哉！爲之哭祭，特疏自劾請恤。

二龍久淬荆江水，八捷一敗敗即死。死尚殺賊嚼牙齒，恨無救兵發一矢〔一〕。香油坪，鬼夜鳴，令箭擊〔二〕電如風行，可憐不用平穀城。

先是撫獻於穀而叛。

校記：〔一〕此句下，龍眠風雅有『余調回襄八百里，夷陵歸州持重是』。〔二〕『擊』，龍眠風雅作『掣』。

井中鐵

崇禎末，吴門浚井，中得鄭所南書。

連江鐵函書似漆，吴門浚井一旦出。沉埋一十三萬日，群〔一〕鬼嘶叫風雨溢。男兒之血本不死，蛟龍盤〔二〕護千年紙。鬵栗場中羽變徵，咸淳淚激三江底。淚無端，江且乾，防江不難防心難。丸泥難塞圓通關，天使井水澆人間。至今首陽麓〔三〕，不生周草木，此語歌之古今哭！

借題抒意，出之以昌谷詩格。

校記：〔一〕『群』，龍眠風雅作『瓊』。〔二〕『盤』，龍眠風雅作『蟠』。〔三〕『麓』，龍眠風雅作『山』。

密議歎

明詩綜選

楚人歌，秦人舞。櫺檽衣傳兩杖鼓。殿上伏機多危語，密議知與外人〔一〕忤。外廷不知乃連章，以爲朋黨嚴飛霜〔二〕。

校記：〔一〕『人』，龍眠風雅作『廷』。〔二〕『嚴飛霜』，龍眠風雅作『飛嚴霜』。

別黄石齋太史

百六遥知候，三墳罷石渠。藏經身作壁，貫械血成書。苦節徒賓戲，讒言過子虚。金商門下對，直諫又其餘。

高陽池　御選明詩録

習家風景好，日淡疊山蒼。寒水留霜芟，閒亭管暮楊。堤留遊騎迹，人想接罹狂。不見菱歌起，蕭條三两航。

登皖城

聞道軍書奉大同，龍山雁港起雄風。即看幕紫連空翠，常有潮青射日紅。上下艨艟如使馬，高低樓櫓蔽飛鴻。南來萬里梯航路，盡入烟霞一望中。

謁方正學先生祠　明詩綜選

鍾陵松柏對蒼蒼，近代南山紀〔一〕太常。寧可紙灰埋十族，不將名〔二〕志屬三楊。髡留〔三〕江上何人在，縞素軍前獨發喪。斷事只今依俎豆，吾家書種託門牆。

原註：先斷事公爲正學門人，靖難投江。今補祀表忠祠。四語令三楊含愧地下矣。三楊文集東里有傳本，今其集中碑誌甚夥，獨無一首爲靖難死事之臣作，何也？

校記：〔一〕『紀』，龍眠風雅作『祀』。〔二〕『名』，龍眠風雅作『銘』。〔三〕『留』，龍眠風雅作『緇』。

春興長安

漢代輪臺未詔前，蠑蛾狗馬雜神仙。成都諛佞茅三脊，曼倩詼諧肉一肩。巫客行書通博望，羽人芝草混甘泉。金甌日卜原無缺，四海空虛倍可憐。

太液池邊蚤望潮，貪春弱柳晚垂條。仗前芻豆仍供馬，苑内金花賞射鵰。拗處未虧蘇子膝，瘦來非屬沈郎腰。泰山道士誇符力，關豹威威守絳霄。

昆閣同曾二雲作

新亭白袷淚雙流，萬斛風烟一佛樓。鐘鼎有圖皆魍魎，衣冠無地不蜉蝣。人情争刻三年楮，吾道嘗披五月裘。看破金身亦芻狗，傳真惟在蓼花洲。

歸白鹿洞　御選明詩録

虚將五嶽挂桐絲，翠積東山晚不遲。陽鳥似馴蘆葉性，秋蟲不誤蓼花期。閉門仲蔚容非隱，對壁王郎未是癡。怯與江濤同上下，鹿湖清淺好吹風。

龍山行　御選明詩録

百道雨奔雷，石橋摇欲斷。山雲足下開，回頭不教看。

客傳言　三首之一　明詩綜選

多選中涓辦隊裝，明光甲片日争光。原來第一安邊策，只在新開内教場。

懷宗繼神、熹之後，前鑒不遠，而耳目猶寄之貂璫，且使之典兵監紀，以至於淪亡而莫之救也，哀哉！

天池寺文殊臺　御選明詩録

鐵船欲渡石門曉，秋光何事雲間繞。忽然霽色送東林，影子蓮花開未了。

方孔一　十首

方孔一　字爾唯，號凝齋，大鉉子。順治初貢生，官清遠知縣，有抱璞齋集。

短歌行

置酒中庭，臨觴涕零。人生幾何？逝若流星。一解
昔我與子，一瑟一琴。今子棄我，爲商爲參。二解
珠無重瑩，蘭不再馨。空閨闃寂，顧影憐形。三解
歡由會厚，悲以別深。韶顏苦謝，癯顏苦侵。四解
低徊日暮，爲子沉吟。颯颯金風，凄凄素襟〔一〕。五解
案有珍錯，甕有醁醽。云何不樂？優游〔二〕餘齡。六解

四言不蹈襲三百篇語，有泉明叔夜清逸之致，夫惟大雅卓爾不群。

校記：〔一〕此句龍眠風雅作『忽灑我襟』。〔二〕『優游』，龍眠風雅作『保我』。

步放鶴亭

塔勢涌錢塘，灝氣每磅礴。霞渚共烟巒，五色紛相錯。我從靈隱來，雨氣〔一〕未絶脚。朝

探〔二〕張翰蒓，暮訪林逋鶴。鶴去幾百年，空亭委林薄。嘉遯邈難期，亮節欣有託〔三〕。苔青石末〔四〕圮，柏枯〔五〕木未落。老梅三两株，猶發山中萼。樹缺露虹橋，巘回藏層閣〔六〕。奥窔雖難〔七〕窮，庶以識崖略〔八〕。把臂呼六賢，孤笻甯寂寞。三復史氏碑，斯遊差不惡。

校記：〔一〕『雨氣』，龍眠風雅作『两日』。〔二〕『探』，龍眠風雅作『采』。〔三〕此句下龍眠風雅有『玉簪與研瓦，當日遺空槨』。〔四〕『末』，龍眠風雅作『半』。〔五〕『柏枯』，龍眠風雅作『茖枯』。〔六〕此句下龍眠風雅有『面對削芙蓉，如抱復如攫』。〔七〕『難』，龍眠風雅作『莫』。〔八〕『庶』，龍眠風雅作『聊』；『識』作『詮』。

天津衛

衛河之南白河北，天津雄鎮踞扼塞。大小直沽控海門，三衛貔貅壯京國。市廛估〔一〕客百貨屯，漁人揚〔二〕艓趁湍津。落日千檣估鳥羽〔三〕，輕風萬舶比魚鱗。漳衛合流趨入海，滄溟咫尺風濤改。烟消霧散日曚曈，蜃市蛟樓恍靈怪。回檣轉柁匆〔四〕忽忽，倉惶恐犯鼋鼉宫。神仙飄緲〔五〕不可望，冥飛羨爾天邊鴻。

校記：〔一〕『估』，龍眠風雅作『賈』。〔二〕『揚』，龍眠風雅作『鼓』。〔三〕『估鳥羽』，龍眠風雅作『列芒𡌴』。〔四〕『匆』，龍眠風雅作『休』。〔五〕『飄緲』，龍眠風雅作『穹渺』。此句下龍眠風雅有『風塵苦海徒煩冲』。

冲。嗚呼！風塵苦海徒煩冲。

過閔子祠

閔子祠前樹，西風噪〔一〕晚鴉。只今多〔二〕宿草，無處〔三〕見蘆花。寒影親闈隔，單衣客路賒。倚閭〔四〕何日慰，雙淚落天涯。

陟岵望雲，隨境感觸，情思淒切，不徒詠古。

校記：〔一〕『噪』，龍眠風雅作『亂』。〔二〕『多』，龍眠風雅作『惟』。〔三〕『無處』，龍眠風雅作『不見』。〔四〕『閭』，龍眠風雅作『廬』。

浴罷

罷浴憩空亭，亭空萬象冥。蛾眉山吐月，鶉尾火流星。耽〔一〕卧喧仍寂，沉〔二〕吟醉轉醒。何如溪上鳥，濯翅宿前汀？

校記：〔一〕『耽』，龍眠風雅作『仰』。〔二〕『沉』，龍眠風雅作『躭』。

泊高郵有懷

帆纔開寶應，舟已泊高郵。塔影城頭出，人家水面浮。一鉤新挂月，半枕冷吟秋。遥憶樸巢子，應增〔一〕汗漫遊。

冒辟疆號樸巢，居如皋，故泊高郵而憶其人。

校記：〔一〕『增』，龍眠風雅作『憎』。

同古岡林荃猗許雪橋梁學夏〔一〕夜集分韻

月涌瓊樓最上層，玉壺濯魄冷如冰。群峰翠擁陵〔二〕霄塔，古壁孤懸入定僧。石拜林間呼米芾，鳥驚葉底嘯孫登。漏沉莫惜葡萄醉，枯坐翛然對佛燈〔三〕。

校記：〔一〕『夏』，龍眠風雅作『下』。〔二〕『陵』，龍眠風雅作『摩』。〔三〕『對佛燈』，龍眠風雅作『獨對燈』。

松棚

松棚臨水徙〔一〕層陰，永夏渾無溽暑侵。賴有瓜藤初引蔓，漸看竹笋欲成林。蒼鷺投瀨盤圓翅，黄鳥迎風弄好音。偃仰衡門人迹少，雛孫長伴醉翁亭〔二〕。

校記：〔一〕『徙』，龍眠風雅作『結』。〔二〕『雛』，龍眠風雅作『小』；『亭』，龍眠風雅作『吟』。

紫沙洲

紫沙洲前風浪平，緑莎飛〔一〕下客舟輕。晚烟漠漠人家冷，荻雨蕭蕭漁火明。

校記：〔一〕『飛』，龍眠風雅作『扉』。

小齋初成對花詠懷

碧桃結子桂生芽，檜柏青青榴始華。一卷殘經猶未了，暖風吹雨上窗紗。

方孔時二首

方孔時 字叔茂，號紫岑，崇禎初貢生。通志：『孔時嘗上治平十四策疏留中，入國學，適值司業朱之俊與陸萬齡請以魏璫配孔子，孔時貽書之俊，直言切責，坐黜爲民。崇禎初，除台州府同知，不赴。舉賢良方正，亦不就。國初馬國柱、李日芃疏薦，堅辭不出，門人私謚「介節先生」。』陳士業方徵君傳曰：『徵君，少以經濟自許，語時事輒慷慨激昂，忤璫後遁楚、蜀間，變姓名，賣卜以生。璫敗還里，乃屢征不出。預言吉凶無毫髮爽，惟叩以時事則不答。明農，其從弟，又門人也，言其在蜀曾遇異人，授以前知之術云。』潘蜀藻曰：『先生晚歲一應賓筵，里人圜橋而觀，咸有齒德足酬之快。祝樸巢紫岑道人歌有云：「老成典型欣在座，古樂聽來不敢卧。」洵篤論也。』

甲申聞變後讀先斷事公絶命辭作

靖難起燕師，吾宗未大時。受恩猶日淺，作掾更官卑。乃抵華陽鎮，偏吟絶命辭。於今稱世閥，接武印纍纍。

賦寄凝齋兄〔一〕

皓月冰壺桂子開，香風飄拂到蓬萊。久辭鳳闕蒲輪詔，尚憶羊城製錦才〔二〕。垂老弟兄憐矍鑠，娛情林〔三〕壑任徘徊。合明深處蒼生祝，好詠南山歲歲杯。

校記：〔一〕龍眠風雅詩題作甲辰重陽前一日凝齋兄七十有四矣賦寄山中。〔二〕『製錦才』，龍眠風雅作『錦製才』。〔三〕『林』，龍眠風雅作『丘』。

方孔矩四首

方孔矩 字爾從，號一峰，大鋐子，國初諸生。

中秋同仁植兄龍山看月

長嘯對青天，山空月更圓。庭香清在樹，夜氣澹如烟。作客殊方久，思君此地偏。況逢秋色好，痛飲自忘眠。

憶爾孚弟

憐余仍失意，安邑任淹留。枕被愁生夜，池塘夢入秋。家貧難閉户，客久倦登樓。多難應同調，霜寒泣敝裘。

自合肥至霍山途中雜詠

四月春猶在，殘花幾處紅。短牆茅屋閉，絶澗板橋通。林密霧成雨，山空松自風。向來人跡少，樵唱白雲中。

月夜同吴湯日潘若玒吴于廷何令遠登玉峰

登臨聊寄客中身，俛仰翛然迹未陳。萬井烟浮隨夜静，千峰月出共秋聲。人於逆旅偏多聚，酒到名山豈厭醇？聽罷吴歌欲起舞，傷心何處擣衣頻。

方　文六十九首

方　文　字爾止，號明農，崇禎間諸生，有爾止集。鄭方坤詩人小傳：『方文，桐城人，賦性亢爽，少負時譽，與從子以智聲名相頡頏。嘗撰訊雅一書，壇坫珍重。既遭事變，鋭志著述。其爲詩陶冶性靈，流連景物，含咀宫商，日鍛月鍊。凡人所忽視之者，皆其嘔心刻腑而出之者。好改人詩，争之至面赤，著有爾止集五十卷。一時如施愚山、林茂之、孫豹人、宋玉叔、顧與治、紀伯紫諸公，皆盛相推許。其詩如「卜肆尚能言孝弟，醫方猶可立君臣。性情最是游無倦，富貴何如詩可傳？」後世必有誦其詩、知其人者。』吴德旋聞見録：『爾止布衣，僑居金陵。其爲人賦性開朗，狀貌魁梧。少有才華，晚歲爲詩學白樂天，嘗作四壬子圖。其詩愚山爲之序。』陳信曰：『明懷宗時，士君子以文章名節相尚。江北人物，首推桐城，而桐城人物以方氏爲最，如爾止、密之皆聲震天下。』王士正池北偶談：『嵞山以己壬子生，命畫師作四壬子圖，中爲陶淵明，次杜子美，次白樂天，皆高座，而己傴僂於前，呈其詩卷。余爲題罷，語坐客曰：「陶坦率，白令老嫗能解，皆不足慮。惟杜陵老子文網峻密，恐嵞山不免喫藤條耳。」』施閏章嵞山遊草序：『近之論者，惟尚聲律噌吰，氣象軒朗，取宫制典故、圖經勝迹綴緝爲工，稍涉情語，輒呰以降格。於是前可移後，甲可贈乙，郛郭雖雄，中實弊陋。爾止爲詩，雖民謡里諺，途巷瑣事，皆可引用。興會所屬，衝口成篇。故其詩款曲如話，真至渾融，自肺腑中流出，絶無補綴之痕。』漁洋詩話：『爾止瀟灑，有天趣。每見人詩，輒爲竄改，其人不樂，亦不顧也。然退，未嘗不稱其長而揜其短也。』居易録：『康熙乙巳解郡後，客金陵，與方爾止共遊牛首祖堂、棲霞花山。』朱彝尊静志居詩話：『爾止間作可笑詩句，頗爲時揶揄，然如嘉穀登場，或舂或揉，粃糠終少於粒米。』感舊集：『鑫山，户部郎中大鉉之子，有西江遊草、爾止集。』李調元雨村詩話：『方爾止有京師竹枝詞云：「清晨旅舍降嬋娟，便脱紅裙上炕眠。傍晚起來無個事，一回小曲一筒烟。」堪絶倒也。』王阮亭分甘餘話：『「烏衣巷口多芳草，明日重來又早春。」亦佳句也。』張文端贈方明農詩：『桃渡詩人宅，春水生柴門。未到已七年，相憶勞晨昏。壁間畫梅竹，班剝今尚存。百卷鑫山詩，古調無纖塵。高吟石城烟，妻子同小園。僻巷連野老，蕭然如山村。入室古人在，閉門吾道尊。賦詩飲醇酒，世俗安可論。』宜田彙稿讀爾止集十四韻：『鑫山高祖行，詩法追香山。詞惟任澹樸，意本出咀研。隱括盡纖毫，緒理常安閒。栗里並夔州，參觀得其詮。繪四壬子圖，名流豔争攀。滄桑歷世變，飄蕩凋朱顔。遺民見悲詠，鸚鵡非句妍。自訂四游草，諒節光山川。嵚崎三十載，身賤名益傳。明農晚易號，意與明圃宣。藥廬標巍行，同志老益堅。文章根至性，歷歷吾宗賢。傷哉際劫火，客死終狂顛。無兒當不恨，異代争斯編。』

秋夜飲顧與治齋中

英英天上雲，皎皎雲間月。清輝在山川，流光及城闕。南皋有芳草，秋蘭猶未歇。各攜一樽酒，相與坐林樾。主賢賓亦嘉，高言隨風發。白露變爲霜，夜久濕羅襪。不惜霜露冷，所患瓶罍竭。哀鴻從東來，神志共飛越。嗟余懷共遊，逸氣陵溟渤。歲月曾幾何，遂已垂白髮。歡樂須及時，何爲自卼豼。尚顧同心人，西山采薇蕨。

結末見本意，清風高節，與古爲徒。

田居雜詠 明詩綜選

平生好結交，雅多同契〔一〕友。相見輒稱詩，詩罷即呼酒。小飲須數升，大飲必數斗。家貧苦無錢，質劑隨所有。有時酤不得，蠷蠼循牆走。百畝今始歸，種秫先廿畝。秋冬計釀數，三百六十缶。一日一缶傾，早晏惟吾取。茅堂客來過，杯斝勿離手。爛醉與狂吟，两者俱不朽。

亦醉鄉之有託而逃焉者。末二語即古句『惟有飲者留其名』意。

古之英雄人，恒不事生産。子房破千金，韓侯感一飯。柴桑饑驅出，同谷拾橡返。古人以爲高，今人嗤〔二〕其短。我本廉吏後，田園故不腆。世亂後〔三〕荒蕪，吟聲逐蓬轉。至戚每揶揄，斯人合偃蹇。節操推〔四〕松筠，文詞集瑤琬。中懷喜〔五〕自得，何必徇〔六〕世眼。世眼闇無光，蒼黄竟難〔七〕辨。

校記：〔一〕『契』，龍眠風雅作『氣』。〔二〕『嗤』，龍眠風雅作『笑』。〔三〕『後』，龍眠風雅作『復』。〔四〕『推』，龍眠風雅作『挺』。〔五〕『喜』，龍眠風雅作『浩』。〔六〕『徇』，龍眠風雅作『諧』。〔七〕『難』，龍眠風雅作『誰』。

華不注　明詩綜選

歷城東北隅，乃〔一〕有華不注。晉師逐齊侯，三周即此處。其山拔地起，四面無依附。孤峰秀插天，娟娟入雲霧。我來恣遊覽，艱險殊不顧。礫砢千萬石，上下無一樹。遠望如芙蓉，菡萏未開露。所以名華不，古人亦善喻。今人昧其音〔二〕，相呼失其故。趙李亦詞宗，如何稱〔三〕亦誤。

『不』音踋，花踋也。趙子昂、李於鱗詩亦誤。

校記：〔一〕『乃』，龍眠風雅作『故』。〔二〕『昧其音』，龍眠風雅作『罕識字』。〔三〕『稱』，龍眠風雅作『音』。

遊焦山〔一〕　明詩綜選

匡山以續著，嚴州以光名。二公皆寒士，千古垂英聲。乃知山水性，弗以人爵榮。我今登焦山，緬懷焦先生。蝸廬僅容膝，獨往棲柴荆。鄰火延其居，露處了不驚。斯人胸臆間，寧復有世情。所以京江上，名與匡嚴併。

校記：〔一〕龍眠風雅詩題作再遊焦山。

潤州訪楊龍友兵憲

南都賦佳麗，東風扇和柔。萬物各有適，吾生獨懷憂。撫牀不能寐，振衣起行遊。行遊欲何之？美人在芳洲。浩浩長江水，三山峙中流。持節整王師，恩威播遐陬。夙昔渥君澤，頂踵亦已周。所愧細微質，宏施詎能酬？太湖有笠澤，蒹葭廣已修。其中隱君子，招我爲匹儔。野性本麋鹿，樂此將歸休。揚舲入京口，徘徊一停舟。丈夫感知己，干禄道所羞。勿謂隨陽鳥，徒爲稻粱謀。

龍友雖馬貴陽姻婭，其居心立行，要自徑庭，不獨殉節於閩爲晚。蓋也此詩極見推挹，引爲知己，固自無愧。

左蠡行

明詩綜選

小艇迎風發星渚，纔〔一〕到揚瀾日過午。榜人貪涉不肯停，黄昏必抵都昌浦。俄頃〔二〕狂飆自西來，水聲騰沸山崩摧。况兼雷雨助其勢，同舟面色如死灰。急曳半帆回左蠡，瞑黑仍〔三〕馳二十里。依稀見岸不得近，沙淺曾無盈尺水。終宵漂泊蘆葦邊，風波震蕩誰敢眠！世間平地皆好住，何事江湖年復年。

校記：〔一〕『纔』，詩集作『未』。〔二〕『頃』，詩集作『驚』。〔三〕『仍』，詩集作『奔』。

贈徐五善生

古人書法各精妙，我獨酷嗜顏魯公。上陵魏晉下唐宋，皎如日月行太空。蘇米諸家法非一，何人不自顏中出？縱然〔一〕闌入公門牆，終未升堂與入室。我學顏書非不專，但恨落筆心茫然。昭代亦少爲此法，於今始見徐東田。東田宛陵貴公子，弱冠學書即工此〔二〕。文采風流五十年，窮神盡變〔三〕猶未止。顏公遺跡多小書，祠廟塔石隨卷舒。君用其法作大字，長至數尺或丈餘。聞君用筆如用鐵，纍黍不差果奇絶。有時摹柳復摹歐，錯亂古人迴無別。東田抱道含天真，功名衰暮家尤貧〔四〕。閉門却掃寡儔〔五〕侶，不肯酬酢尋常人。以是書法備眾妙，四海聲名猶〔六〕未噪。性情自〔七〕不求人知，白髮東〔八〕溪守耕釣。我來訪君君病起，倒衣相見〔九〕欲狂喜。呼兒剪蔬飯我饑〔十〕，笑語蟬聯〔十一〕富清理。我爲君歌秋水章，君爲我書南雅堂。顏公生氣凜可見，草廬萬里生輝光。

格意律調，闖然蘇、黃之室，固可平揖晁、張，俯視秦、米。

校記：〔一〕『然』，龍眠風雅作『能』。〔二〕『工』，詩集作『學』。〔三〕『盡變』，龍眠風雅作『知化』。〔四〕『衰』，龍眠風雅作『遲』；『尤』作『赤』。〔五〕『儔』，龍眠風雅作『遊』。〔六〕『猶』，龍眠風雅作『仍』。

〔七〕『自』，龍眠風雅作『亦』。〔八〕『東』，詩集作『雙』。〔九〕『見』，詩集作『對』。〔十〕『飯我饑』，龍眠風雅作『留我飯』。〔十一〕『笑語蟬聯』，龍眠風雅作『言笑緜緜』。

題張大風山人松石圖　明詩綜選

泰山上有百尺松，可惜曾受秦時封。蔣山下有一片石，亦受陳朝〔一〕封可惜。世間土木本無情，且以微寵累其名。士人守身若處子，豈肯輕受微塵滓？張翁贈我松石圖，筆意瀟灑形高孤。自言此是唐宋物，不是陳卿秦大夫。

校記：〔一〕『朝』，龍眠風雅作『時』。

揚州別王貽上司理

去年七夕客蕪城，與君一見遂北征。賦詩送我追不及，歸來把玩知君情。今年九月蕪城客，與君相見又怱迫。佳晨且盡黃花杯，高秋即有青州役。青州迢遞海西頭，束馬將行還復休。商風吹折隋堤柳，試問行人愁不愁？

阮亭司理揚州，一時名流坌集。先生雖與出處道殊，而風雅傾心，固深契要矣。

炎風行留別兄子子唯

炎風吹沙白日昏，千騎萬騎如蟻奔。秋冬居此已不樂，況乃長夏氣如燔。路傍倐與爾相見，握手欷歔塵滿面。因訪天壇道院中，短檐局促如旅店。憶昨鳳凰臺下居，篔簹數畝雜芙蕖。年年三伏不知暑，高枕北窗惟讀書。奈何舍此歸江北，風景蕭條憂患逼。一官雞肋未能拋，五月驅車入京國。屈指分攜十四年，衰顔短髮不如前。猶喜神明未凋落，長句贈我情依然。來朝我欲江淮去，他年聚首知何處？青門折柳不勝愁，買酒旗亭且猶豫。

武林行贈陳應倩處士

我年三十遊武林，與君伯氏交最深。是時君年甫二十，許身已比雙南金。蹉跎一別十餘載，日月遷流陵谷改。賢兄衣繡懷國恩，闔室捐軀蹈南海。雁行中斷不勝情，甘隱湖山絶世榮。乾坤我亦同心者，千里相思空月明。去冬偶遊至畿甸，聞君在此尋難見。豈意元宵燈火殘，太僕堂中共歡讌。當年君少如花枝，轉眼鬑鬑已有髭。我長十年更憂患，那能雙鬢不成絲！君來策蹇訪我寓，手持一卷都門句。淚眼愁看北海雲，傷心多詠西山樹。因憶賢兄使大梁，回車見枉花盈岡。龍江復寄一書札，至今展讀神飛揚。彭咸靈均自千古，褚淵江總何足數。匹夫有志名亦傳，况兼風雅才如許。所愧先朝老逸民，無端奔走溷風塵。桃花水長合歸去，湖海烟波作比鄰。

蒼渾遒健，有高常侍之風。應倩兄元倩官御史，殉節。應倩爲明遺老，著有采薇堂集及古詩選行世，故云『風雅才』。

宛陵雨中訪蔡芹溪

疊嶂樓頭雲出門，雙溪渡口雨翻盆。蛟龍一夜鬬不止，平地水深三尺渾。淮西山人宛陵客，終朝獨坐愁心煩。冒雨衝泥過橋去，緑楊芳草尋孤村。知子貧厨無所有，新麥作醴應滿尊。即焚枯魚酌麥醴，中郎風味千古存。大呼劇醉且爲樂，明日陰晴誰復論！

原注：蔡邕與劉表書云：『焚枯魚，酌麥醴，欣然樂在其中。』

吴門行　明詩綜選

一年一度過吴閶，腰下百金千金裝。今年行李獨蕭索，布衣白帢〔一〕秋風涼。鄰舟新到惠泉酒，青錢一緡沽一斗。顧我囊空無百錢，仰視秋天但〔二〕搔首。可憐書劍老風塵，客路棲遲多苦辛。明朝况是重陽節，風雨飄揺愁殺人。

校記：〔一〕『帢』，詩集作『袷』。〔二〕『但』，詩集作『悶』。

除夕歎〔一〕　明詩綜選

去年除夕歸自北，行李到門天已黑。今年除夕客南方，江路逢兵歸不得。山妻凝望眼將穿，只道今年似去年。高樹夕陽鴉影亂，尚牽弱〔二〕女立門前。

風人北門之感，誰與聞之？

校記：〔一〕『歎』，龍眠風雅作『歡』。〔二〕『牽』，龍眠風雅作『同』，『弱』作『小』。

文德橋步月

青溪夜半凉風發，獨步溪橋看明月。月下何人吹玉簫？含悽吐怨聲初歇。憶昔年少來金陵，两岸樓臺千百層。瑤笙錦瑟家家曲，畫舫珠簾夜夜燈。如今未及三十載，城市蕭條風俗改。居人對岸悄無嘩，月色波光似烟海。

『瑤笙』聯與松圓『文章江左家家玉，烟月揚州處處花』句法正同。

攝山絶頂　明詩綜選　別裁集選　明詩正鈔〔一〕選

下方惟見石，不信有柴荆。仄徑盤空上，危峰到頂平。夕陽千嶺秀，春水一江明。愁絶浮雲外，蒼茫舊帝京。

校記：〔一〕『明詩正鈔』原刻本誤，應爲『明人詩鈔正集』，後直改。

酬呂霖生吏部〔一〕

南澗閲芳草，忽聞鶗鴂鳴。過時既不采，晚節復何成？慢説楚三户，聊爲魯两生。薄才甘自棄，空負贈刀情。

光聿元云：『嘉州遺響。』

校記：〔一〕『酬』，詩集作『答』。篇末注曰：『呂勸予應舉，故云。』

劉伯宗應徵北上賦此送之

冰霜凝廣野，蕭艾滿中阿。自有芳蘭在，其如萎絶何。漢廷須痛哭，燕市勿悲歌。千仞桃花水，漁郎許再過。

贈孟光白兼懷戴敬夫

秋水思君處，芙蓉三放花。名高寧免忌，世亂况無家。避地占牛渚，還山御鹿車。相逢河畔草，且共話桑蔴。

光聿元云：『一起善用太白「别來幾春未還家，玉窗五見櫻桃花」語意。』

送沈治先歸宛〔一〕

篋衍集選　感舊集選　詩持選

秋江同作客，春水又同歸。何事棲遲久，仍嗟生事〔二〕微。對牀聽夜雨，把酒問魚磯。坐惜河〔三〕邊鳥，乘風忽背飛。

校記：〔一〕龍眠風雅詩題作送沈治先歸宛兼寄令兄眉生。〔二〕『事』，龍眠風雅作『計』。〔三〕『河』，龍眠風雅作『沙』。

旅夜 詩持選 篋衍集選 感舊集選

客舍已淒苦，況聞風雨聲。一杯消永夜，孤燭坐深更。饑鼠分行出，寒雞失次鳴。此時心眼静，歷歷悟浮生。

贈孫克咸

我友多才子，君兼任俠名。脱冠頻憤俗，聚米或談兵。壯節忽已至，雄圖猶未成。佩刀閒挂壁，風雨夜悲鳴。

池口晚眺

落日秋如許，何山不可憐。青天渡歸鳥，平楚起寒烟。客路荒城外，僧廬古驛邊。勞人尋舊館，回首十餘年。

七夕牛渚

然犀人已遠，每過必停舟。况值此佳節，能無生客愁。古今亡國恨，日夜大江流。不見檥槍落，何心問女牛。

湯氏宅 明詩綜選

浴罷坐林中，開襟受夕風。巡檐驚宿鳥，滅燭救飛蟲。野哭聞鄰婦，方言報小童。夜深微雨過，點點在梧桐。

未至楊樹灣十里而暮

馬知投店晚，雖憊撤霜蹄。山路晴偏滑，人家近轉迷。風聲吹燒急，雪意壓雲低。村小猶聞犬，柴門閉已齊。

章門訪陳士業徵君 明詩綜選

南州耆舊近蕭然，碩果惟君亦可憐。典册高文傳海内，短牆破屋住江邊。白頭不忍聞時事，皂帽相過説往年。欲訪故人埋骨處茂，先武子，亂山孤冢没寒烟。

喜張材官襲賊山中

江縣年年動鼓鼙，寒霜獨坐戍樓西。驕人翻向勞人泣，新鬼還從故鬼啼。月下驚烏棲不定，山中妖火路全迷。怪君昨夜龍眠出，寶劍紅腥戰馬嘶。

亂離瘼矣，奚其適歸！讀三、四語，爲之愴然。張名韜，爲營將，屢殺賊，後戰殉於崆口鋪。子遺記：『崇禎丁丑，史可法巡撫安慶，立桐標，以部將張韜主之。韜，江南人，狀貌文弱而有勇力，身任殺賊，可法愛重之。』

白門買宅梅連書來却寄

小卜西安門外居，澗雲溪水薄吾廬。秋前雨過宜栽竹，月下潮生好捕魚。招飲每尋高士傳，離群不斷故人書。遥知蘭澤多芳草，爲寄留彝與揭車。

送謝孺玉計偕

美人千里贈琅玕，欲報曾無雙玉盤。夏口月明烏鵲過，湘陰潮闊鯉魚寒。晚經古渡追朋侶，春到高臺刷羽翰。自古長沙有芳草，莫教虚負進賢冠。謝，湖南人。

書　事

相國臨戎賜尚方，九重親翰耀宸章。豈知禦寇仍爲寇，又破襄陽向洛陽。白骨成丘周故府，青衣行酒漢諸王。江南羽檄紛馳至，嫠婦停機欲斷腸。

謂督師楊嗣昌也，敗壞已甚，恤緯之情，長歌當哭。

得梅朗凶聞因寄麻孟濬沈景山

幾欲裁詩寄所歡，秋風蕭瑟恨無端。只言瓶罄罍爲恥，豈料芫焚使蕙歎。流水高山音已寂，素車白馬望何難。一行書札千行淚，寄到君前尚未乾。

三、四詩騷作對，妙極自然。

留別陸夢文

西子湖花秋正芳，斷橋曾與共相羊。青天鴻雁各千里，白露蒹葭已十霜。阿閣相逢重對酒，榜人無賴復鳴榔。春江細柳垂垂發，逝水何如別恨長。

寄懷梁公逖以樟

聞說燕山舊酒徒，七年垂釣射陽湖。欲填東海疑精衛，不背南雲想鷓鴣。公子報韓風歇絶，仙人辭漢淚沾濡。同心尚有姜林輩，大澤高吟調不孤。

梁，復社中人。

送吴無奇還毘陵

細雨輕烟楊柳枝，魯明江上送君時。十朝九見猶嫌闊，一别三秋那不思！貧覺家山歸甚苦，老懷勳業起嫌遲。傷魂最是新亭路，悵望臨風淚暗滋。

送曾庭聞遊漢中

秦門自古興王地，楚蜀咽喉在漢中。龍戰且收西極馬，鵬摶應待北溟風。將軍名以先朝重，才子文於露布雄。酒後有時還縱獵，詩人争與賦彤弓。

送曾青藜之吴門 明詩綜選

歲暮來遊碧浪湖，愁看鵝鴨占菰蒲。獨攜破笠尋山寺，稍喜貧交得酒徒。往事那能如百粤，蚕春端合去三吴。停舟先問靈巖路，鄧尉梅花天下無。

將歸别内

漂泊東吴亦偶然，誰知嬿婉結良緣？烟波笠澤隨孤艇，風雨梅墩隱數椽。幸勉豺狼頻對酒，永爲〔一〕烏鳥暫歸田。莫疑蕩子輕離别，水國雙棲已半年。

校記：〔一〕『爲』，龍眠風雅作『懷』。

題劉遠公扁舟江上圖

年來江上正横流，何處輕舠任爾浮。小泊歐陽湖上雨，長懷徐孺宅邊秋。天空倚櫂吟霜葉，客至投竿醉酒樓。我亦無家同放浪，平分汀鷺與沙鷗。

賦得鍾山梅下僧贈蕭尺木〔一〕

孝陵栝柏千年樹，虎倒龍顛一不存。只有寒梅藏絶谷，尚餘破衲守孤根。月明花影聞鐘梵，雨漬苔衣見淚痕。不許閒人嗅香葉，春來芳草憶王孫。

校記：〔一〕詩集詩題無『贈蕭尺木』，題下注『壬辰』。

高座寺

昔年曾寓長干里，白社青林頗自宜。今日重來高座寺，碧雲黄葉總堪悲。荒村猶記閒行路，壞壁仍存醉寫詩。眼底僧雛俱老大，如何客鬢不成絲？

七律前以四句作對，獨見渾成。

人日吳園次中秘招集興寺古槐下 感舊集選 詩持選

蕭條旅況惜芳晨，折柬欣逢日在人。野寺雙槐龍爪舊，晴沙一簇馬蹄新。坐依佛閣無妨永，酒取鄰厨不厭頻。借問長安冠蓋者，春來何處此間身。

留別宋大塗 詩持选 篋衍集選

日日思歸尚未歸，故交情重莫能違。囊空客與花争笑，署冷君同鶴不飛。幸有露臺長對酒，怕言家難各霑衣。何時拔宅真江去，也買漁舟傍釣磯。

游廬山含鄱嶺至太乙峰　廬山志

侵晨獨出含鄱口，千里鄱陽一嶺函。但使短藤空碧巘，何妨細雨溼青衫。林中黯澹高低樹，霧裏微茫來去帆。不是探奇□隱者，誰能踏雪上巉巖。

贈智創大师

槁師出世大英雄，師與同鄉道亦同。少學兵書三府辟，老歸佛法萬緣空。蕭蕭白髮秋霜後，黯黯青燈夜雨中。回首江淮真〔一〕似夢，圍城屢次建奇功。

師曾爲史閣部參軍，嘗出家貲百萬犒軍，屢破賊。

校記：〔一〕『真』，龍眠風雅作『渾』。

戲贈左子直納妾用藥名〔一〕

今夜天仙子，當歸白玉堂。銀屏列雲母，錦帳綴流黃。重疊合歡被，氤氲沉水香。華燈出〔二〕粉面，明月弄珠光。竹葉杯中酒，梅〔三〕花額上妝。含嬌尚紅蕊，結實定青箱〔四〕。似鳳連翹足，非猨續斷腸。只愁萱草嫩，無計避淫羊〔五〕。

校記：〔一〕詩集詩題作戲贈左子直納妾詩。〔二〕「出」，詩集作「照」。〔三〕「梅」，詩集作「松」。〔四〕詩集此句下有「馬齒休嫌老，蜂窠一任狂。天門魂蕩颺，地芐水微茫」。〔五〕「淫羊」據詩集補。

春　日

莫種章臺柳，長條空復情。何曾繫郎馬，只是送行人。

纏綿婉曲，何減崔國輔！

遇鄉人　明詩綜選　感舊集選

君從石城來，曾過清溪否？我家傍清溪，門前數株柳。

題酒家壁　明詩綜選　明人詩鈔正集選　感舊集選

問我來何數，非關飲興豪。風塵燕市裏，或恐有荆高！

黄　河

朝發嶧山湖，暮宿黄河岸。回首望黄河，一望一腸斷。

有目擊中原，不堪回首之意。

三月晦日客中作

人莫惜春殘，春光笑人老。有家自合歸，無家歸亦好。

竹枝詞三首

儂家住在大江東，妾似船桅郎似篷。船桅一心在篷裏，篷無定向只隨風。

興喻無端，生趣迥出。

樓上春風吹小窗，愁人獨坐俯晴江。沙鷗汀鷺皆成匹，豈獨鴛鴦是一雙？

匹鳥只詠鴛鴦，未爲善體物情。

春水新添幾尺波，蕩舟小婦善容〔一〕歌。笑指儂如江上月，團圓時少缺時多。

竹枝三首，儼同夢得。他選都未之及，何也？

校記：〔一〕『容』，龍眠風雅作『吴』。

潯陽夜泊　明詩綜選

微微秋月照江沙，兩岸楓林蘆荻花。若憶當年白司馬，不知何處聽琵琶。

送張楚材之碭山

驢背馳驅正夕陽，路人猶指斬蛇岡。岡頭買酒憑君醉，劉季朱三總斷腸〔一〕。

校記：〔一〕龍眠風雅篇末有注『漢高帝行四，朱温行三，皆徐人』。

贈滕鍊師

仙觀仍從大宋開，道衣不學至元裁。問君可是林靈素，親見奎星奏事來？

猷州城 明詩綜選

陵陽山下稻花秋，南陌東阡自一丘。聞到沉沙多折戟，老農知是古猷州。

舒溪 明詩綜選

一灣春水漾晴沙，两岸居人十數家。溪上重尋仙女廟，門前依舊碧桃花。

雪後懷林茂之〔一〕

凍雪初晴鳥曬毛，閒攜幼女出林皋。家人莫道兒衣薄，八十五翁猶緼袍。

校記：〔一〕龍眠風雅詩題後有『先生』。

将北遊张虞山閣百詩枉送至清江浦夜宿僧寺分賦

渡頭且莫問行船，暫借僧房一夕眠。淮水東流正愁絶，黄河北岸更悽然。

雲間别邢孟貞

江樹東連海岸香，思君千里一相望。如何又逐秋風去，白草黄花總斷腸。

喜遇陳允倩處士兼懷陸麗京梯霞 感舊集選

廬陵自古溪山好，尚有梅花冷暖殊。争似錢塘陳與陸，枝枝葉葉是林逋。

立秋

郡齋木葉報秋聲，客被單寒夢不成。睡起秋聲無處覓，刺桐花下月微明。

送徐翁遊越

南來欲上剡溪船，北去仍耕隴阪田。却笑秦皇求大藥，不如徐福是真仙。

題汪大年小像

十載飄零瘴海涯，容顏未改鬢初華。問君可是徐鴻客，又見桃花變李花。

桃，當作「楊」。

題半山道人畫册 篋衍集選

一著〔一〕袈裟絶萬緣，獨餘破硯習難捐。江山本是無情物，畫〔二〕到荒殘亦可憐。

校記：〔一〕『著』，詩集作『着』。〔二〕『畫』，詩集作『寫』。

題王元倬像

神廟遺民世所稀，斯人彷彿漢官威。可憐諸葛真名士，竟作南陽老布衣。

方思五首

方思 原名孔炳，字爾孚，號退谷，崇禎間諸生。潘蜀藻曰：『退谷爲龕山從弟，豪於爲詩，嘗取宋遺民録各爲小傳，人系以詩，事核詞婉，别寓棖觸，君子尚其志焉。』

宿徐莘叟草堂

開牖迎花氣，燒爐借月輝。巢湖魚到早，霍嶽笋來肥。廣受風難繼〔一〕，羊求跡已微〔二〕。方書閒自録，采藥莫相違。

校記：〔一〕「繼」，龍眠風雅作「得」。〔二〕「跡已微」，龍眠風雅作「義亦微」。〔三〕「録」，龍眠風雅作「揀」。

霍山道中

古道千巖外，幽篁十里中。如〔一〕嵐如遇雨，聞水似聞風。過嶺山田少，經村草院通。人家當四月，采茗未曾終。

校記：〔一〕「如」，龍眠風雅作「遇」。

憶次兒渾客灊〔一〕

正是春光最好時，長〔二〕庭永晝看山時。河邊草没喬公宅〔三〕，城裏兵殘皖伯祠。百里思家還對婦，七旬寄食未求師。漢書讀處妨〔四〕人聽，下酒休誇博浪椎。

校記：〔一〕龍眠風雅詩題作憶次兒渾客天柱婦家未歸。〔二〕『長』，龍眠風雅作『夏』。〔三〕『宅』，龍眠風雅作『址』。〔四〕『妨』，龍眠風雅作『防』。

赤壁晚眺

赤壁江前鶴不飛，我來懷古悵斜暉。寺高山冷佛堂閉，霜白月明漁艇歸。春氣逼雲全斂樹，水光浮郭半侵衣。臨皋亭與雪堂廢，劫火何緣逃此磯？

歲寒泊廣陵寄懷藻思 三首之一

殘年江露雪霜飛，處處遊人履迹〔一〕稀。君向劉伶臺下〔二〕望，恨余先別喜余歸。

校記：〔一〕『履迹』，龍眠風雅作『漸覺』。〔二〕『伶』，龍眠風雅作『在』；『下』作『上』。

方若洙七首

方若洙 字劬生，號蓮江，崇禎間歲貢生，有關津、江瑟諸草。潘蜀藻曰：『蓮江爲明善先生孫，博究典籍，研工辭翰。晚年因寇逼危城，嬰陴共守。著軍城歌一卷，論者以爲詩史。及卒，門人私謚「貞隱先生」。』

怨婦詞

君如北楊柳，嫋嫋春風邊。妾如北轆轤，日汲深井泉〔一〕。瓶泉牀上轉，常自絡繹〔二〕懸。秋節起涼飆，青條寧久〔三〕妍？新人承新寵，寵極還棄捐。舊人戀舊恩，恩盡難〔四〕周旋。妾命百種薄，君情別有緣〔五〕。牀頭七〔六〕絃琴，心心絃可憐。新琴辭故絃〔七〕，故琴無新〔八〕絃。欲撥不可聽〔九〕，回軫終眼前。

校記：〔一〕此句龍眠風雅作『用汲容瓶泉』。下有『春風搖歷亂，曉烟籠嬋娟』。〔二〕『繹』，龍眠風雅作『緯』。〔三〕『寧久』，龍眠風雅作『可長』，下有『井邊楊柳枝，相附沃相濺』。〔四〕『恩盡難』，龍眠風雅作『意氣相』。〔五〕『君情』句下龍眠風雅有『妾心百種痴，君情良徒然』。〔六〕『七』，龍眠風雅作『五』。〔七〕此句龍眠風雅作『新絃辭故琴』。〔八〕『無新』，龍眠風雅作『抱故』。〔九〕『聽』，龍眠風雅作『尋』。

和潛夫弟嘉州歌

扇頭贈我當𦙶緱，主人曾失在嘉州。伏劍不辭萬里去，烟霞滿袖恣清〔一〕遊。一笑燈前重回首，巫峽劍閣常在口。峰峰指點奇絶處，弟勸兄酬齊拍手。吊古同傷白帝秋，拾遺供奉〔二〕自風流。爾我後先成快事，令人搥碎黃鶴樓。浩歌長嘯復何有，遥接三巴雲外酒。爲詢〔三〕司馬意何如，江海易名稱〔四〕釣叟。

校記：〔一〕『恣清』，龍眠風雅作『訪古』。〔二〕『拾遺供奉』，龍眠風雅作『供奉拾遺』。〔三〕『詢』，龍眠風雅作『問』。〔四〕『稱』，龍眠風雅作『一』。

潞河同弟潛夫

舟滯潞河曲，杯盤聊共斟。絃聲撥水面，燈影閃波心。連日春争渡，解官成獨吟。乘流隨去住，不必吊湘陰。

蜀江雜詠 三首之一

人家半翠微，烟樹藹依依。竹覆女蘿帶，苔侵薜荔衣。石龕古佛出，山寺野僧歸。偏是黄昏後，鐘聲揺落暉。

夏日舟中贈潛夫弟

遥遥南國阻行舟，消息平安解客憂。司馬由他傳北檄，農人告我及西疇。水涯窮處將辭夏，林壑看時恰對秋。爲〔一〕想此時清興發，不妨遊子坐中流。

校記：〔一〕『爲』，龍眠風雅作『却』。

紀　遊〔一〕　六言

灩澦瞿塘有諺，荆州夔府來遊〔二〕。行雨行雲巫峽，三朝三暮黄牛。

校記：〔一〕『紀遊』下，龍眠風雅有『集古』兩字。〔二〕『灩澦』兩句，龍眠風雅作『瞿唐灩澦古顔，夔府荆州勝遊』。

蜀江〔一〕竹枝詞

船頭船尾任高低，欸乃聲聲各不齊。削竹一條聽打鼓，急聲灘上緩聲溪。

校記：〔一〕『蜀江』，龍眠風雅作『秦蜀』。

方拱乾十一首

方拱乾　字肅之，號坦庵，崇禎戊辰進士，官諭德。順治初以薦官少詹事，有坦庵集。

潘蜀藻曰：『先生於順治九年，以科場罣誤出關。二年旋得白，放歸。生平好爲詩，雖流離播遷，不輟吟詠。其所著白門、鐵鞋、裕齋、出關、入關諸集甚富。今多不存。』郡志：『拱乾自龍場放還，僑寓維揚，徜徉山水。子元成、亨咸俱成進士。育盛、膏茂、章鉞俱舉於鄉。在龍場撰有絶域紀略。』曹序絶域紀略跋曰：『坦庵被謫徙寧古，其所記有足備勸戒而爲中土禮義之邦所不及者，如道不拾遺，百里無裹糧，以布粟交易，敬禮士大夫，皆可臻上古無爲之治。』龍眠古文：『甦老人七十自壽曰：老人爲罔鄉子，七歲能屬文爲詩，長登進士，官翰林，至少詹事。娶相國女，至今猶共餔糜。生兩女六男，亦皆掇名。内外男女孫百幾十人，老人所徼於造物可謂厚矣。』

濟　水

濟水行地底，曲折隱見勞。出與汶泗會，乃能通漕艘。黄河走其上，濟身薄不牢。往往河底陷，擁槽没飛濤。膚濟以載河，版築天吴操。始知趵突泉，激流所由高。舟行值積潦，聞見晰秋毫。水性本就下，今則洩蓄高〔一〕。禹功且不及，群黎胡嗷嗷。

校記：〔一〕『高』，龍眠風雅作『淆』。

四壬子圖爲爾止弟題

開闢以來四壬子，支干若爲詩人使。曹劉沈謝生何年〔一〕，茫茫歲月誰臚指。哲弟稱詩世共傳，墮地同符豈偶然。衰愚莫怪難方駕，自悔生先十七年。

校記：〔一〕「生何年」，龍眠風雅作「幾時生」。

邏卒歎

西湖自古多〔一〕明月，錢塘門鼓黄昏發。士女齊抛簫管船，如何月減〔二〕湖光歇。近來新添騎馬兵，湖烟未黑斷人行。土音全唱關東調〔三〕，金丸亂射鵝鴨驚。矚目湖邊三里寺，豺狼晝號狐狸睡。上冢籩豆遭擒烹，杖藜敢理遊人事。富貴〔四〕有租收不得，田夫地〔五〕主賣送賊。五金十金百千金，贖歸還恐官司識。高樹栅門防賊走，賊反鎖門置人守。前宵橋東殺牛兒，昨夜溪邊賣米叟。城中有兵雄且都，賊出山中兵在衢。煌煌鐵馬四百〔六〕騎，縛得娼家两博徒。

校記：〔一〕「多」，龍眠風雅作「無」。〔二〕「如何月減」，龍眠風雅作「冰壺冷浸」。〔三〕此句龍眠風雅作「土音全學滿州字」。〔四〕「貴」，龍眠風雅作「家」。〔五〕「地」，龍眠風雅作「捉」。〔六〕「百」，龍眠風雅作「十」。

晤剩和尚　四首之一

羅浮何國土，强説是君家。誰謂三韓草，偏殊五嶺花。道心增馬齒，佛眼小龍沙。疲茶原無恨，何煩代咄嗟〔一〕。

校記：〔一〕方坦庵先生詩後集作「何勞代我嗟」。

寧古塔雜詩　二十首之一

版築規模隘，鋤鐮牧豎驕。蝸涎驚廣厦，象教學孤瓢。芋〔一〕淺霜先老，籬疏市不嚣。擬將河畔柳，傍户插山腰。

校記：〔一〕「芋」，方坦庵先生詩後集作「茅」。

螢火

莫嫌螢火小，此地古揚州。曾伴隋宮女〔一〕，長爲永夜遊。至今星月影，猶帶綺羅秋。殘卷無勞照，車生已白頭。

校記：〔一〕『宫女』，龍眠風雅作『皇帝』。

將别寧古塔書壁

莫言萬里無人境，兀兀三年認作家。甕牖光微閒畫字，菜畦土潤手栽花。聽殘比屋嘶風馬，數盡歸雲繞樹鴉〔一〕。宋玉宅同王粲井，好〔二〕留名姓在天涯。

校記：〔一〕『歸雲繞樹鴉』，龍眠風雅作『南雲落暮鴉』。〔二〕『好』，龍眠風雅作『長』。

寄鐵公

山氣四時清獨秋，老僧住山秋更幽。桃花長憶杖藜往〔一〕，木葉倏鳴城市樓。廿里騎驢豈遼遠，經年懸榻何夷猶。松間片石已〔二〕頻掃，明月巖扉應〔三〕夜留。

校記：〔一〕『往』，龍眠風雅作『徑』。〔二〕『已』，龍眠風雅作『知』。〔三〕『應』，龍眠風雅作『幾』。

途中即事　三首之一

谿斷虎留跡，山危雪作梯。勿嫌雲嶺峻，家在萬峰西。

中元步虛詞　八首之一

赤金菡萏玉麒麟，沆瀣長敷四季春。莫怪靈章多秘教，上真今日是文人。

惠山竹枝詞　三首之一

金谷平原名舊傳，荒池殘樹〔一〕尚嫣然。當門笑捉遊人語，郎要看花儂要錢。

校記：〔一〕『樹』，龍眠風雅作『樹』。

方象乾一首

方象乾　字聖則，號廣野，大美子。崇禎間貢生，官兵備副使。郡志：『象乾爲人磊落好義，施不計報，喜爲人排難解紛。』

喜弟姪登第念幟戡兩兒

問關貧病厭餘生，南阮驚傳北阮名。豹變共推新國士，貂寒應滯舊江城。忍饑還用開荒畝，守拙寧辭困短檠。歸老但能偕二子，長將一炷答昇平。

方道乾一首

方道乾 字且易，順治末歲貢生。

雜感

冬日既愁短，冬夜復愁長。願作忘憂草，生來是樂鄉。

卷二

王槱 蘇惇元
吴元甲 姚濬昌 同校

方無隅六首

方無隅 字仲禮，號抑叟，明季處士，有抑抑齋集。詩輯系傳：『抑齋，爲大晉之子，恬退不應舉，以筆耕自給。』

過鳳臺山寺

鳳臺山下寺，老衲近知聞。性懶能煨芋，身閒且叱雲。拈花供獨笑，擊竹許誰分？賴有蘇居士，談禪到日曛。

和友冬日登治父訪星師

寒谷回春律已吹，幽尋客與入山時。僧聞客至鳥先報，壑静風生竹預知。龍象法中參定慧，虎溪橋畔識津涯。拈花一笑忘言後，南渡重來又是誰？

入門口號

我愛松風響杜鵑一作『我到山前聞杜鵑』，歸鴻嘹喨隔村烟一作『雁鴻又度皖江烟』。三年浪説一作『傳經』春風座，一〔一〕篋空餘秋水篇。愁聽吏呼徵白鏹，幸無酒債索青錢。候門稚子〔二〕欣相接，徒手歸來亦〔三〕惘然。

校記：〔一〕『一』，龍眠風雅作『理』。〔二〕『稚子』，龍眠風雅作『童稚』。〔三〕『亦』，龍眠風雅作『盡』。

贈省非上人

瑗也當年舊識非，師今省矣復奚疑。行參雲鶴天邊影，歸給鷦鷯月下枝。衣裏有珠原屬我，燈前是火竟爲誰。好將半偈閒敲著，煮得清泉瀹茗〔一〕時。

校記：〔一〕『瀹茗』，龍眠風雅作『茗熟』。

化山禪師北關外構茅屋落成

杖藜郭外同〔一〕幽棲，度得危橋是虎溪。鳥語花香憑作供，可容一笑夕陽西。

校記：〔一〕『同』，龍眠風雅作『問』。

田　翁

小橋流水傍人家，門挹湖光帶落霞。檢點牧童收晚犢，餘閒共客話桑麻。

方若愫〔一〕一首

方若愫 字素心，崇禎間諸生。

校記：〔一〕「愫」，龍眠風雅作「素」。

楊樹灣

日影疏疏風力和，玉簫遥和女郎歌。西灣一路看楊柳，况是東灣楊柳多。

方孟圖一首

方孟圖 字義先，崇禎間諸生，有槿園稿。

過邱魯瞻齋頭感賦

相逢老大易悲傷，頭髮星星侵雪霜。生事都從貧裏失，流光偏向客中忙。殘書幾卷非長策，薄畝頻年是戰場。便欲與君商活計，青山緑酒一茅堂。

方鯤一首

方鯤 字夢石，號羽南，崇禎間諸生，有其旋堂集。潘蜀藻曰：『先生精易學。嘗推河洛縱横之圖，以測古人制樂用兵之法，往往吻合，乃取繫辭八卦相盪、程子加一倍之説，著爲易盪。黄石齋、何元子見而激賞之。姚君經三爲梓行，卒年八十，學者私謚「文潛先生」。』

夏日飲榮園

主人臺榭俯漣漪，夾道層陰暑更宜。怪石穿雲峰斷續，蒼松蟠谷影參差。荷舒緑翠迷苔徑，花吐清香到酒卮。飲罷欲歸猶未去，開窗趺坐聽黄鸝。

方元芳一首

方元芳 字子桓，號郗枝，崇禎間布衣。

過小關

故鄉客〔一〕易過，出境便增愁。紫氣關前繞，晴雲望裏收。山高秋欲老〔二〕，日暝鳥知留。前路無多少，停車怯阻修。

校記：〔一〕「客」，龍眠風雅作「容」。〔二〕「秋」，龍眠風雅作「天」。「老」作「落」。

方聯芳一首

方聯芳 字社若，明末布衣，有錦洲集。

竹枝詞

儂家住在湖水灣，半捲湘簾桃柳間。儂年却似新春柳，桃花那得勝儂顏。

方　幾十六首

方幾　字弈于，號還青，順治己丑貢生，官漢中府丞，有四松齋集。張文端集注：『四松〔一〕官河間司李，漢中司馬，有塞北吟。』潘蜀藻曰：『公爲政尚簡静，片言治獄，不爲深文。告歸居楊溪，自號四松居士，晚築室龍眠之寫園，步屧攜囊，留連佳勝。其爲詩造意鑄詞，擺脱凡近，於唐喜嘉州，於宋喜眉山。』王士正居易録：『幾，人品修潔，酷好爲詩，而不諳吏事，爲宣府推官，坐劾罷歸，益耽爲詩，而貧益甚。』璈按：存誠堂集有和方四松先生詩，如『千絲繡作玲瓏字，百琲珠成宛轉歌。』『黄鳥陰中堪載酒，白鷗隊裏好裁詩〔二〕。』『高會不殊元亮酒〔三〕，元音堪續少陵詩。』可見其甘退遯而好吟詩之樂。

校記：〔一〕『四松』，存誠堂詩集作『先生』。〔二〕『詩』，存誠堂詩集作『書』。〔三〕『元亮酒』，存誠堂詩集作『彭澤酒』。

將赴赤城望前途趙川龍門雨作

前山鬱岧嶤，雨色沉不已。蒼蒼幾十重，一片濁霧裏。空濛罩危嶺，板陟策進止。村墟浩雲氣，層阿渾江汜。冥茫別岐路，倉遽不可似。古之戒塗人，褰裳應自此。置身風雨外，乃悟丘壑理。何不歷千峰，水深必濡軌。去去慎前綏，屯陰暗烟水。

見險而止，借題發揮，用詩『濡軌』義尤愜。

遣興

浮雲日夜馳，秋霜滿河梁。側身西北望，鴻雁翩翱翔。關河渺千里，游子天一方。嗚蜩亦已歇，寒風吹衣裳。莫采黄金花，東籬非故鄉。

詠荆軻

國士出奇兵，蕭蕭北風起。如何白衣冠，凄其渡易水。太子枉送卿，卿去死不喜。有客來遲遲，何妨緩行李。母在未許人，許人非一〔一〕死。擊劍昧其術，巧刺胡率爾！兵衛陳殿陛，帶劍群目視。豈有徑上堂，殺王白日理？藥囊是何物？投筑寧致彼。丈夫可無慚，却誤燕太子。死易託孤難，臨難有深旨。俠血灑向空〔二〕，徒悲〔三〕聶政姊。惜哉樊將軍，擲頭亦可已。殺身事無成，遺恨圖與匕。功成何人哉，談笑聊城矢。

生氣勃涌，古直蒼涼。

校記：〔一〕『一』，龍眠風雅作『但』。〔二〕『灑向空』，龍眠風雅作『嚮空灑』。〔三〕『悲』，龍眠風雅作『類』。

同芥須過敦復遠峰亭

城外青山如屋裏，右丞此語真畫理。環城何限遠峰青，誰使群〔一〕峰青到亭？張子有方〔二〕亭，構在西山麓〔三〕。桐山竟有輞川圖，千峰萬峰入茅屋〔四〕。落筆中書堂，夢繞山之陽。歸來暫掃三徑荒，有客踏過蒼苔〔五〕蒼。南風刺刺吹欲顛，紙窗竹屋聲蕭然。坐來嵐氣溼書帙，半榻已挂千峰邊〔六〕。君言風日晴，華山若屏列。九十〔七〕九芙蓉，點點補林缺。山城排闥江送青，諸峰不動風泠泠。讀書倦餘午枕起，峰影雲影看娉婷〔八〕。草堂未久留君住，一亭宛在看雲樹。他年爲構午橋莊，此是平泉最深處。

校記：〔一〕『群』，龍眠風雅作『峰』。〔二〕『方』，龍眠風雅作『一』。〔三〕此句下，龍眠風雅有『梅柳桃薇間梧竹』。〔四〕此句龍眠風雅作『一片奇雲到茅屋』。〔五〕『過蒼苔』龍眠風雅作『破苔痕』。〔六〕此句下，龍眠風雅有『好讀奇書躭午睡，琅玕七尺琉璃膩。剝啄不到山光延，草堂人署紫薇天』。〔七〕『十』，龍眠風雅作『子』。〔八〕此二句龍眠風雅無。

槐龍軒成　二首之一

春草石牀平，春烟羃羃生。鸛巢支舊影，鳩語賀新成。竹榻疑江閣，柴門列塞城。南柯差不讓，風雨夢孤行。

顛崖歸

六代春風地，君來悄自憐。江聲連去雁，雨氣集歸田〔一〕。白下黄金少，青閨碧樹妍。哀蟬如有曲，莫付李龜年。

校記：〔一〕『田』，龍眠風雅作『船』。

湖舟漫興 二首之一

子夜聞雞唱，吴儂水調歌。一天春月早，雙櫂晚風多。白苧留人處〔一〕，紅顔奈少何？客愁聽不得，嗚咽問湘娥。

校記：〔一〕『處』，龍眠風雅作『甚』。

歲暮别季父還淮南余亦歸四松矣

大江風雨暮天寒，正值淮南木葉殘。斷港潮枯初積〔一〕雪，崩洲冰斷易成灘〔二〕。扁舟客自春前到，千首詩從臘後看。我亦辭歸葺荒圃〔三〕，海陵邗水思漫漫。

校記：〔一〕『積』，龍眠風雅作『得』。〔二〕此句龍眠風雅作『村烟沙捲易流灘』。〔三〕『葺荒圃』，龍眠風雅作『荒圃去』。

送齊惟木還里門

歸鞭遥指故園花，無復荒雲擁塞衙。建業舊陵聞過雁，蕪城秋水遍啼鴉。幾村白露飄黄葉，一曲青峰入絳紗。好去龍眠深處住，芙蓉滿地伴山家。

汪瑶若亭子次韻

采芳人在聽秋亭，蓮葉田田蓮子青。獨揭湘簾通乳燕，閒看書幌上流螢〔一〕。參差石濺〔二〕花間雨，潑剌魚吹水上星。身是二龍山下〔三〕客，望來雲氣薄滄溟。

婉麗閒適，似韓致堯。

校記：〔一〕此二句龍眠風雅作『獨倚微風飛燕雀，莫吟團扇冷流螢』。〔二〕『濺』，龍眠風雅作『過』。〔三〕『下』，龍眠風雅作『際』。

寶雞

古寺臺荒傍寶雞，征途人老笑棲棲。前村欲雨馬初歇，遠岫無烟鳥亂啼。百里泥深官路滑，重陰[一]風緊客天低。驚[二]心罨畫頻回首，棧閣蒼涼雲正迷。

校記：〔一〕『陰』，龍眠風雅作『陽』。〔二〕『驚』，龍眠風雅作『經』。

黃州九日風雨集顧赤方寓[一]

客酒醉黃菊，朋尊開赤方。浩歌聲落落，軒舞影堂堂。楚澤芙蕖滏，吴儂橘柚芳。烟霜何索寞，天地適蒼涼。冷集偏情熱，歡呼只意傷。茱萸寒佩澀，琥珀夜斟長。雲黑新流寓，楓丹古戰場[二]。吾儕詩氣象，世路俗鋒鋩。乞食陶添韻，依人杜隱狂。且圖聯石鼎，勿計别河梁。雜座堪懸榻，登高怯望鄉。滿城秋色裏，風雨正重陽。

校記：〔一〕龍眠風雅詩題爲黃州九日風雨集顧赤方客寓限韻七陽；下有注文：『赤方，黃公字也。』〔二〕此句下，龍眠風雅有『烟高舟易赭，山落帽難忘。壁岸多飛絮，江蘺半浥香』。

步余澹心韻

江南秋草夜鳴笳，江北無衣可當家。憔悴别離楓葉老，不堪重詠赤城霞。

湖　上〔一〕　三首之一

雙鬟覆額也揚舲，唱徹儂歌蓮子青。看罷岳墳看大佛，两高峰下水泠泠。

校記：〔一〕龍眠風雅詩題爲再次韻爲羈人遊女之樂於湖山者志其盛。

寄嚴公偉寧〔一〕戍塞上

邊沙的皪寶刀寒，棨戟横〔二〕門新築壇。身是江南揮羽客，吴儂歌入塞笳殘。

校記：〔一〕『寧』，龍眠風雅作『守』。〔二〕『棨戟横』，龍眠風雅作『戈戟排』。

大羅庵祖西禪師塔

大羅天上不霑塵，芳草繁花塔院新。記得講經靈谷寺，齋堂横坐一千人。

方　里十首

方　里　字井公，崇禎末邑廩生，早卒，有粟村詩集。郡志：『里少穎悟，讀書不輟晝夜，性慷慨，敦意氣，與人交，然諾不苟。』成性存序粟村集曰：『井公年十八九，負笈來吾鄉與予定交，杵臼之間，觀其性情、學識、品誼，皆居第一流。數年予幸叨一第，奉命代巡入閩，復得握手於武彝九曲之間。予謂其才大氣盛，必將大顯於世，乃未幾而道山之問至矣。歿後數年，其孤乃刊其遺詩，以永其傳云。』

吴城登望湖亭

江山罨畫裏，一望夕陽前。鳥下吴城市，人歸楚澤烟。鄉關雲影外，舟楫雁聲邊。獨立貪舒眼，明朝何處船。

彭澤

楊柳多於屋，斜陽彭澤城。一帆慚過客，五斗去先生。荒市人堪數，豐年米尚爭。野棠花〔一〕滿地，牽我菊籬情〔二〕。

校記：〔一〕『花』，龍眠風雅作『開』。〔二〕『我』，龍眠風雅作『動』；『籬』作『花』。

懷歷陽馬平子

竟日山城雪不休，年来蹤跡〔一〕阻江州。故園偶自開三徑，新詠還期共四愁。蕭寺小樓春聽雨，荒祠古柏月臨秋〔二〕。余曾與平子讀書延慶寺左公祠。舊遊歷歷關心處〔三〕，水下天門入海流〔四〕。

校記：〔一〕『年來蹤跡』，龍眠風雅作『搴芳心侶』。〔二〕此句龍眠風雅作『荒祠高唱月當秋』。〔三〕『關心處』，龍眠風雅作『紛吾思』。〔四〕此句龍眠風雅作『夢逐天門碧水流』。

玉峰

信步登山山幾重〔一〕，最高岑處凜霜風〔二〕。焚香僧定黄花寺，賣石人行白玉峰〔三〕。平野水村争〔四〕晚穫，邊城火樹亂秋楓。憑欄遥羨寒林屋，喬木清溪曲曲通。

校記：〔一〕「幾重」，龍眠風雅作「轉工」。〔二〕「岑」，龍眠風雅作「層」；「凜」作「領」。〔三〕「峰」，龍眠風雅作「中」。〔四〕「争」，龍眠風雅作「收」。

哭左子永

屏帷記得平生語，雨晦風瀟矢勿諼。白眼閒看人冷熱，黄金不忍易寒暄。九原何處依寥廓，五夜頻將入夢魂。毒蟒妖狐際南北，懶揮清淚問乾坤。

贈〔一〕王子雲

匡君一去山千古，楚客悲歌興會同。偶向劍江搴杜若，因偕珠閣話飄蓬。交遊可盡如當日，湖海何方著此翁。老矣寒松風格在，臨池擊鉢眼還空。

校記：〔一〕「贈」，龍眠風雅作「答」。

旅懷 四首之一

記我出門時，兒子門前〔一〕立。小〔二〕弟牽母衣，藏鞭不肯出。

校記：〔一〕「前」，龍眠風雅作「邊」。〔二〕「小」，龍眠風雅作「兄」。

沙上

百萬軍人〔一〕幾日平，浮來如織過江城。無情最是金山寺，聽盡〔二〕歌聲與哭聲。

校記：〔一〕『軍人』，龍眠風雅作『人家』。〔二〕『盡』，龍眠風雅作『遍』。

夜航〔一〕船

露冷三更夢不成，輕舠暗度闔閭城。風來月落篷窗掩，靜聽吴孃子夜聲。

校記：〔一〕『航』，龍眠風雅作『行』。

杜鵑花

春光將暮日將斜，不見桃花與杏花。惟有杜鵑千樹放，一時如火映山家。

方以智八十四首

方以智 字密之，號曼公，自稱龍眠愚者。崇禎庚辰進士，官簡討，國變後爲僧，著有密之全集。陳子龍博依集序：『明詩衰於萬曆之季，大約樂便易而苦於修詞，尚新異而歸於近俗。夫使取辦俄頃而襲已成之語，盡放雅言，又去奥渺，其爲陋可鄙有以也。余遊錢唐，遇桐城方密之，讀其詩數百篇，諸體都有，大要歸於極古。其才情超列，兢兢體裁，勿踰古則，蓋悲夫儕俗之音而以爲救也。』徐世傳博依集序：『密之以鼎盛之年，懷超絶之材，盛修學古，著述滿車，聲聞海内。今讀玆集，其樂府深厚雄傑，出奇不窮，古風淵雅，無復浮聲，殆駸乎漢魏之人矣，而又能備擬歷代，兼擅衆長，高涼蒼鬱，一振唐風，三百年所僅見也。』李雯流寓草序：『密之避地金陵，其所言者，大約皆悲感亂離、發洩幽憤之作也。密之才鋒穎出，熟視天下久矣。不得早見於世，而流連吟歎之間，與懷離逖之事，世有知者亦將讀其詩而憐其志耶！』吴修名人尺牘小傳：『號鹿起，巡撫孔炤子，爲四公子之一。』明人詩鈔續集系傳：『以智，崇禎十三年進士，選庶吉士，授檢討。父孔炤巡撫湖廣，忤時相繫獄，以智伏闕上書，訟父寃，乃得釋。晚爲僧，名宏智，字無可，又號藥地和尚。』錢田間集述往紀事曰：『有内廷供事中官曰：烈皇帝嘗語之曰：朕聞新進士方以智，其父孔炤獲罪下獄，以智懷血疏，日於朝門外叩百官求爲上達，因歎曰：「求忠臣，必於孝子之門。」未幾釋孔炤。』通鑑輯覽：『順治三年，唐王聿鍵敗死報至，粤尚書丁魁楚與侍郎瞿式耜、舊臣吕大器、方以智等議所立，共推由榔。四年，大兵克肇慶，桂王由榔奔桂林，吴貞毓等從；召吴炳、方以智同式耜爲大學士，以智不至。』徐芳愚者大師傳：『桐城人，居浮山，稱愚者，在天界爲無可，入匡廬爲五老，在壽昌爲墨立、爲藥地，幼負奇志。時以李長源目之。避地金陵，與楊維斗、陳卧子、夏彝仲善。時海内多故，愚者慷慨嗚咽，其牢騷抑鬱一洩之於詩，後遯跡五嶺，及粤再潰，遂披緇見客。愚者於書無所不讀，著有前後集、炮莊、物理小識、通雅百餘卷。』文震孟博衣集序：『密之年甫弱冠，著書已數十萬言，樂府歌行直追漢魏，筆陣縱横亦在晉唐間。其人復翩翩俊異，洵一世之軼材也。』盧見曾感舊集話張中畯曰：『密之十歲能詩歌，工書畫。長與陳卧子、吴次尾、侯朝宗諸公接武，東林主盟復社，爲馬、阮所中傷，幾不免。既登第，爲父伏闕，上書訟冤，晚隱於釋。著通雅、易袽、古今性説合觀、一貫問答、物理小識、炮莊等書。』全紹衣結埼亭集：『方公祠碑，桐城方氏自明初斷事公以遜志高弟，與於革除之難，三百年中世濟其美。明季密之先生尤以博學稱。』思舊録：『密之，吴子遠之甥，明敏多藝，言河洛之數別出新意。』周農父密之文稿序：『密之所讀必周、漢之書，所賦必漢、魏之詩，耽古修詞，言必爾雅。其才自天授，又敏捷於事，若可爲，若無不可爲。』張太傅敦復曰：『海内宗密之先生蓋五十餘年，博聞大雅，高風亮節，爲近代人士之冠。』朱彝尊静志居詩話：『先生紛綸五經，融會百氏。插三萬軸於架上，羅四七宿於胸中。早推許、郭之人倫，晚給宗雷之淨社。樂府古詩磊落嶔崎，五律亦無浮響，卓然名家。』朱笠亭明詩續鈔〔一〕：『密之讀書甚富，著書數十種，其詩樂府以古調寫時事，讀之感愴，五律亦沉著。』宋俊柳亭詩話：『方學士以智，題正學先生祠句「十族可憐無姓字，三楊終不是功名」，爲一時傳誦。甲申後遂薙髮爲僧，蓋其志意早見於翰墨中矣。』四庫簡明目録：『方以智通雅五十二卷，考證訓詁，音聲爲主，而旁及名物度數、藝術之類，援据奥博，條理分明，有明一代考證之書莫與並駕。又物理小識十二卷，乃通雅之緒餘，大致本博物志、物類相感志而衍之，更推闡其所以然耳。』王士正居易録：『近見藥地禪師所著物理小識，可補贊寧物類相感志所未及。』姚羹湖曰：『先生天資絶世，讀書十行並下，又好學覃思，自童年迄白首，手不釋卷。每有所得，輒登諸紬素。通雅一書引據古文，旁稽謡俗，博而通之，實後學之津梁也。』璥按：山陽王文端公嘗謂璥曰：『密之先生學博而精，所著通雅實開本朝考訂學之門徑。』先生詩集甚富，兹輯次八十餘首，雖較他選爲備，然遺珠固多矣。

校記：〔一〕『明詩續鈔』，應爲『明人詩鈔續集』。

當擬古詩　二首之一

軍士久無事，安坐長〔一〕苦饑。烽火忽相及，一旦言興師。江干即塞北〔二〕，明日爲行期。妻子跪涕泣，以爲死别離。征夫告父母，此别何足悲。將軍不好戰，見賊亦不追。拔刀便出門，我去無多時。

校記：〔一〕「長」，龍眠風雅作「常」。〔二〕「北」，龍眠風雅作「上」。

古詩三首　明詩綜選　御選明詩録

嶺外稀繁霜，草木不黄落。窮巷生陰風，客心乃蕭索。斗杓指實沉，句陳半隱淪。蟋蟀滿牀下，篝燈夜矍矍。此地羅浮山，古人嘗采藥。何不披短衣，入山飽藜藿。曉從外來者，皆言道路惡。我欲依神仙，神仙不可託。

東北覆陰雲，其下吾故都。中路一奔走，恨隔天一隅。虹霓下平地，曠野秋荒蕪。翼日大風雨，慎勿臨長途。人傳使者來，旌旗蔽通衢。嗟我遠遊子，不敢同馳驅。道左發長嘆，嘆者亦何愚。

海渚無橋梁，日暮波浩浩。車馬不能通，遠望惄如擣。浮雲日以變，我親日以老。萬里飛烟塵，天末傷草草。夢見故鄉客，言歸苦不早。舊宅屬他人，斗大梧桐槁。親戚有書來，書中何所道。上言鄰里殊，下言故人少。

擬古 御選明詩録

青青園中柳，當我西南牖。征夫從遠來，一路平安否？艱難萬里餘，涕泣不能口。辭家未數年，家人皆皓首。貧賤易出門，別離亦以久。朱顏被霜露，焉能不速朽！呼兒辨粗飯，聊樂不爲厚。但得故鄉人，日飲故鄉酒。

變擬古詩 四首之一

屋角多啼烏，烏飛尾畢逋。啞啞八九子，廣州城上居。城中似江南，紈綺紛氍毹。交疏飄霧縠，土曲陳笙竽。調笑入酒家，青絲提一壺。主人酌我盡，擊案歌烏烏。東海出寶劍，南海出明珠。聽我歌此聲，此聲世所無。

感賦

益爻之無妄，告公從中行。北宋不遷亡，唐則屢收京。周馥胡舜陟，紆難然明□。諸王各有統，禄山爲撫膺。社稷議監國，車駕爲親征。以上古人策，應變亦合經。粵撫疏未上，孩未伯有疏。總憲傾其誠。吉水李公。執言既盈庭，宰相無定衡。病在不擔當，容身護承平。深宫召戚臣，徒作憤恨聲。

原注：時劉新樂、鞏都尉召對，出，聞宫中占南遷，得益之四爻，動。

璬按：宫中易占告語，顯然當。其時李公邦華、馮公元飈相繼言之，無如諸臣泄泄，其心懷異圖者，方謂吾輩富貴自在也，而好爲噴血者又以將爲靈武故事，杜廷臣口，卒之坐視喪亡，君臣俱燼，哀哉！

又按：莊烈之崩，論者皆謂死社稷之正，而顧甯人、黄梨洲則謂國君死社稷，自是諸侯之事，若少康有緍，襄王居鄭，天子之義隨在，曰都不得以一隅限之。惜乎當日議南遷，諸臣不曉此義也。

和陶飲酒　明詩綜選

修士多顧忌，吾寧率吾真。末世風俗薄，猶喜山中淳。終歲無聞見，但道禾苗新。雖歷干戈後，口不言漢秦。茅屋各相望，永無車馬塵。始知衡山懶，無異丈人勤。遠公不飲酒，偏與陶公親。飽食但高枕，絶跡不問津。有時濯清流，漉以手中巾。古今不同調，要是羲皇人。

寄梅朗三 御選明詩録

陰雨忽成雪，北風吹樹林。江流日千里，安知遊子心。中夜一何寒，自撫雷開琴。瞿硎山中人，其當知我音。

悉索詩

薄田數百畝，連年屬烟塵。家僮復乾没，九月不食新。匄貸謀稻粱，猶欲延鄰賓。鄉人故里至，一飯飲以醇。嗤我何鄙吝，憐我何苦辛。望君者甚多，不但君家親。自恨不巨富，又恨不赤貧。巨富可結客，赤貧可謝人。

德政殿召對紀事　二首之一　明詩綜選

賊勢既猖獗，藩鎮爲急策。軍容可撤回，共〔一〕指亦何益。三關皆要道，急選勁旅扼。山東河北士，義俠多腕搤〔二〕。豪傑一網收，彼自能控格。不則爲賊招，腹心翻阻隔。若爲措餉憂〔三〕，何難一籌畫。募屯計並行〔四〕，危地可安宅。臣言無忌諱，謀國可采獲。

校記：〔一〕『共』，龍眠風雅作『直』。此句下龍眠風雅有『宣雲來居庸，蘇州并抵隙。紫荊飛狐道，急選勁旅扼』。〔二〕『義俠』句下有『淄青皆感泣，豪傑長羽翮。介義赴都統，收攬破常跡。無終一泉塢，彼自能控格？李全與九公，舊事宜紬繹。』〔三〕『若爲』句下有『補苴誠脊脊。十庫且改折，東南易采獲。招商作張瑄，中京有陳藉。宮府上下通』。〔四〕『募屯』句下龍眠風雅作『守兵作安宅。臣父舊議明，臣願裹馬革。三世受國恩，刳腸刻金石。何敢復忌諱？更有一言白』。

董逃行

駕車何往復何還，我將逃入深山。人皆喜長安，長安道上大難。但有沙塵，蔽人衣冠。

一解

疾馳驅〔一〕争先，市井無俚〔二〕皆得官。紫衣朱鞍，密使掾吏，出入宫府間。二解

何知一旦不可知，事非一端。欲逃〔三〕已晚，前路何漫漫。安得布衣蔬食，日夕饑與寒。

三解

知者逃於神仙，上謁蓬萊求珍〔四〕丸。更得玉栟以遺心所歡，彼尚不能忘長安。願獻此藥，陛下加餐。四解

服之神武左右難欺，但乞聽臣勿疑。請奏董逃歌詞〔五〕，後漢遊童無知，董丞相何不罪殺之！五解

校記：〔一〕龍眠風雅「驅」下有「以」字。〔二〕「俚」，龍眠風雅作「賴」。〔三〕龍眠風雅作「逃」下有「亦」字。〔四〕「珍」，龍眠風雅作「一」。〔五〕「詞」，流寓草作「辭」。

白紵舞歌詞

風寒夜長酒已多，明月皎皎玉顔酡。帟幕珠簾影婆娑，側弁交席起傞傞。鼓鐘鳴磬擊靈鼉，趙姬酣舞胡姬歌。齊謳秦聲吹音和，披離縠霧揚纖阿。揭簾出户怡庭柯〔一〕，天津閣道

斜臨河。翠微淡影高嵯峩，忽見天邊鴻雁過。樹上繁霜被女蘿，涼風淅淅池中波。春秋嘉會日蹉跎，佳人泣下沾綺羅，不知君心將奈何！

事殊與極憂思集，亦感時而發，音調俊亮，最近鮑明遠。

校記：〔一〕此句博依集作『徘徊出關盼庭柯』。

東飛伯勞歌

御選明詩録

誰家女兒著羅衣，仰視伯勞正東飛。不覺含情理清曲，微按冰絃知柱促。黄金屈戌控流蘇，飛仙髻後大秦珠。倚檻但持白團扇，惟恐旁人得相見。徘徊獨對寶鏡中，可憐花落從春風。

監軍苦

明詩綜選　明詩續鈔〔一〕選

朱笠亭曰：『崇禎八年秋，史公可法分巡安慶，監江北諸軍，賊屢犯，屢擊敗之，賊乃竄。』

賊在皖中六十日，監軍日日提兵出。可憐提兵不滿千，死守死戰驅向前。軍中將士皆感泣，重圍出入斬首級。大兵且至賊且歸，監軍未嘗除鐵衣。中夜露坐當風雨，傍人誰念監軍苦！苦哉行，歌一聲：赤心在，白日明，予之金印十萬兵，君王何愁賊不平！

史忠正行軍，夜不解甲，終宵危坐，篇中所詠皆記當日實事也。

校記：〔一〕『明詩續鈔』原刻本誤，應爲『明人詩鈔續集』，後直改。

登陴守

賊擁萬騎城下過，城中有人城不破。縣官愛民民上城，各門擐甲分諸生。諸生守城合兵法，小民守城無嘆聲。曉來射殺賊墮馬，賊遂移營向東下。

原注：賊往來城下，城中嚴守不懈。上有賢侯，下有紳衿佐之，往往創賊，城之不破非獨幸也。

牛角飲　明詩綜選

一牛角，兩牛角，滿斟四五壺，雙手向前〔一〕握。苗兒各唱四聲歌，笑我江南不能學。

校記：〔一〕『向前』，龍眠風雅作『不能』。此句下龍眠風雅有『挂柱鳴金催盡觴，在在蘆笙當音樂。

流水清，出山濁。芒鞋不畏雪霜天，醉後臨流足何懼？」

將進酒

君不見東溪兩岸桃花紅，今日飄摇風雨中。君不見鏡裏青絲照明月，倏忽一年成白髮。人生少壯能幾集作「不多」時，胡爲結束懷傷悲？連開襟，飲美酒〔一〕，相逢何不傾三斗〔二〕。古人白眼爲青雲，我歌一曲生楊柳。楊柳橋下水潺湲，落葉東流去不還。燕語鶯啼入春夢，嚴霜白露被秋山。彈琴仰據梧桐樹，願棄人間覓仙路。熊經鴟顧學長年，服食終爲藥所誤。羨門子，安期生，將進酒，杯當傾。古今吞盡浮雲輕〔三〕，天帝已醉不復醒，雙睛炯炯嗟書生！

校記：〔一〕「連開」句，龍眠風雅作「連袂開襟慰疇昔」。〔二〕「相逢」句，龍眠風雅作「相逢不樂當何須」，下有「手一卷書一瓨酒，每讀一篇下三斗」。〔三〕「古今」以下三句，博依集作「身寥落浮雲輕，但願大醉天地間，豈惜高才與令名」。

估客苦　明詩綜選

昔言估客樂，今言估客苦。昨夜泊舟楓林下，左右舳艫盡商賈。見彼哽咽當風餐，爲言作客江湖難。江湖近年多盜賊，布衣夜脱安可得。徵賤鬻貴雖不貧，風波萬里多苦辛。更逢當關置[一]暴吏，欲浚銖錙加重罪。可憐曛黑不開關，苦人巨浪危磯間。恨不載金長安買都尉，等閒見汝一官何足貴！

校記：〔一〕「置」，龍眠風雅作「多」。

狂　歌

出門嘗攜一卷書，豈可五侯七貴同馳騁？作詩不入時人眼，且與燕市丁東按檀板。三斗酒後燈放花，渾脱舞作漁陽撾。細入琴箏大雷電，滿堂烈烈崩風沙。忽然住聲[一]得一句，手揮四座騎馬去，枕書假寐東窗曙。

奇崛似昌谷。

校記：〔一〕龍眠風雅無「聲」字。

從冶父道中還家作　御選明詩録

作客寒冬冬至節，日夕北風何凜冽。同雲布地捲茅村，悲號中夜枯桑折。五更風止天未明，半空淅瀝雨爲雪。長途一望高下平，雞鳴門外無車轍。披裘騎馬行雪中，兩手執鞭冷如鐵。男兒他鄉自苦辛〔一〕，安居那得從豪傑。荒田不種少人烟，野河冰合橋梁絶。馳驅千里始還家，入門夜暗燈花〔二〕滅。道路風塵阻且長，相逢氣結不能説。親戚家人共笑余，年年歲歲常離別。

校記：〔一〕『苦辛』，博依集作『辛苦』。〔二〕『花』，龍眠風雅作『將』。

釣臺作　明詩綜選

釣臺何嶙峋，當時必有百尺釣竿千尺綸，乃可垂釣桐江濱。祠堂草木歲時新，子孫土〔一〕食皆不貧。先生無行事，先生不著書，但能不肯爲人臣。今人不能棄富貴，乃以藏拙譏古人。我來停舟釣桐水〔二〕，桐江千年少泥滓〔三〕。嗟乎不得故人爲天子，一棺之土聊葬此〔四〕！

校記：〔一〕『土』，龍眠風雅作『上』。〔二〕『我來』句，龍眠風雅作『我亦停舟蹔釣桐江水』。〔三〕『少泥滓』，龍眠風雅作『清如此』。〔四〕『一棺』句，龍眠風雅作『至今没没無聞矣』。

哀哉行 甲申四月二十三日濟下作 明詩綜選

奔城南，走城北，雷聲轟轟天地黑。女牆擐甲皆中官，司馬上城上不得。亂傳敵樓鐵騎從至尊，宮人夜出華林園。須臾中官大開東直門，賊營四匝〔一〕如雲屯。此時張牙禁出入，蓬首陋巷陰風泣。居民畏死爭焚香，父老衣衫暗沾溼。吁嗟乎！先皇帝，烈丈夫，萬歲山前從者無，神靈九廟長悲呼。却憶去年雷震奉先破寢室，寶座赤蠓飛三日。享廟衛士鬼夜驚〔二〕，黑牛十丈端門出。九卿大老無愁容，金紫得意長安中。談兵獻策者讎寇，只引舊例相朦朧。日夕甘泉烽火至，沙河土關紛賊騎。猶然閣試新門生，品第人情出名次。傷心此輩送國家，師生衣鉢求清華。一旦薰蕕盡膏火，崑岡玉石誰爭差！可憐慷慨忠義士，前後只合橫尸死。難如馮信藏青盲，空羨子真在吳市。已焉哉！哀勿哀。仰天氣絕魂歸來，十年誤國登鼎台，子孫累轂高門開。小臣拜禄十七石，却生此日當其災。

辭述甲申敗亡時事，有史家不盡載者，杜陵詩史，此種足以當之。至痛斥台鼎之泄沓，中涓之欺誤，尤覺投北不足蔽辜，而詩人嫉惡之情益深。

校記：〔一〕『匝』，龍眠風雅作『市』。〔二〕『鬼夜驚』，龍眠風雅作『夜驚鬼』。

春酌

四望野青葱，長堤兩袖風。春留三月住，人醉百花中。白鷺行間緑，黄鶯啼處紅。不須簫管伴，獨詠板橋東。

看月

明詩綜選　别裁集選　明人詩鈔續集選　御選明詩録

一片鍾山月，那從嶺外看。昔嘗臨北闕，今獨照南冠。萬里天難指，三更影易寒。夢中兒女路，莫憶舊長安。

贈陳卧子李舒章

西湖初握手，約我到雲間。月上樓安榻，庭堆石作山。筆隨秋雨落，堤放海潮還。鄴架書千卷，終期合手删。

聞雁 明詩綜選

衡陽無雁到，今過嶺南飛。世亂成行少，家亡寄信稀。鷓鴣聲共苦，鸚鵡語全非。鄉國爲關塞，明春帶我歸。

逍遥洞 在武岡之洞口 明詩綜選 御選明詩録

天地一時小，惟餘谷口寬。名山藏日月，野老剩〔一〕衣冠。石向何人語，春知此歲寒。幾家烟火在，題作鹿門看。

校記：〔一〕『剩』，龍眠風雅作『想』。

和巢友星岩見懷之作〔一〕

留得天南在，逢君結伴行。海風多殺氣，野吹作邊聲。石室原無字，名山可畏兵。酒酣悲痛後，翻語少年情。

校記：〔一〕『作』，龍眠風雅作『韻』。

春辭長安道蘆溝橋　御選明詩録

河道出桑乾，橋頭薄日寒。榆關春色迴，遼海暮雲殘。征雁回金闕，歸鞭控玉鞍。鶩沙掩獨鹿，回首遠長安。

孟廟作　御選明詩録

陽關愁北望，草落嶧山空。野渡荆榛外，殘碑烟火中。塵飛不見日，廟古自生風。檜柏千餘歲，猶存鄒邑東。

鯉湖漫興

谷口傳鳴鼓，峰頭趁落星。珠簾穿雪月，丹竈煮雷霆。氣吐雲根白，詩開天眼青。奇山待奇筆，畫出與誰聽？

鯉湖旁宋林樵谷隱處 感舊集選

麥斜連石所，仙徑渡桃源。窮谷陰風疾，懸崖古木尊。樵夫嘗引路，隱者各開門。病骨何時脱，南泉寄一村。

度梅嶺

此嶺原無險，征夫勞不辭。開山留漢姓，鑿路識唐碑。但有松千尺，難求梅一枝。古今南北淚，非盡爲流離。

雨後閒題 御選明詩録

飄風吹急雨，沙路不成泥。白石洗松徑，青雲挂柳堤。鹿湖秋後雁，牛屋午時雞。飯罷隨筇杖，招人握手題。

答長干舊韻似宇昭覺岸

高岡謝疏雨，獨立自泠泠。空數南朝寺，休傷東冶亭。江留天外白，山洗晉時青。木末遊人少，松濤不許聽。

鼓櫂漫興

多年山有夢，今日始逢君。九曲乘秋水，諸峰學夏雲。草堂遺額在，丹竈借香薰。定踏天遊頂，從君指掌分。

六叔舊聘長干女子期而不至爲此招之

天末相思明月流，臙脂井上草三秋。將爲金屋求如願，空使銀河怨莫愁。五馬踟躕勞廣陌，雙魚迢遞斷高樓。君非輕薄邯鄲子，多爲臨邛賦白頭。

雲間同夏彝仲朱宗遠徐闇公陳卧子醉後狂歌分賦

微霜昨夜被高林，湖海秋同知己深。壁上劍悲天下事〔一〕，池中月照故人心。倚樓不〔二〕動淩雲氣，擊鼓風吹變徵音。遊俠青冥雖在掌，結交何處散黃金。

校記：〔一〕「壁上」二句博依集作「耳熱空悲天下事，月明堪照故人心」。〔二〕「倚」，博依集作「登」；「不」龍眠風雅作「石」。

送石仲昭調潮洲

原注：石，三原人，舊令桐。按：石公令桐有惠政，邑人頌之曰「陳父石母」云。

秋冷龍眠墮淚碑，三年棠樹緑盈枝。西來莫漫歌燕市，南去無勞讀楚詞。荔子香中鴻雁少，檳榔叢裏鷓鴣悲。城頭棲鳳雙旌石，好寫新詩吊退之。

同姜如須早朝看月分作

生花夢醒向朝端，親見銀河接露盤。金闕鐘聲天上近，玉橋人影水中寒。詩先雞唱淩風曉，坐笑鑾坡席地寬。猶是未央前殿月，千年留得與君看。

閶門憶吴湯日舅氏閩中

曉鐘初發闔閭城，爲客朝朝怨五更。閩海悲風吹夢到，吴宫殘月照人行。市間空重胡琴價，石上今聞鐵笛聲。莫道長通能學賦，虬之終託上林名。

又問子遠舅氏句『安能一日不飲酒，自恨十年多讀書』。

鍾山偶集得元字

千里乘風集白門，張燈今夕作平原。椎牛饗客歌招隱，牧豕封侯慕建元。六代月明人不見，十年衣敝字猶存。座中奏鼓吹笙歇，好聽狂生醉後論。

小東皋即事

便門小馬慕安豐，尊酒胡牀在水東。開徑嘗封千樹雨，渡人分送半江風。種蘭自不妨高士，班草何須問老翁。別墅如雲堪折屐，時聞清嘯上樓中。

贈閩中劉薦叔 御選明詩録

聞君昨歲出温麻，作客荆吴不顧家。萬里風塵憑漏影，十年慷慨吊懷沙。單衫落葉秋將盡，小社城回菊有花。邂逅高談共尊酒，東谿凉月浸蒹葭。

送别劉薦叔 御選明詩録

遠遊才子著先鞭，載筆江湖又十年。白眼相逢秋色裏，青山環立酒杯前。一時快意難題盡，千古銷魂是黯然。重詠謫仙黄鵠白，齊飛挂在落霞邊。

陳卧子成進士

看花馬上錦連錢，得意珊瑚再著鞭。早著山中金匱史，傳聞闕下玉杯篇。故人厚望〔一〕非今日，天子殊知定少年。久矣棄書都不讀，赧顔近日擬甘泉。

俊邁高亮，故應與大樽同調。

校記：〔一〕『厚望』，龍眠風雅作『望汝』。

七星巖遇徐巢友分韻

織簾久已歎烟塵，因樹依巖拂葛巾。帶甲場中無日月，藏書穴内有星辰。猶存棘路青山骨，得傍桃源白社人。石壁定知來問者，故留秋水待垂綸。

贈承天劉阮仙且爲轉有所憶云

勿言鼓枻返三湘，安得秋風夜莫長。羌笛已催楊柳曲，江蘺堪補芰荷裳。我能楚語兼吴語，人憶劉郎即阮郎。兩岸家家門照水，不知何處問横塘？

控疏請代父罪

致身三世奉淵源，總是君恩敢道寃？年倍吉翂徒控疏，悲同虞顗獨揚幡。冀開羅網憐窮鳥，忍聽銀鐺泣夜猿。功罪不明疆事僨，勞臣萬死又何言。

三、四用事貼切。

告哀詩　七首之五

守陴神策亂紛營，樞密雍容禁請纓。東觀士猶朝試閣，北衙軍已夜開城。攀髯竟抱龍湖痛，嚙臂虛傳駱谷行。金紫貂蟬何處哭，小臣血伴鷊烏聲。

三、四當時實録。

宫中切齒恨朝班，納陛簪纓總厚顔。誰任虎闈當國事，幸留龍種在民間。陽瘖尚恐搜窮巷，潛竄何因出武關。可嘆戚臣倡議者，闔門一炬自投繯。

戚臣周、田二家，竟不能脱太子於難。

氣沖匹練北辰高，涇渭分流自武牢。特重乾元陪血食，誰爲老父嘆薰膏。天留正笏垂青史，人誦遺詩出紫袍。忍死孟威雙淚落，此心原在納靴刀。鼎鑊當前設地牢，呼名不應即封刀。明甘一死平生畢，恨讓諸公昨日高。鑿坎詎知胡地活，露鬉忽藉鄭商逃。金吾壁後人多少，脱得仃伶舊散曹。京口維揚斷泊船，官軍縱掠大江邊。逆流别覓蘆中渡，外邑傳封殿下箋。淮北督師謀入相，山東諸將亂争權。刀鋒行丐三千里，得伏高皇陵廟前。

春 興

行都近海霧重重，拜表雖多尚舉烽。幾見將軍依大樹，漫勞名士比長松。九州羽檄何曾達，五嶺丸泥可易封。想慕六朝征戰日，衣冠書札甚從容。

哭卧子

共指西湖靈隱松，揮毫刻石記相逢。文章自小誇司馬，名字當今比卧龍。一死泰山於汝畢，再生苗地爲人傭。悲歌奠酒沅江水，與淚東流到九峰。

從江上歸里作

新壘依田田半荒，懷歸正月履繁霜。暮行有虎村烟少，野宿無雞寒夜長。但有蓬蒿如昔日，却將桑梓作他鄉。城南敗榭多枯骨，愁對悲風説戰場。

仙回西溪梅花十里嚴伯玉引至不覺成吟

第一天心只愛寒，東風珍重寫來難。眼開便見千秋白，蕊破先傳五葉丹。黍谷吹成香道路，蘆笙解唱玉欄杆。真人面目誰能識？壁立巖前仔細看。

梧州冰舍待刃既放回拈示彭孔皙何叔鑑

圜城玉貌不言功，蹈海還齊久看空。避世仍憑三寸管，渡人常送半江風。孤蓬死後輪猶轉，兩路歸時夢自同。此去厨牀隨地設，不將經典語遼東。

起二語用魯仲連事。

同錢幼光李磊英入裴村口

扁舟一葉老來同，天地藏身託畫工。出世相逢黃葉裏，有人先住碧雲中。信知巖壑非凡骨，且拾參苓入藥籠。對面寫成歌擊節，何須雀躍問鴻濛。

企喻歌詞 明詩綜選 御選明詩録

出門無兄弟，結伴還須多。一看鐵裲襠，淚下將如何？

折楊柳歌 明詩綜選 御選明詩録

男兒辭父母，涕泣對妻子。女兒辭父母，涕泣心中喜。

來　羅

枯草被平原，西山落日照。草枯還更榮，人老不復少。

西平樂　明詩綜選　御選明詩録

往來輕薄子，與我相知新。贈我青銅鏡，欲得鏡中人。

碧玉歌　御選明詩録

塘上芙蓉花，今朝不如昨。涕泣爲君言，異日莫相薄。

石城曲　御選明詩録

誰駕六萌車，還摇七寶扇。車中有玉人，以扇自掩面。

爲當時之爲褚彦回者而發，温其之流勿咎寒士也。

湖南曲　御選明詩録

湖南日已晚，湖北風何涼。不見湖船過，但聞湖草香。

南州行　御選明詩録

江岸多垂柳〔一〕，春風春日長。美人浣衣處，無限雙鴛鴦。

校記：〔一〕『柳』，博依集作『楊』。

下客謡

人不識時務，進退良可惜。走出魏其門，謀爲武安客。

酒樓贈燕人 御選明詩録

燕客善彈箏，悲歌舊有名。近來離別易，不畏斷腸聲。

風雨夜泊

霜枯蘆荻少人行，愁入江濤木葉聲。況是北風荒岸雨，孤舟千里夜三更。

聽蘆笙〔一〕 明詩綜選 御選明詩録

誰伴愁人坐月明，苗中兒女舞蘆笙。自言頗似江南曲，不是秋笳出塞聲。

校記：〔一〕龍眠風雅『笙』後有『作』。

擬春宫曲 御選明詩録

闌干昨夜怨東風，上苑櫻桃雨後紅。鏡里不留春色在，隨花飛出未央宫。

跋清明上河圖 感舊集選

誰託西湖憶汲州，莫同山市蜃爲樓。珍藏自惜良工苦，何似楞嚴掌上收。

似金乾陽　感舊集選

接筍樓居挂碧蘿，擔柴汲水且行歌。忽然掣斷懸崖鎖，推倒頭彌又若何？

金，名堡國，變後爲僧。

一線天

踞破崑崙剩漏痕，初開鐵片夾斜門。雁峰太姥匡廬客，一線青天請共論。

每問

聖主精勤祀典隆，四郊徧禮幾年中。重修輦道鋪黄土，盡撤街心瓦子篷。

璥按：先生此題詩四十八首，其體似王仲初宫詞所詠，多當時儀制。如臨雍云：『彝倫堂上開黄幄，祭酒安然坐講筵。』郊祀云：『倣漢竹宫遥望拜，正陽竿上九燈籠。』冬至云：『復壁更衣通大道，陽生冬至造椒湯。』御門云：『方几戧金龍四足，宣爐戟耳起香烟。』雷鼓云：『重重紙布膠成革，人聽工官說尚疑。』御輦云：『三十二人肩大輦，板輿節鼓步隨聲。』朝靴云：『軟底烏靴朝上粉，御階行處不聞聲。』樂舞云：『舞成天下太平字，蜆斗頒圭白打錢。』賜座云：『宮宮不具成堂椅，有召臨時賜繡墩。』稱呼云：『道長掌科寅不說，詞林通號老先生。』拜謁云：『投帖長班無忌諱，當朝宰相亦呼名。』輿衛云：『三品肩輿開棍列，油幢張蓋出京城。』

燕市謡 三十首之二

内府窩絲琥珀糖，牢丸杏酪勝仙漿。温淘薄夜酡峰炙，惟讓春帘薏酒香。

日買沙窩水一車，朝朝石火煮黄芽。小爐白土無灰木，自把宜壺試岕茶。

西湖雜興 御選明詩録

露冷芙蓉色不紅，孤山無限老梧桐。當時油壁車前路，猶在西陵風雨中。

欸乃漁歌杜若洲，露寒燈火不知愁。朝朝盡醉餘杭酒，厭薄樓船歌舞遊。

秦淮漫興　御選明詩録

乘舟到處醉來多，淮水東西夜不波。猶是洛陽諸弟子，只今强半解吴歌。

偶　題

年年芳樹一番風，誰信桃源滿地紅。憶斷梅花看不見，從來春在有無中。

方其義十九首

方其義　字直之，號次公，孔炤子，崇禎間諸生，有次公詩集。錢田間集方次公墓表：『直之爲中丞孔炤之子、太史以智弟，重義氣，揮霍自喜，膂力過人，能挽强弓，騎生馬。中丞撫楚，輒在行間。嘗與諸將較射，一軍皆驚。又客黄靖南所，較射轅下，連發皆中，侯大奬異。天資警敏，爲詩文不假思索，即席數十首，援筆立就。』潘蜀藻曰：『直之性輕財好客，凡詩流畫史、羽衣劍客、彈棋格五之屬，皆樂與之遊。力能挽五百斤弓。嘗於開府校場與材官健兒相追逐，横槊賦詩，顧盼自喜。國變後，以悲憤卒。』吴偉業西陵雜詠序：『方子浪跡西湖，駕小艇，泛中流。一時文章、技藝之士皆從方子遊。方子眺忠臣墳墓，青草離離，猶憶僉壬衣冠，灰燼其地。方子酒酣長嘆，四座嗚絃擊石，交相和也。』陳默公詩慰序：『直之生五歲能辨四聲，屬對如流。稍長喜爲詩，英偉伉爽，性情真至，神似古人。國變後，嘗入斷事廟祈死。予往持之，然悲憤卒不能解，竟以蚤死。悲哉！密之爲詩不主何代何人，惟務絶其不雅者。直之幼慧不下其兄，惜乎年之不永也。』趙東岑輓方直之詩：『濁世佳公子，方生稱最賢。狂名勝楚越，俠氣動幽燕。臺已黄金冷，樓將白玉傳。三更山下月，思爾淚潺湲。』方中履曰：『叔父少負才名，慷慨有大志，兼善騎射，曉兵略。所爲詩歌，雄心浩氣，耿耿如見。乃三十早卒，不惟濟世之懷不獲伸，而著作遂終於此。悲夫！』

西變記略成感賦

甲申既可哀，乙酉更堪哭。人競擁戴功，白板争官禄。巨憝況謀用，一旦秉樞軸。只顧忌私讐，何心圖恢復。緹騎遍州郡，忠良滿訟獄。忽聞清君側，矯首〔一〕巡部曲。征兵拒上流，不復守河瀆。拱手送金甌，眼見惠懷辱。王衍且勸進，索綝望收録。此輩賣國家，恨不食其肉。陽九亦大運，傾覆何太速。飲泣筆此卷，腸斷不能讀。是非久論定，留以待史局。

西變記略其書當有與諸稗史詳略互異者，惜未有鋟本，無從傳鈔，莫得梗概也。

校記：〔一〕『首』，龍眠風雅作『旨』。

黨禍

明詩綜選

北都既陷賊，南都新立帝。宵人忽柄用，朝野皆短氣。魑魅登廟廷，欲盡殺善類。忤者立虀粉，媚者動高位。麒麟逢鉏商，豺虎遂得勢。手翻欽定案，半壁肆羅織。蕭遘反被誣，趙鼎亦受詈。直以門户故，忠邪竟倒置。可憐士君子，狼狽竄無地。我家爲世仇，甘心何足異。寃死不必悲，所悲在國事。先帝兒難保，我輩合當斃。仰首視白日，吞聲一灑淚！

出門行

離家千餘里，歸路何偃蹇。憶昔出門時，不謂行當遠。征塵蔽白日，歲月易云晚。羸馬與敝車，齷齪不顧返。霜霰忽以至，魂夢徒繾綣。昨聞故人歸，置酒東門坂。寄信家中人，客子猶善飯。

夜泊赤壁秉燭遊之　明詩綜選

秋雲黯淡愁荒野，孤舟夜泊赤壁下。江月不出行人稀，四面棲烏啼啞啞。欲眠不眠重秉燭，曳杖披衣駭童僕。臨江把酒酬〔一〕坡公，獨飲一杯歌一曲。曲終仰首天蒼涼，清風颯颯吹衣裳。武昌夏口在何處？白波萬頃空茫茫。此時星河亦錯落，葦岸秋蟲〔二〕鳴絡索。登舟四顧夜無聊，酒醒不見横江鶴。

氣格亦近坡公。

校記：〔一〕「酬」，龍眠風雅作「酹」。〔二〕「蟲」，龍眠風雅作「蛩」。

柬孫克咸　二首之一

興公〔一〕湖海士，抱膝到如今。入世逢三甲，行師驗〔二〕六壬。擬騷悲楚調，逸興託胡琴。莫負聞雞約，神州忍陸沉。

管輅別傳「腹無三甲」，王安石詩「主張禄命無三甲」。

校記：〔一〕「興公」，龍眠風雅作「仲謀」。〔二〕「驗」，龍眠風雅作「卜」。

宋子建記黄石齋先生召對册書後〔一〕

廷對聞當日，風生御座前。廟謨攄激烈，天語答纏綿。揲策原三易，量沙説九邊。千秋遺正氣，長與汗青傳。

校記：〔一〕龍眠風雅詩題前有「書」字。

客雲間聞楚警送杜于皇歸白門同宋轅文徐惠朗分得安字

伏劍同湖海，霜風九日寒。赤眉乘勝易，黄耳寄書難。西渚思雲夢，東牆老建安。到家秋欲盡，落葉滿江〔一〕干。

校記：〔一〕「江」，龍眠風雅作「長」。

野宿

芳草暗萋萋，鄉心逐馬蹄。亂雲時聚散，流水漫東西。歲月銷烽火，江山入鼓鼙。壯懷看漸老，惆悵此聞雞。

和李舒章燕臺懷古　二首之一

薊門秋色冷邊關，猶憶龍旗漠北還。飲馬直教臨瀚海，射雕誰敢過陰山。陣前逋寇新王子，口外降兵舊朵顔。側席只今勞聖主，諸臣何以策時艱？

聞劉念臺掌憲金天樞僉憲同日蒙譴

危冠伉直遂廷争，梁上先驚懸鼓聲。獨坐轉慚辛慶忌，同官還累竇營平。人言太尉門牆峻，帝識萊蕪釜甑清。臺閣一時誰表率？飄然南策蹇驢情。

送張敘五北上

辭家何事蹈風烟，西望長安路幾千。半壁殘燈鄉夢冷，一鞭斜日客心懸。書生挾策容誰獻，相國求才想自憐。好向秦淮橋上望，名成十月蚤南還。

贈吴駿公少司成

久傳高閣盛平津，容與微風動暮塵。方集南皮天下事，肯辭北海坐間賓。蓬門幸辱檀車跡，槐市還吹黍谷春。虚語拮据〔一〕何所用，如今經世重名臣。

校記：〔一〕『拮据』兩字底本缺，據龍眠風雅補。

和侍御孩未伯贈范質公諫謫歸里　四首之一

秋風颯颯動平林，破帽青衫淚不禁。路隔九閽宵漏杳，夢回雙闕暮雲沉。群公虚作賢臣頌，故老猶悲梁父吟。他日琉璃重卜相，抗章應憶歲寒心。

哀秋浦

萬羅劍客射金鎞，歎惜延陵未識時。報國幸猶存草澤，捐軀詩輯作『橫屍』真不愧鬚眉。旄頭照夜誰能指，箕尾横天獨許騎。酹酒勸君强厲散〔一〕，黄塵青草任迷離。

此吊吴次尾也。

校記：〔一〕『散』，龍眠風雅作『鬼』。

懷范小范

堂前白髮近何如？菽麥離離好荷鋤。貧賤只求能〔一〕避世，澄清莫漫説登車。已拚歲月供魚艇，豈料江關遍羽書？風冷漳湖飛雁少，思君夢裏寄雙魚。

校記：〔一〕『求能』，龍眠風雅作『堪求』。

明月謡

常見如鉤曲，何曾似鏡明。一年十二度，能得幾宵明〔一〕？

校記：〔一〕『明』，龍眠風雅作『晴』。

答默公午夢詩

一曲驪歌拍未終，故人識我在牆東。晝眠聽得階前履，無數梅花落晚風。

風雨歌

江皋露濕漁歌苦，两岸荒雞聞擊鼓。何處征人數斷腸？一聲新雁三更雨。

瓊花觀

露冷香銷莫用嗟，羞從人世戀繁華。無情豈學長堤柳，送却楊家又李家。

附摘句，金山寺云：『寺鐘寒渡水，江日畫生陰。』旅中苦雨云：『呼童燒短燭，簡歷卜新晴。』钱仲馭盧居云：『小院雨深三徑草，高樓春閉一簾花。』悲敬亭句：『明知鍊石天難補，妄擬揮戈日可回。』

方授十五首

方授 字子留，崇禎末諸生，早卒，有浙遊、秦川等草。錢田間集方子留墓表：『子留祖太僕卿大美，父瞿庵，家世豪貴。不諳物情，爲鄉里所怨。甲戌民變，聚衆毁其家，子留因遷居江寧。嘗讀子美諸將詩，感慨時事，因和之，悲憤激惋，爲雲間夏瑗公所賞。甲申京師陷，子留號慟絶粒，爲母孺人所持，自是祝髮，扁舟東下，望見鍾山孝陵，痛哭失聲，所至賦詩悽愴，聞者泣下。』王阮亭居易録：『子留，明末諸生，工詩。甲申之後焚棄筆硯。其父强之試不可，逃之四明山中，結茅采橡，間爲吟詠，流傳人間，時謂「真隱」。』潘蜀藻曰：『子留性沉静力學，孝友祥順，國變後漂泊江湖，流離困鬱以卒，年纔二十有七。』方還青哭弟子留詩：『蛻骨驚聞返道山，僧衣猶染淚痕班。難將此世留卿住，空説慈親望爾還。寶劍有聲沉碧海，風花舞影化朱顔。文星自合歸天上，所恨池塘宿草删。』

詠史　五首之二

劍學殺荆卿，筑聲死漸離。如何博浪沙，又虛子房椎？嗚呼嬴秦天，一醉六國危。詩書燒欲盡，火發咸陽遲。坑卒已〔一〕不仁，何如坑儒時？我讀秦漢書，太息千里騅。

坑卒坑儒，兩皆秦事，此秦之所以爲暴也。

王霸有佳兒，黄髮兼歷齒。一見功曹來〔二〕，自慚未知禮。父子本恩深，霸因〔三〕卧不起。奈何高節士，見不及女子。既耕亦已種，焉得不如此。寄語山中人，無與貴家比。

校記：〔一〕『已』，龍眠風雅作『亦』。〔二〕此句龍眠風雅作『一見群功曹』。〔三〕『因』，龍眠風雅作『久』。

牽兒衣

牽兒衣，執兒手，賣兒天涯牛馬走。不及黄泉得見否，囑兒悲啼勿在口。有兒可易米一斗，即此已報汝父母。只恐食盡米一斗，無兒可賣又賣婦〔一〕。

其言慘愴，不堪卒讀。凶年饑歲，此景逼真。固不覺寫來，沈摯如此。

校記：〔一〕此二句龍眠風雅作『只恐新穀未升斗，米完無兒又賣婦』。

往慈溪示秦汝翼朱君爽

冉冉山根竹，悠悠水面萍。同心猶夙昔，他縣任飄零。租舫湖西借，肩輿渡北停。病深慚累友，分外眼雙青。

折楊柳

密密河橋樹，青枝一半無。大都朝繫馬，只是夜啼烏。眉葉〔一〕辭征婦，鞭〔二〕條別故夫。歸來聞鐵笛，不忍別須臾。

校記：〔一〕『眉葉』，龍眠風雅作『細柳』。〔二〕『鞭』，龍眠風雅作『長』。

野外

野外無拘束，青鞋東復西。山行憑一杖，草宿慣雙溪。滑想流匙飯，甘餘入饌雞。何時與兒子，隨意得幽棲。

家君鄉行雜詠〔一〕 二首之一

會聖巖前〔二〕寨，三春此避兵。經臺晨作市，佛鼓夜巡城。力慣良弓用，恩隨曲突輕。解紛思往事，誰識魯先生。

校記：〔一〕龍眠風雅詩題前有『有懷』二字。〔二〕『前』，龍眠風雅作『鄰』。

蘧園秋思

蒹葭秋色起江湖，片月高天照客孤。卧病深山尋遠志，懷人千里寄文無。典裘正值初逢雁，聞杵那堪更憶鱸。故國白雲消息斷，木犀香老落花鋪。

三、四與于鱗懷子相詩句法正同，然各有意致，不嫌蹈襲。

贈蕭尺木居士 三首之一

眼枯未忍望鍾陵，早見鍾山梅下僧。四海有情空入〔一〕畫，千秋何事欲傳燈？敢當倒屣憐貧病，聊與科頭數廢興。我夢不離靈谷樹，欲隨君住白雲層。

校記：〔一〕『入』，龍眠風雅作『見』。

中秋旅懷

櫻桃正熟良人出，何事風來桂子香。懷得明珠秋月盡，夢餘孤劍夜天涼。唯將寄履同行止，不用〔一〕持鎌較短長。此日燈前休悵望，重陽屈指尚他鄉。

校記：〔一〕『不用』，龍眠風雅作『斷不』。

偶成

露葵風竹閉門深，萬葉飛飛散夕陰。月護汀洲沙雁宿，天連湖水夜龍吟。孤臣七日亭前淚，高士三年海上心。談罷廣陵燈火静，故人寥落孰〔一〕知音？

校記：〔一〕『孰』，龍眠風雅作『不』。

即事

漳海風清詔語〔一〕聞，誰教輕入虎狼群。後師表繼前師表，生祭文催死祭文。絶食已傳過八日，剖心容易謝三軍。鍾陵南向青青草，欲卜山爲丞相墳。

校記：〔一〕『詔語』，龍眠風雅作『恩詔』。

懷小戴青山

秦世淮河六代基，何曾文酒故人離。湖山得句余同賞，天地論才爾獨奇。五夜雞聞雙草榻，两家犬吠一荆〔一〕籬。至今風雨三山夢，猶似西窗剪燭時。

校記：〔一〕『荆』，龍眠風雅作『茅』。

喜得戴大書

分手秦淮四月間，三年風雨別離顔。夢魂不去南朝寺，書札初通東海關。我尚未能知死所，君從何處得生還。開函總是長相憶，珍重龍眠大小山。

柬〔一〕李士雅

開見君書淚與俱，啾啾鬼哭説漳湖。難填東海惟精衛，不背南雲是鷓鴣。往事豈堪談百粤，新詩又已[二]遍三吴。二毛容易人憔悴，莫以傷情望眼枯。

字字血淚。

校記：〔一〕龍眠風雅作『柬』下有『答』字。〔二〕『又已』，龍眠風雅作『且又』。

方亨咸九首

方亨咸 字吉偶，號邵村，拱乾子，順治丁亥進士，官御史，有塞外樂府、邵村詩集。潘蜀藻曰：『邵村爲宫詹坦庵公之子，由進士授獲鹿知縣，擢刑部主事，遷御史。官刑曹時，恤刑湖廣、廣西，所平反七十三事，全活千餘人。少負文學，與姚公文然齊名，工書畫，學士王公熙甚重之。』郡志：『工各體畫兼山水花鳥，所在丐請盈門，著使草班馬筆記、邵窩詩詞。』張文端存誠堂集送方邵村還金陵詩：『海天高翥羨冥鴻，建業移家隱桂叢。此日桑乾重策馬，當年京洛舊乘驄。丹顔嘯傲諸卿上，墨瀋淋漓五夜中。自是清才兼衆妙，一時傾倒識宗工。閒情藻思滿滄洲，常向旗亭物外遊。燕市黄花争迓客，津門紫蟹正迎秋。高談盡喜陳驚座，佳句群推趙倚樓。木落霜飛偏惜别，石城南望大江流。』又篤素堂集祭方邵村文：『先生生長華胄，玉蕊瓊枝，騷壇之賦鸚鵡，柱下之冠鵕鸃，驚才絶慧，超陵等夷，曾未展其萬一，遭世途之嶮巇，落拓於江湖南北，酒栖詩卷，恒憑吊[一]而睥睨。』昭代名人尺牘小傳：『邵村爲少詹拱乾子，工詩文善書，精於小楷，兼長山水，與程青溪、顧見山並稱。」

校記：〔一〕『恒憑吊』，篤素堂文集作『挾天地』。

獻歲四日同諸弟侍老母飲見新月

介壽酌春酒，盤茉〔一〕細生香。舉頭見新月，烟景靄敷芳。扶母下階拜，條風吹我裳。庭樹含初芑〔二〕，文禽欻鳴翔。覽物感代謝，節序亦何常。緬彼中天月，今昔無殊光。人情欣所新，纖痕重青陽。願此韶華景，歲歲駐北堂。

藹然見孝悌之性，非徒詞致温雅。

校記：〔一〕『茉』，龍眠風雅作『菜』。〔二〕『初芑』，龍眠風雅作『始芑』。

瓶花

朝暾漱井華，引汲事霑灑。小童自外來，山花燦盈把。移供几硯間，貯水銅瓶瀉。桃楂〔一〕與桂菊，芬芳並舒寫。更有海石榴，灼灼豔丹赭。四時聚一叢，疑爲剪綵假。嶺海氣候殊，季冬如初夏。昨夜薦臘餘，螻蟈鳴中野。常怪嶺南山，崛强不相下。故多佗嘉〔二〕輩，椎髻耀戎馬。如何草木姿，亦競爲躍冶。節序復驕蹇，正朔失其雅。毋乃羲和倦，別有推遷者。

『躍冶』見莊子。

校記：〔一〕『楂』，龍眠風雅作『李』。〔二〕『佗嘉』，龍眠風雅作『尉陀』。

銅雀臺

望陵曾幾日，遺令遂千秋。過隙空王霸，欺人到女流。綺羅寧見影〔一〕，松栢〔二〕不埋愁。臺畔〔三〕清漳水，湯湯無盡頭。

小謝詩後復得此清俊之作，足以跨躒餘子。

校記：〔一〕『寧見影』，龍眠風雅作『難見面』。〔二〕『栢』，龍眠風雅作『櫝』。〔三〕『臺畔』，龍眠風雅作『淚落』。

江行雜詩

烟樹接荆蠻，蒼茫不盡山。碧通鈷鉧水，青出穆陵關。衰草平湖闊，殘陽對客閒。危檣憑倚眺，盡日當躋攀。

早春憶兩尊人

花時憶昨歲，退省集庭除。下食六衣色，焚香雙佛書。棗梨喧衆稚，屺岵遠愁予。倘見朝正使，乘閒示起居。

泛愚溪

鴻叟招泛愚溪，適江漲初落，山花如洗，溯溪而東，至鈷鉧潭鐫石，緣蘿薜而上，謁柳侯祠。祠荒久未葺，莽草豐碑，昌黎荔子迎神曲東坡書石獨存，文半剝落矣。日斜飲大定庵，佛鼓杅燈，醒人耳目，縱飲狂歌，不覺興遠。

片石黝如鐵，鏤文燦若星。崩烟争水面，切玉讓雲屏。潭影浮花暗，波紋帶雨腥。艤舟緣壁上，披草拜荒亭。

桂州雜詩

山擁天河近，星垂月暈低。嚴城三度角，茅屋一聲雞。遠使酣風雨，殘疆飽鼓鼙。客程催秣馬，幾日穆陵西。

白鶴峰懷古

惠州東坡故居。

神武已由宏景遯，羅浮難共稚川遊。五更好夢沉江月，三適臨風傲故侯。葦撥苗香堪送老，木棉花落不禁秋。舟行泛泛同萍梗，特爲先生十日留。

錢左車招同飲光然石登汴故宫後山 山有艮嶽遺石，皆徽宗年號。

廢苑憑高攬大荒，石摧瓦落見宫牆。行人指點長生字，往事淒涼花石綱。燕掠綠蕪迷舊堞，馬嘶青草立斜陽。酒酣莫下前朝淚，自古滄桑未可量。

方膏茂一首

方膏茂 字敦四，順治戊子舉人，有餘齋集。名人尺牘小傳：『拱乾子，亨咸弟，工書。』

歸家 別裁集選

此身拌永棄，那意得生還。征騎才門外，喧聲已户間。心含他日淚，眼認去時顔。囓臂知非夢，今朝真入關。

沈歸愚曰：『「喧聲已户間」，即「鄰人滿牆頭」意，善於脱化。』

方育盛二首

方育盛 字與三，順治甲午舉人，有晉楚游草、栲舟、天目等集。

吴晞齋招同李劬庵飲城西書屋

雞黍不折簡，邀我坐草堂。同心兩三人，樸邀吐衷〔一〕腸。世運有治亂，人生有彭殤。但得目前聚，毋勞往事傷。別君君正壯，我鬢黑且長。今日面難識，咨嗟各老蒼。惟言別後喜，連舉兩兒郎。兒皆二十餘，生孫復成行。下食還侍坐，斑斕振琳琅。即此娱遲暮，耕讀守家鄉。慚我日飄泊，歲歷天一方。持杯顧李侯，心跡偕荒涼。且盡酒百斛，更歌詩一章。結交有〔二〕終始，甯悲參與商。起行視階除，新晴明月光。

校記：〔一〕『吐衷』，龍眠風雅作『露肝』。〔二〕『有』，龍眠風雅作『自』。

洗象行

長安初伏看洗象，朝常沿習成游賞。欲洗未洗狀如何，先到象房後河上。一象一房一象奴，象奴呼象象亦呼。誘以芻菽獻群伎，能爲獸吼〔一〕爲啼烏。須臾轡勒加條索，韜鈴在手還連絡。二十五象齊出門，威如猛虎静如鶴。旌旗簫鼓迎向東，東城〔二〕城河深且洪。有似飛濤來樹上，倏看倒影入波中。一象負人初破水，衆象相隨皆馴耳。四五爲群浴不嘩，翩翩次第聽指使。蜿蜒翻騰欲簕〔四〕雲，游魚拍岸細生文。舟回瀚海車方軌，龍挂天門馬逸群。飛珠濆沫疑春雨，道旁顛倒諠牆堵。以鼻代口爲鼓鐘，以蹄上耳爲歌舞。象奴偕〔五〕象産自山，出水入水性能〔六〕嫺。吴兒探浪桃花洞，鷗鷺搏〔七〕沙柳絮灣。一浴再浴浴罷起，象奴騎象歸城裏。衆象逡巡不欲歸，似戀清波情未已。吁嗟乎！此象之來〔八〕萬里遥，或貢〔九〕百粤或三苗。已抛鐵甲依仙仗，率舞虞階聽大韶〔十〕。

校記：〔一〕『獸吼』，龍眠風雅作『吼獸』。〔二〕『東城』，龍眠風雅作『城東』。〔三〕『有似』，龍眠風雅作『似有』。〔四〕『簕』，龍眠風雅作『駕』。〔五〕『偕』，龍眠風雅作『同』。〔六〕『能』，龍眠風雅作『胡』。〔七〕『搏』，龍眠風雅作『團』。〔八〕『來』下龍眠風雅有『千里』二字。〔九〕『貢』，龍眠風雅作『從』。〔十〕『率舞』

句下尚有『只今滇南正在鋒鏑衝，昨日露布披皇宫。旦夕不知更有幾象來，來與此象争寒泉而長風。吁嗟乎！衆象紛紛何足計？凌冬歷暑隨年歲。中有一象老而慧，巨牙不落尾還鋭。争言豢牧自明朝，曾侍神宋顯皇帝。』

方戡一首

方戡 字周臣，象乾子，順治丁酉举人，早卒。

春日游謝公墩

閒〔一〕春特向古林中，學士風流憶謝公。屐齒猶餘今日快，燕泥不減舊時風。樓前〔二〕新樹含朝翠，山下晴雲快〔三〕晚紅。最恨六朝人盡改，令人徒吊石城東。

校記：〔一〕『閒』，龍眠風雅作『問』。〔二〕『前』，龍眠風雅作『頭』。〔三〕『快』，龍眠風雅作『映』。

方幟三首

方幟 字漢樹，號馬溪，庠貢生，官蕪湖訓導，有□□□集。望溪集大父馬溪府君墓志：『苞及冠後，從錢飲光、杜于皇、蒼略諸先輩遊。始知大父文學爲同時江介諸公所重。大父官蕪湖，兄舟實從，凡七年，每語苞曰：「大父之仁也，曾王父未葬，一飯不忘，春秋時享及令節良辰，未嘗不嘘唏終日。」大父年十一入安慶府學，以歲貢生爲蕪湖縣學訓導，遷興化縣學教諭，告歸。』

秦淮新水次杜于皇〔一〕韻

積雨添新碧，波痕兩岸寬。柳絲連影溼，花片逐香〔二〕殘。未及招燈舫，先堪試釣竿。望中烟黛遠，乘〔三〕興一憑欄。

校記：〔一〕『杜于皇』，龍眠風雅作『于皇』。〔二〕『香』，龍眠風雅作『春』。〔三〕『乘』，龍眠風雅作『高』。

三月十九日偶作

吾家高尚龠山老，此日年年一作詩。憔悴首陽愁夕靄〔一〕，蕭條寒食感春颸〔二〕。嵩呼薊野猶□□，弓墮煤山孰愁遺〔三〕。獨爇瓣香更野服，不堪啼血杜鵑〔四〕枝。

校記：〔一〕『憔悴』，龍眠風雅作『歌斷』；『靄』作『霧』。〔二〕此句龍眠風雅作『節同寒食感春時』。〔三〕此二句龍眠風雅作『嵩呼昨夜隨來衆，弓墜煤山記得誰？』〔四〕『杜鵑』，龍眠風雅作『過青』。

秦淮竹枝詞〔一〕

珍珠橋北〔二〕竹橋東，曲曲青谿樹影中。一自沿淮添壁壘，城南簫鼓未曾通。

校記：〔一〕『詞』下龍眠風雅有『取其幽勝不經人意要以感舊云』。〔二〕『北』，龍眠風雅作『過』。

方兆及十七首

方兆及　字子詒，號蛟峰，順治甲午舉人，官山東備兵僉事，有述本堂集。潘木厓曰：『子詒與弟兆弼齊名，所爲詩音節圓美，神采駿發。』沈德潛別裁集評：『先生著有天文官制諸書，皆就散佚，今僅録詩數首。』

折楊柳

楊柳春遲未〔一〕著花，相思相望渺天涯〔二〕。樓前慣拂紅襟燕，陌上長嘶白鼻騧〔三〕。曉色濃應分漢苑〔四〕，邊風吹不到胡笳。長條欲寄憑誰寄？腸斷錢塘蘇小家〔五〕。

校記：〔一〕『未』，龍眠風雅作『即』。〔二〕此句龍眠風雅作『相思人折寄天涯』。〔三〕此二句，龍眠風雅作『青樓慣繫長安馬，紫陌還巢上苑鴉』。〔四〕此句龍眠風雅作『宮雨移來生漢笛』。〔五〕末二句龍眠風雅作『長條打盡雙環結，多少情牽子夜家』。

懷余振千子采

莽莽平原木葉凋，蒼蒼洲渚落寒潮。同時幻跡都無定，故國離魂那可招〔一〕。詞賦莫教寒馬豎〔二〕，兵戈難説老漁樵。弟兄若廢〔三〕尋梅興，待我歸來訪灞橋。

校記：〔一〕此兩句龍眠風雅作『渡江踪迹都無定，隔岸家山不可招』。〔二〕『豎』，龍眠風雅作『笠』。〔三〕『廢』，龍眠風雅作『發』。

感懷

有客無衣翦芰荷，獨吟澤畔歎蹉跎〔一〕。芝蘭故〔二〕自依安石，薏苡其如謗伏波。江渚釣竿投錦〔三〕鯉，漢廷執戟立銅駝。朔方天半悲風起，試聽燕人易水歌。

校記：〔一〕「獨」，龍眠風雅作「行」；「歎」作「任」。〔二〕「故」，龍眠風雅作「本」。〔三〕「錦」，龍眠風雅作「玉」。

懷吴南蒼

昇元高閣散天香南蒼有昇元閣詩，協律名家起漢皇。公讌粲楨都閣筆，别離蘇李上河梁。七哀遭亂憂陵寢，九辯招魂下楚湘。君住六朝無累句，建安風氣接初唐。

仲宣、公幹俱有讌詩，「閣筆」，謂不及陳思也。

洛陽道

伊闕巍巍俯洛陽，天津橋畔百花香。春烟金馬門前〔一〕柳，朝日銅駝陌上桑。伊〔二〕水波光揺御苑，嵩高仙氣落明堂。由來歌舞東都勝，不遣淒涼到北邙。

校記：〔一〕『前』，龍眠風雅作『重』。〔二〕『伊』，龍眠風雅作『汴』。

劉　生　別裁集選

劉生可是高皇裔，任俠由來重漢京。六郡良家甘後起，五陵驚座屬先生。雕龍雄辨金張館，獵騎横穿衛霍營。死難報恩如飲食，一言投合此身輕〔一〕。

沈歸愚曰：『劉生未詳何代人，辭始於梁元帝，是六朝時樂府也。後人相沿詠之，篇中狀其任俠縱横，已爲曲盡。』結末從別裁本。

校記：〔一〕末二句龍眠風雅作『郭解諸公殊不學，紛紛留得殺人名』。

盧家少婦

阿閣重重鎖莫愁，碧紗窗護不經秋。硨磲杯酒消吴怨，玳瑁粱塵繞洛謳。九月北征思鼓角，三星東度抱衾裯。桃花結子春何早，十六生兒似阿侯。

綺思亮節，似韋浣花。

紀事詩十首

天開都會俯瀟湘，賊駕西風入武昌。地接嘉魚誰把釣，樓燒黄鶴不飛翔。江楓託夢愁神女，宫草迷魂怨楚王。十六年來江北苦，今秋吹作鄂州霜。

此詠獻賊躪荆、襄。

照地妖星晝不收[一]，河南食盡到荆州。千群飲馬江陵水，萬竈炊烟[二]漢口秋。叔子臨軍休緩帶，仲宣還鄴不登樓。鹿門山與隆中近，莫犯龎公及武侯。

此紀闖賊殘楚。五句斥撫之非計，闖、獻豈陸抗之比。

校記：〔一〕此句龍眠風雅作「四路妖星闖並收」。〔二〕「炊烟」，龍眠風雅作「屯田」。

洛陽宫闕半塵灰，水激伊瀍白日哀。天子不令鄉貢廢，諸公還拜聖恩來。大河錦纜牽紅樹，少室銀樓照紫苔。從此官軍多氣象，招摇旗幟傍三臺。

此紀闖賊破洛陽。

上將文昌第一班，咸陽拒賊閉函關。天河渭水連兵甲，秋月驪山抱劍環。北斗何曾離華嶽，南風誰敢奏荆蠻？王師近有孫都護，早唱鐃歌慰聖顔。

此紀關中禦賊。七語是白谷未敗時。

朝聞相國引天兵，暮詔中丞出帝京。豫楚陳〔一〕軍看秉鉞，江淮開府説〔二〕連營。雲移車馬彤弓仗，霜度關山畫角聲。郡邑於今供粟米，愁人收淚望昇平。

此當指李建泰，前此則周延儒。

校記：〔一〕「陳」，龍眠風雅作「將」。〔二〕「説」，龍眠風雅作「聽」。

幕府清秋擁畫戈，史公今代一蕭何。千年玉管書斑竹，萬丈牙檣貢瑞禾。泗上鑾輿蟠虎豹，淮流金鼓起黿鼉。近來鐵騎紛紛起，氣盡揚州不渡河。

此紀史忠正撫鳳陽禦賊。

龍飛世廟起承天，聖祖園陵日月懸。鳧雁不將金寶鑄，熊羆長守玉衣眠。雲霞松徑開黄道，沱沔荆門赴碧泉。何物妖狐山下走，軒轅魂魄已成仙。

此紀賊犯興國園陵。

塗山陵墓拱青霄，上有菁葱玉樹條。楓陛北摇秋夜影，桐枝西射斗星杓。九天絲竹仙人近，五嶽樓臺帝子朝。借問將軍誰戍守？黄劉今日是嫖姚。

此紀鳳陽陵寢。

潯陽江上夜吹笳，左帥淹留八月槎。賊渡湘流窺赤壁，兵過彭澤怨〔一〕黄花。二孤鼇背衝金掌，九派龍宫擁〔二〕翠牙。倘得太真來督護〔三〕，風波安穩接三巴。

此紀左兵駐九江。『安得温太真激厲』，左帥以清君側之師爲勤王之舉也。數首氣格蒼渾，聲情激越，上希杜陵，下揖義山，與元裕之岐陽、衛州、東狩等篇可以頡頏。

校記：〔一〕『怨』，龍眠風雅作『凝』。〔二〕『擁』，龍眠風雅作『建』。〔三〕此句龍眠風雅作『若得温嶠來督護』。按：紀事詩十首録九首，最後一首爲『開府監軍並仗旄，皇恩原有敕書褒。龍山亭障飛霜葉，雁汊樓船湧雪濤。觱栗曉寒方漸起，弓弦秋勁不曾弢。可憐江北無全郡，惟有孤城天柱高』。

銅雀妓　别裁集選

漢室〔一〕金甌非改步，曹公銅雀已成〔二〕臺。名姝俱匹英雄去，豔質惟邀妓女來。瑶席冷餘無霸氣，繐帷空後有微哀〔三〕。却憐遺塚紛如垤，欲望西陵心早灰〔四〕。

校記：〔一〕『室』，龍眠風雅作『主』。〔二〕『成』，龍眠風雅作『名』。〔三〕此二句龍眠風雅作『英雄巧入西陵葬，安樂高飛鄴下哀』。〔四〕後四句龍眠風雅作『河漢濕侵歌扇冷，天風吹送舞衣來。可憐繐帳諸妖妓，分得餘香化作灰』。

方兆弼十二首

方兆弼 字子克，號象山，順治間貢生。郡志：『弼性豪邁，少學擊劍，躍馬彎弓，好與奇士俠客遊，所爲詩波譎雲詭，雄冠一時。』

馬湘蘭故宅 二首之一

堤柳何青青，溪水何盈盈。水流夕愈淡，柳落春還生。人今向何處？妝閣雲烟横。不見有歡笑，但聞啼鳥聲。過客想繁華〔一〕，中心凄以〔二〕清。

校記：〔一〕『想繁華』，龍眠風雅作『長戀戀』。〔二〕『以』，龍眠風雅作『且』。句後尚有『其人昔居此，轉見多幽情』。

捉月亭　三首之一

供奉有令子，名仿〔一〕姬伯禽。伯禽早不禄，男女傳三人。男遊向遠方，蹤跡遂沉淪。惟遺两孤女，所適皆傷貧。陳雲與劉勸，俱爲編户民。賢哉两未亡，氣節雙森森。矢志從一終，堅持松栢心。偶遇范觀察，泣言何酸辛。爲祖卜新宅，改兆青山陰。廬墓終餘年，孝思空古今。克紹乃祖志，不辱先朝臣。誰謂李夫子，無後身長泯？

檃括范碑，遺事俱備。

校記：〔一〕『仿』，龍眠風雅作『昉』。

懷伯兄蛟峰濟上

夜静立空階，江雲凍月色。我心有所思，所思在濟北。骨肉勞夢魂，相憐復相憶。尺書且艱難，會面安可得？宦程〔一〕如江濤，茫茫不可測。急流合挂冠，五斗難久食。本無軒冕志〔二〕，却受簪纓惑。十載守清貧，努力報王國。充庖薪水廉，獻壽瓊瑤嗇。只恐當路人，不信吾道直。

校記：〔一〕「程」，龍眠風雅作「路」。〔二〕「志」，龍眠風雅作「心」。

招〔一〕蜀藻

吞聲只合閉〔二〕幽棲，豈有桃花路竟迷？門外經時〔三〕無犬吠，城頭昨夜尚烏啼。兒童自我安榆屑，車馬期君踐藥畦。各具性真誰共識〔四〕，恨於五夜〔五〕更聞雞。

校記：〔一〕「招」下龍眠風雅有「隱」字。〔二〕「閉」，龍眠風雅作「閒」。〔三〕「經時」，龍眠風雅作「比來」。〔四〕「真誰共識」，龍眠風雅作「情人不識」。〔五〕「五夜」，龍眠風雅作「舞後」。

題從父龕山先生草堂

堂背青溪一徑開，柴門中有小樓臺。閒將野竹參差種，春買梅花次第栽。繞路水光經雨漲，隔城山色帶雲來。每逢看月兼看雪，多少詩人泥〔一〕酒杯。

校記：〔一〕「泥」，龍眠風雅作「索」。

擬自君之出矣

自君之出矣，梅花已再開。昔折贈君去，今折待君回。

此體中別開生面。

桃葉歌〔一〕　四首之一

桃葉令人愛，桃根令人憐。愛憐無兩心，根葉情纏綿。

校記：〔一〕龍眠風雅詩題爲擬王獻之桃葉歌。

過彭澤　二首之一

靖節風流久寂寥，孤城猶聽九江潮。只今五柳依然緑，折盡人間處士腰。

期王太史不至

蘭陵相訂菊花籬，秋老人歸未有期。陽羨再經茶紫日，洞庭又是橘黄時。

姑蘇竹枝詞　八首之一

翡翠樓懸七寶帷，鬱金香透紫霞巵。洞庭盧橘甘如蜜〔一〕，休説閩中有〔二〕荔枝。

校記：〔一〕此句龍眠風雅作『洞庭黄橘甘無敵』。〔二〕『閩中有』，龍眠風雅作『南閩生』。

聞東之途中遇掠〔一〕

掠盡鄰舟估客錢，長年三老亦蕭然。何人坐嘯胡牀上，不識平原内史船。

校記：〔一〕龍眠風雅詩題作東之再遊東淅聞途中遇掠無恙寄慰。

舊院

石頭城上夜烏啼，啼入青溪似鷓鴣。繞樹已非桃葉渡，過橋又是莫愁湖。

方撝謙一首

方撝謙 字君則，號四顔，崇禎間貢生。

贈俞喜臣

麟閣勳名指顧間，不禁鵑血滿燕山。昆吾有恨難言報，弓劍相依未忍還。幾樹冬青堪漬酒，誰家藏碧以成斑。南枝莫向揚州路，且護西陵月一灣。

方尊堯二首

方尊堯 字伯勳，崇禎時諸生，有覶園集。潘蜀藻曰：『覶園深於詩，所著有杜詩集注、明詩選。』

答〔一〕六公禊日見懷之作因訂同歸種鱗

飄零一劍未依劉，望氣空傳帝子洲。解禊臨流懷僕射，談兵坐雨夢蚩尤。搜奇有管還窺豹，叩角無書可挂牛。珍重明珠歸合浦，心期莫易向人投。

校記：〔一〕龍眠風雅『答』前有『步韻』二字。

病中懷萬淇園

茂陵風雨苦綿綿，輾轉依人夜未眠。白榻仍懸松閣下，青囊不挂草堂前。抄方恪〔一〕與長生訣，祛病愁賒貰〔二〕藥錢。乞飲桑君承露水，駐顏何處覓神仙。

校記：〔一〕『恪』，龍眠風雅作『吝』。〔二〕『貰』，龍眠風雅作『買』。

方轂一首

方轂　字子桓，崇禎間邑諸生。

白帝子歌

四維茫茫渺難極，載方舟兮沿水入。神女璇宮當夜織，倚瑟鳴絃聲清歷。知音娱樂恣歡翕，遊放滄湄何所息。

無起無落，獨往獨來。

方仲舒二十五首

方仲舒　字南董，號逸巢。康熙間國子監生，有逸巢焚餘稿。宋潛虚撰傳曰：『先生少好老莊之書，性豁然，無拘礙。成童時，即好言詩，與酒人徜徉山水間，坐此甚困約。宗老翕山及杜于皇、錢飲光皆造門，降行輩與之交。時于皇、翕山以詩名四方，諸公貴人争敬事之。每勸先生少自通以資生計。先生曰：「公無累我，使以詩爲禽犢。」先生與人無町畦，獨不喜見名貴人。』又序詩集曰：『先生工爲有韻之言，跌宕淋漓，雄渾悲壯，有古詩人之風。先生嘗論詩曰：「詩之爲道，無異於文章之事也。今夫能文者，必讀書之深而後見道也明，取材也富，其於事變乃知之也悉，其於情僞乃察之也周，而後舉筆爲文，有以牢籠物態、包孕古今。詩之爲道亦若是而已矣。吾未見夫讀書者之不能爲詩也，吾未見夫不讀書者之能爲詩也。世之人不於讀書之中求詩，而第於詩中求詩，其詩豈能工乎！」』男苞跋遺詩曰：『先君子自成童即棄時文之學，好言詩。少時耕牧樅陽黄華，有江上集。既而遷於六合，有棠村集。康熙甲寅還金陵舊居，有愛廬集。庚午後有漸律草。辛巳後有卦初草，計三千首有奇。晚歲苞請録諸集貳之，弗許，曰：「凡文章如候蟲時鳥，當其時不能自已耳，百世千秋之後，雖韓、杜作者，以爲出於其時，不知誰何之人，獨有辨乎？且諺曰：人懼名，豕懼壯。爾其戒哉！」後苞被逮，諸集無遺。惟姊夫曾退谷口熟五百六十三首，又里人篋藏壁揭者九十八首，取而校録鋟諸板。』

有鳥

有鳥集西林，朱衣秘其裏。東來網羅人，夷然不屑此。倏忽乘風飛，仰羡徒相視。斯豈苟免情，實具深藏理。尚絅惡文著，可以配君子。

緼袍吟

緼袍不記年，冷如著荷芰。嚮晨披以出，偃息擁以睡。敝物有兼用，昏旦更衣被。新人勿輕浣，上有舊人淚。

喜晤豫章樊蒓公兼送其遊吴門

前年君作江東客，邂逅顛狂浮大白。去年君復客江東，我羈棠邑思沖沖。君去我來不相遇，幾番惆悵江東樹。何幸今年值故人，深杯竹屋坐良辰。桃葉雨花遊正始，輕帆忽向姑蘇水。姑蘇主人名豈虚，兩賢相見樂何如。但願歸舟載清酒，共上江亭吞數斗。

聞路秦詒訃音

烏虖秦詒竟至此，駭愕如墜江之水。雄心浩氣安所歸，才智聰明曷可恃？昨歲皖試聞冠軍，遥慶名花開正始。那知風雨甚狂驟，夜深狼藉荒山裏。憶昔我病蓮花池，湯藥殷勤賴君視。杳渺天心豈易猜，我得更生君乃死。君有母爲我之姑，君有妻爲我之姊。零丁一女兼三兒，後事茫茫更誰倚？吁嗟乎！黄沙萬里有時還，一土初封難再起。

梁燕歌

去年來時春未分，今年來時春已暮。兩年物候迥不同，一身愁病偏如故。我適低頭感借棲，那堪復見爾銜泥。何時得返豹龍宅，卧聽呢喃在竹西。

成公生日

猶記癸卯君三十，我草新詩隔江邑。花樹春風五度更，衣襟别淚幾番溼。此會頻驚天杳冥，相看敢歎囊羞澀。狂歌共指酒樓登，檻外南山雙屹立。

病中縈河過訪信宿東齋

爾來余忽起，每話定三更。病裏得禪悦，醉中忘世情。計從何地隱，先覺此身輕。畢竟浮山下，爲廬可共耕。

秋杪雜興

寂寥原上立，矯首見天青。鴉集猛如雨，雁來疏似星。遠帆過落木，斜日下荒汀。惆悵無人處，黄花晚自馨。

驢背

策蹇衝霜進，荒郊夜氣乘。足僵如繫鐵，鬢重始知冰。林鳥振新翮，江漁移遠燈。東方漸昏白，烟捲日初升。

雨後

一雨煩襟滌，追涼向遠松。偶然過水際，忽覺與秋逢。清冷孤舟篴，蕭疏野寺鐘。此情誰得喻？江上兩三峰。

初夏漫興

三春多倦跡，一卷閉閒門。土瘠笋難出，階荒草易繁。檢詩驚歲月，得酒忘饔飧。寂寞亭陰裏，還疑坐北村。

題澳園

此是真山水，何人闢草萊。松陰斜徑入，竹空一樓開。幽逸延揮塵，歡娱易舉杯。芳鄰懸榻近，明日好重來。

示　子

竹裏書聲密，衰翁眉轉攢。英華天地寶，精氣老莊丹。身健名方貴，心閒壽不難。百年駒隙事，安穩即承歡。

病起乞子留叔拄杖

嗣宗真矍鑠，坐立似蒼松。白髮登臨興，青鞋嘯傲蹤。尋花時有約，踏月每相逢。一杖徒虛置，天教付仲容。

人　生

人生真幻化，夢境闢鴻蒙。去住虛無裏，升沉憂患中。荒唐疑所始，紛擾究焉終。愚者翻先覺，眠餐萬象空。

返棠村

山人出城興飛揚，振策緑野騰清光。南岸買舟載春色，北村沽酒澆詩腸。數層遥塔下殘照，一路晚花浮静香。到家那復説生理，勝遊細述歌聲狂。

贈毛翰翔

去年桃葉同歌舫，今歲瓊花共酒杯。轉嘆故鄉稱世好，頻於異地共追陪。缺脣江上容余懶，脱穎囊中仗爾才。待詔他時倦金馬，相期松竹舊山隈。

贈方貽子

流寓人歸歲欲終，弟兄雞黍意無窮。君雖異姓仍同姓，交白吾翁與若翁。兩代遭逢成漢魏，半生蹤跡各西東。今朝共醉非容易，故國風雲在眼中。

贈四弟蒼玉

同堂兄弟汝情親，去臘今秋晤對頻。熟視鬚眉悲大阮，獨傾肝膽冠諸荀。傳經效我能安拙，舉案如賓不厭貧。最是一枝松櫝側，長年風雨伴先人。

江舟食蟹有懷茶村先生

年年秋老共持螯，大夢堂前飲興豪。今我幾番誇砍雪，知公何處快揮毫。南郊延賞肩輿遠，北郭行吟步屧高。此日追陪風日好，丹楓黃菊擁香醪。

初至湖上

樓望淼焉長，舟行清且淺。藻荇縱横明，緑玉一湖軟。

寄陸菽園

故交屈指廿年餘，五度秋風絶雁書。不識蓮花池上水，照君鬚鬢近何如。

歸舟雜詠

侵晨細雨一帆開，南望沉吟首重回。紫蟹黄花秋正好，何因抛却過江來。

秋夜讀書

愁緒縱横强自支，那堪秋夜讀書時。涼燈壓几客將倦，細雨濕階人不知。

醉中見兒輩觀史

杯銜短日意冥冥，茅火爐邊渾未醒。傍晚一燈明紙閣，大兒讀史小兒聽。

卷三

徐寅　蘇惇元
吴元甲　光進修　同校

方中德一首

方中德　字田伯，號依崖，有遂上居集。感舊集話張中畯云：『田伯爲密之先生長子，敦行孝友，隱居不仕，年八十猶讀書不輟，所著有古事比一百卷。』四庫書存目子部類書類：『方中德古事比五十三卷。』連雲堂集方氏贊：『生子成、中德田伯、中通位伯、中履素伯、中發有懷，凡五人。』

和韓聖秋白海棠詩　感舊集選

雨洗風吹色不同，臙脂井在淡烟中。等閒免得牛羊踐，誰信當年面發紅？

方中通九首

方中通 字位伯，號陪翁，郡諸生，考授州同知，有迎親、省親等集。潘蜀藻曰：『陪翁爲密之先生中子，纘承先緒，研究天人律曆、音韻、六書之學，所著有數度衍、易經淺説、繼善録等書。』

崖門

書生無經濟，每舉事必壞。徒破萬卷書〔一〕，豈是中興派？急遽流離中，日講猶不懈。正笏固可欽〔二〕，迂儒亦可怪。房琯非不忠，古法乃〔三〕致敗。崔實作正〔四〕論，始爲萬世戒。如何詡管葛，人人猶自快。

借陸秀夫以譏切往古，迂儒不覺，言之警快。方正學輔建文，所建白不免迂謬，至成祖據屢勝之勢，建文猶戒武臣曰：『毋被朕以殺叔父名。』夫成祖既不恤君臣之分，而建文乃猶念叔姪之名，此時方、黄諸公何無一言耶！

校記：〔一〕『書』，陪集作『餘』。〔二〕『欽』，陪集作『嘉』。〔三〕『乃』，陪集作『反』。〔四〕『正』，陪集作

『政』。

正學先生祠〔一〕

今古完名節，乾坤屬幾人？先生能報國，門下亦捐身先世斷事公先生門人。正氣横霄漢，陰風泣鬼神。可憐同室鬭，猶〔二〕且念君臣。

校記：〔一〕龍眠風雅詩題作拜訪正學先生祠。〔二〕『猶』，龍眠風雅作『尚』。

過兹園

山半截城中，長林礙〔一〕碧空。鳥聲穿竹翠，花影浸池紅。石磴紆還折，茅亭塞又通。只愁游覽者，詩句不曾工〔二〕。

校記：〔一〕『礙』，陪集作『聳』。〔二〕末兩句，陪集作『桔槔成瀑布，容易奪天工』。

濯樓次小愚韻

四时青不断，花雨日相迎。曲徑移山色，危橋截水聲。一樓啼鳥遍，雙嶺暮雲横。世外留人處，閒敲石上枰。

贈于雲龍

兵戈猶未絶耕鋤，收拾乾坤入草廬。萬頃波横三畝竹，千峰嵐拂〔一〕一牀書。療饑時乞鄰人米，閉户還臨長者車。盡日縱談忘主客，同過籬畔剪園蔬。

校記：〔一〕『嵐拂』，龍眠風雅作『羅列』。

濯樓思親

曲滸新開迴不同，竟將此地作江東。遠浮南海家何〔一〕在？老寄〔二〕西昌夢已空。烟鎖寒塘千樹雪，花殘啼鳥一樓風。遺蹤幾處高題額，留入孤兒淚眼中。

校記：〔一〕「何」，陪集作「猶」。〔二〕「老寄」，陪集作只剩。

鹿湖泛月〔一〕

雨餘秋在柳堤邊，試放輕舟一〔二〕采蓮。萬頃湖平潮未〔三〕退，四圍山合月初圓。漁罾忽見中流火，村樹都成遠岸烟。興未盡時還索酒，滿天星斗落杯前〔四〕。

校記：〔一〕陪集詩題作十五夜再同有懷姪瑺琯泛湖即舟拈韻。〔二〕「一」，陪集作「爲」。〔三〕「未」，陪集作「不」。〔四〕末句陪集作「奚童愁誤一宵眠」。

七夕珠江留别龔蘅圃秦望庵陳生洲梁葯亭及兄子正玉〔一〕

海國秋雲到眼遲，卷舒似與客追隨。如何天上相逢日，翻〔二〕作人間送别時。萬里親朋孤劍影，一帆風雨五更詩。十年戒飲今宵醉，無限心情付酒卮。

校記：〔一〕「玉」，陪集作「璒」。〔二〕「翻」，龍眠風雅作「變」。

古絶句

莫作中天月，莫作四時花。花久不如暫，月正不如斜。

方中履三十二首

方中履 字素伯，號小愚，處士，有汗青閣集。感舊集話張中畯云：『素伯幼隨父於方外備嘗險阻，才情敏妙，時人擬東坡之有蘇過。晚築稻花齋於湖上，殫力著述，著有理學正訓、學道編等書。』潘蜀藻曰：『小愚賦性恬淡，屏諸嗜好，於六經、諸史鉤貫考訂，原原本本，首尾瞭然。所著有古今釋疑。』四庫全書存目 子部 雜家類：『方中履古今釋疑十八卷。』徐憺園文集 古今釋疑序：『桐城方氏自廷尉中丞以來，世擅文學，天下言文章者推之。素伯爲太史密之先生子，鑿坯而隱，標致高潔，雅不欲以文采耀世，而耳濡目染，學有本源，所撰古今釋疑，上自六經、諸史，下逮稗乘文字箋疏之，分合得失，罔不搜探，極乎至博而反乎至約。』方中發曰：『余高祖明善先生，以理學傳家，淵源似續，至世父文忠公集厥大成，叔兄力起而纘承之。其立身行道，固自有所，以荷析薪而肯堂構者，而不徒恃乎區區編帙之迹也。』

張文端集友閣遺稿序：『方子合山離世遠俗，肩荷累世之學，以著述自任，世俗可欣可悦之事，一無所介於其中，高潔卓犖，自放於山巔水涯之際，其探討遺文，搜羅放失，與古人爲徒。其交遊皆極一時賢儁。』吴兆騫拜經樓詩話：『皖上方素伯少罹多難，汗青詩集多危苦之辭，半爲其父辨誣訴屈，不獨自述詩一卷而已。其四時宫詞頗得唐人遺意。』

詠史

感舊集選

嗣宗辭司馬，大醉三十日。何以孝尼家，醒焉草九錫。王祥爲太尉，安貴一長揖。劉殷録尚書，反避齊王辟。世人不好名，忠臣安可得？

結末即淵明詩『不賴固窮節，百世將誰傳』意，不獨謂三代下士恐不好名而已。

宋宏拒赤眉，曾爲莽共工。嵇紹死蕩陰，乃是播遷中。君父仇不報，人方稱其忠。劉宋齊梁陳，篡竊機相同。何以稱正統，出自温國公。

中夜讀離騷，嗚咽不能止。何國不相容，自戚乃若是。懷王既在秦，令尹當稚子。大夫一胡爲，必死而後已。

賈生來長沙，投書吊湘水。子雲著反騷，岷江日千里。三世不徙官，歲餘哭泣死。有才不得志，古今固如此。

當擬古詩

故人日以疏，新人日以親。故人且相薄，況乃在新人。顔色倘不變，豈論故與新。不見長安中，華轂加朱輪。冠蓋相往來，道上紛灰塵。斗酒高堂上，誰肯言家貧〔一〕？若以膠投漆，可連爲婚姻。俯視鴛與鴦，仰視參與辰。男兒無錢刀，意氣亦難真。

何爲匹耦，何爲參商，皆錢刀之爲也，可勝三嘆！

校記：〔一〕『誰肯』句下，龍眠風雅有『結交皆公侯，誰敢言家貧』。

行路難

廐無赤汗桃花之駿馬，河無青絲桂檝之樓船，腰無三尺芙蓉之寶劍，手無九府榆莢之銅錢。行路難，安得前？南望閩越，北望幽燕。炎風朔雪行人滿，西山日落猶争先。吁嗟乎！西山日落猶争先，問君一去何時還！

似明遠處，不在語句間。

宣府雜詩

行人愁[一]出口，一望起荒烟。大漠全無路，平沙直接天。炎風惟幾日，臘雪動經年。來往氈裘隊，常依水草邊。

詩輯載此題詩四首，句如『河凍冰爲路，風驅沙作山』；『牧馬不知數，驅牛今善耕』；『朔風從不斷，春色自來無』，皆狀塞外之景，確切不易。

校記：〔一〕『愁』，龍眠風雅作『難』。

宣府教場

一望黄沙地，當年十萬兵。雪彫旌旆色，人老鼓鼙聲。落日孤城暮，淒風獨客行。蕭條衰草上，唯有駱駝鳴。

重憶天末風景　十二首之三

城外海珠寺，潮聲直到門。蜆灰泥屋壁，蠔甲築牆垣。黃盡荔奴樹，青多椰子村。鷓鴣啼不住，瘴氣自朝昏。

佛山松柵外，每泊泛洋船。犀角能分水，車渠不值錢。氍毹多五色，琥珀定千年。爲〔一〕問兵興後，通商可似前？

李白巖花密，楊妃井水清。蚺蛇長塞路，蛤蚧自呼名。行布〔二〕猺能織，畬田女善耕。萬山藤葉底，日日聽匏笙。

校記：〔一〕『爲』，龍眠風雅作『難』。〔二〕『行布』，龍眠風雅作『竹布』。

遊大別山作

曉渡乘幽興，登山秋正明。湖低看欲盡，江遠聽無聲。天際來舟楫，尊前列郡城。遊人歸復立，身與暮雲平。

歸雲閣

山光四面入，高閣捲簾時。樹密鳥相喚，雲歸人不知。泉聲盤竹梘，嵐氣飽書帷。坐卧枯荆下，親看再發枝。

吴門示吴人

人家多半愛欄杆，樓閣依河水不乾。鄧尉山前秋色早，漆娥臺上曉霜寒。可憐歌舞成風俗，但是園林屬達官。猶有吴王宫裏月，不知留得與誰看？

重渡鄱陽湖

回〔一〕帆五兩渡鄱陽，又到鞋山望故鄉。春水未生沙尚白，湖風一起浪皆黄。年年過客看銅柱，日日漁人想石倉。船子頗知開國事，爲予指點説康郎。

校記：〔一〕『回』，龍眠風雅作『四』。

歸夢

旅夜疏燈淚滿衣，關城伏枕憶柴扉。邊風那惜孤蓬轉，鄉信曾無一雁飛。紫塞月明刁斗急，黄河水漲渡船稀。夢魂容易三千里，故國安知夢裏歸？

彭城

往來懷古幾時休，日日行人喧渡頭。風起山連荒草動，午晴河湧斷冰流。斬蛇故地田夫醉，戲馬空臺牧豎遊。惆悵廢興俱寂寞，不如沽酒上黄樓。

漫題

珠簾甲帳開宮殿，羽蓋鸞旗散寢園。一自茂陵藏玉盌，不聞雍時駕金根。蒲桃花白諸侯邸，苜蓿叢青上相門。惟有銅人流淚去，分明知感武皇恩。

雨後再至龍井關看瀑布

不須重問路西東，兩度經過略不同。紅葉忽殘秋雨後，青山只在水聲中。關添戍卒時驅馬，嶺隔田家斷牧童。却見杜鵑花盡發，未知何處有春風？

飲河發山樓

支笻偶聚槿籬間，帶郭沿堤一往還。新水纔能消數尺，殘雲猶不放群山。春從雙屐聲中老，人在垂楊影裏閒。相對高歌應失笑，詩筒終日遞柴關。

編次遺集紀哀　十首之一

秦賊憑陵特請纓，行間願罷講官行。先公時簡討，充永王講官，上疏蒙召對。每憂王室常流涕，入對平臺急募兵。入對德政殿，講〔一〕倡義兵，上稱善，欲予兵符，因痛陳時弊，忤執政，阻不行。國祚垂亡猶忌諱，天顔顧問痛分明。宵衣旰食庸庸〔二〕誤，只剩東華痛〔三〕哭聲。城陷時，先公即引決，爲人所救，聞梓宫在東華門，往哭，乃被執。先公受刑，矢死不屈。

校記：〔一〕『講』，龍眠風雅作『請』。〔二〕『庸庸』，龍眠風雅作『庸人』。〔三〕『痛』，龍眠風雅作『憤』。

秋日送大兄至江干因同過白鹿莊坐便足樓作

江淮北渡遠擔簦，且過南浮及采菱。萬里龍沙愁短鬢，一宵蝦菜聚秋燈。閒添竹屋書旋滿，病撫松鱗歲幾增。數頃湖田幸豐稔，何如高枕白雲層。

暫攜家至稻花齋

負戴相看累頗輕，草堂何事不逃名。但憂葶藶占凶歲，穩卧蓬蒿送此生。飯罷青精忘老至，雪埋黄獨少人争。頓將塵務都抛却，尚爲慈親夢入城。

答蔣素書

飽經多難杜門居，更欲潛身結草廬。南畝可耕堪種秫，西齋無恙且讐書。服箱挹酒名何有，木癭犀通病未除。慚殺雞壇推許過，楊劉誤爾十年餘〔一〕。

校記：〔一〕龍眠風雅詩末有注文：『索書以楊嘉樹、劉黄玉之言慕余，余在塞外時，索書不遠數千里寓書製詩定交，今屈指十有一年矣。』

四時宫詞

拜經樓詩話録

宫中春到早，嫩緑囀黄鶯。惟有昭陽殿，難容春草生。

三十六宫人，齊到黄金殿。君王無特恩，各賜端陽扇。

露白琉璃瓦，居然入禁中。君恩如白露，應亦到西宫。

雪夜至尊前，無風動燈影。侍宴下珠簾，不知簾外冷。

偶占

金勒雕鞍邊馬肥，黄羊山下見鷹飛。千年一片長城月，獨照將軍夜獵歸。詠邊月又出一意，未經人道。

想見開元全盛時，九門鼓角列旌旗。空餘碧瓦紅樓在，自是行人出塞遲。

留别内子燈下同賦

話到傷心只涕零，三更相對一燈青。城頭鼓角淒涼甚，惟有今宵尚共聽。

難婦竹枝詞

弓刀驅逐綺羅身，毳帳羊酥不敢顰。縱許金繒贖歸去，一家白骨已無人。較『看君已作無家客，猶自逢人説故鄉』，更爲淒涼。

戈船日遠改裝難，兩袖啼痕不見乾。已識故鄉屠戮盡，逢人猶自問平安。

方中發十八首

方中發 字有懷，號鹿湖，諸生，考授州同知，有白鹿山莊集。錢田間白鹿山莊詩集序：『有懷生十歲而孤，中丞撫自提抱。有懷自傷早失怙恃，事世母如其母，以同祖昆弟爲之昆弟，綢繆委曲，彬彬乎質有其文，嘗與素北二龍倡和，孝友之情纏綿悱惻。蓋有出於不自知。今觀山莊集中，各體俱有感今念昔、記物比類，事關名教，慷慨傷懷，至於尋常贈答、山水流連、一觴一詠，曲盡事情，未嘗有一語涉於邪、過於哀者，蓋一本諸情而以禮爲歸，可謂得情之正矣。』二龍倡和詩序：『有懷少孤，與素伯爲從兄弟，猶同産也，遊處甚密，倡和復多。其爲詩音調悲婉，情思纏綿。』方素伯序白鹿山莊集曰：『先公遘禍，行犯烟瘴。是時舉家隔絶，骨肉不復思相見，而吾弟有懷獨千里追至野渚斷岸，破艇燒燈，老親殊喜。及先公病居廬陵，弟不解帶者經月，及後辭歸，痛苦悲感，左右倉皇鬱塞，一寄之於紙墨，弟作詩倘一字未安，竄易不啻十反，或窮日累夜好深湛之思，不工不已。迄今讀其患難中詩，則言本孝友，可泣鬼神矣。』張文端存誠堂詩集過有懷甥白鹿山莊詩：『倚櫂入烟鬟，南浮水石間。湖田留世澤，松桂老名山。古屋丹題在，豐碑綠字殷。一丘經四代，風節重人寰。樓居良不迫，結構倚層峰。一徑盤修竹，孤亭俯萬松。鳥聲時自媚，山翠日爲容。避世琴尊裏，知君道氣濃。』

感遇

炎方恒苦熱，朔方恒苦寒。水田恒苦潦，山田恒苦乾。茫茫九州内，物情何多端。食德詎知感，拂意還怨歎。冬夏有定序，雨暘難並干。安能滿衆願，觸境常少歡。責望良已深，誰爲造化寬。緬想開闢來，何有一日安？大塊且如此，爲人誠獨難。

南海多珍禽，孔雀尤異常。開屏對明境，金翠何輝煌。豪家争愛惜，遠致天一方。奈何羽爲酖，飲之人立僵。文采非不佳，懷毒安可當。所以百鳥中，尊莫如鳳凰。抱德儀聖世，豈惟矜采章。

李斯、王安石皆有文章而鴆毒天下人者，文章之禍與兵戈等！

雜詩

碧水帶我門，蒼山枕我廬。其東樹修竹，其西蒔嘉蔬。南湖富菱芡，罛罶時可漁。方塘蔭榆柳，活活通清渠。北林何青青，長松千萬餘。好風從天來，驚濤滿空虛。山鳥時一聲，暮烟生徐徐。繩牀夢初覺，皎月臨前除。呼我同心友，共此數卷書。詼諧兩不厭，委身遊太初。亦知崦嵫迫，短髮不可梳。且免物外喧，懷抱得暫舒。鬱鬱以終老，當年復何如？

石帆亭

江湖興悠然，虛室結遐想。宛坐春水船，孤帆渺天上。濤聲何處來，空林風雨響。

鮑山

在歷城東，相傳管鮑分金處。

鮑山藐岑巒，荒墟委榛楚。爲是叔牙居，垂名遂千古。夷吾不世才，富强開疆宇。分金亦區區，遂比母與父。乃知阨窮施，感激刻心腑。結納世豈無，所貴逮窮窶。當其得意時，百萬復奚取。斯人不重生，貧賤交如土。知己苟易逢，茲山焉足數。

將還山與叔兄夜飲

今夜飲君酒，待曉還山去。執手殷勤訂後期，惆悵連朝留不住。與君滿酌莫推辭，世間萬事非人爲。舉杯試問當頭月，明日陰晴知未知？

魯　䂣　縣東北十五里，吴魯肅鎮地。

鼎足隆中策，東城見略同。識時真俊傑，擇主必英雄。水激横江怒，山標破皖功。樓船東下後，失蜀悔何窮。

都官山

縣東梅聖俞爲桐主簿，課農往來，後遷都官員外，民即以官名其山。

桐鄉梅主簿，永叔獨深知。官冷醉何礙，詩工窮不辭。元音動郊廟，斷句落蠻夷。竟使宣城郡，家聲百世垂。

孔　城

縣東三十里，相傳吴吕蒙駐兵處。

人烟開小聚，傳説吕蒙城。壁壘無遺跡，旌旗想舊營。老髯嗟失計，豎子浪成名。嗟爾望脣齒，荆州未可争。

北峽關

縣北兩山相夾，形勢險隘，吴魏壘築於此。

天險分吴魏，嚴關硤石通。屏藩阻淮水，得失繫江東。草木騰兵氣，桑麻劃土風。低頭憐末路，爐炭擁曹公。

送錢雁湖劉深莊之豫章董中丞幕

春風容與上河橋，燕語鶯啼送畫橈。榆莢乍寒三月雨，桃花新漲九江潮。遭逢雲路應非偶，生長鄰閈合並招。爲指青霄望公等，溪山且自讓漁樵。

落馬湖

牽船終日傍荒洲，奔突河淮苦下流。隱約數峰支魯國，蒼茫巨浸失邳州。民同鼃黽泥中活，屋似鳧鷖水上浮。歲歲土田逢夏没，麥秋過後更無秋。

寄酬新城王少司農 五首之一

白雪樓荒大雅淪，漁洋絶調獨清新。寸心自許有千古，四海故應無兩人。莫道巨源聲望峻，倍憐摩詰性情真。中原耆舊凋零盡，自抱遺文囑後塵。

李蒼溟白雪樓已圮，公移建於趵突泉上。

題戴剡溪城北新居

北城小築枕層巒，門巷深深客到難。紅借鄰牆花覆几，綠收官閣樹平欄。窗間竹石支頤對，屋後溪山放眼看。莫笑棲遲剛半畝，醉吟誰測海天寬。

寄龍茗麓

曾臨絶嶠熟籌邊，指顧扶桑萬里天。薏苡何當疑馬援，蒲萄虛擬逐張騫。長閒東海垂綸手，坐送南山射石年。篋底營平方略在，漢家終識老臣賢。

附摘句五言：『樹老花無候，山寒鳥不春。』『生離成死別，薄命悔登科。』七言：『艮嶽花空人北狩，平臺客散水東流。』『拔地亂峰穿百粤，逆流堵水達三湘。』

促織

唧唧復唧唧，夜促貧家織。終歲寒無衣，杼聲爲誰急？

詠棋

觀棋何事動哀吟，事後憐君閲歷深。未必讓人真是拙，生平不肯用機心。

湖上口號

江魚打子趁潮忙，渡口新罾挂緑楊。攜得雙雙金脊鯉，船頭立起似人長。

方綏遠一首

方綏遠　字履開，象乾孫，廣東籍貢生，早卒。

海南道中

欸乃聲中客思閒，海南風景似鄉關。孤舟斜過小橋去，烟水殘陽又一山。

方啟曾四首

方啟曾 字聖羽，號僑枰，順治間貢生，官江陰訓導，有振雅堂集。

雨後坐諷書懷

微膏續頹景，危坐待華旦。孤懷抱膝吟，殘編共〔一〕展玩。字誤〔二〕每相阻，義疑如有畔〔三〕。悠悠夜何修，驗〔四〕息子方半。風雨變陽和，淒清〔五〕增永嘆。起步益袍〔六〕衣，漸覺晨雞亂。

校記：〔一〕『共』，龍眠風雅作『足』。〔二〕『字誤』，龍眠風雅作『難字』。〔三〕『義疑』，龍眠風雅作『疑義』，句下有『室人進茗粥，破倦鼓餘悍』。〔四〕『驗』，龍眠風雅作『徵』。〔五〕『清』，龍眠風雅作『凉』。〔六〕

『袍』，龍眠風雅作『單』。

贈李芥須　時將之西江，道經樅陽。

不見李生久，狂歌又十年。鷫鸘曾幾醉，鸜鵒更誰憐？老友亡龍戒，姚休那別號。前身認馬遷。餘膏沾被廣，尚濯酒家錢。

不見李生久，賢星偶應占。跡疑儒俠並，行欲〔一〕惠夷兼。筆健花常燦〔二〕，詩成律漸嚴〔三〕。爲予勤〔四〕説項，過量倘增〔五〕嫌。

史記：「儒以文亂法，俠以武犯禁。」揚子法言：「不夷不惠，可否之間。」

校記：〔一〕「欲」，龍眠風雅作「是」。〔二〕「燦」，龍眠風雅作「爛」。〔三〕此句龍眠風雅作「新詩律更嚴」。〔四〕「勤」，龍眠風雅作「偏」。〔五〕「倘增」，龍眠風雅作「略無」。

河北旅懷

大河風起捲驚沙，三匝城頭怨暮鴉。見説河流天共遠，可憐歸客借星槎。

方于宣二首

方于宣 字遂高，畿仲子，順治初諸生，早卒，有蘭雪齋遺稿。

懷兄 二首之一

遠别感飛鴻，離懷两地同。愁雲連趙北，兵氣滿河東。醉飲山川狹，冬殘風雨中。長安萬里路，月色半巖空。

九日遊龍眠〔一〕

曲曲清溪疊翠紋，孤村樵唱隔林聞。黄花折去詩應老，緑蟻浮來客易醺。鼯鼠徑存千岫竹，虬松枝拂半山雲。茱萸共插登高處，行盡荒郊有雁群。

校記：〔一〕龍眠風雅詩題作九日侍大人暨兄子山弟幼安子將遊龍眠。

方在庭一首

方在庭 字既平，順治間諸生，有蓮園詩集。潘蜀藻曰：『既平工詩，能獨闢蹊徑。吴江顧茂倫嘗選入名家詩中。』姚經三無異堂集蓮園詩草序：『方氏人皆能詩，早出問世者有蓮園既平，好學善文，每徹夜吟誦，聲如出金石。近結宇城隅，蒔花浚沼。夏日手一編，坐芙藻香中，采摭繽紛，組織藻繪，欲萃歷代之家學，盡見於聲韻之中。此集多近體，謂專力一端而徐集衆妙也。』

暑中坐陳大臣新亭

雅愛元龍墅，消〔一〕炎特地臨。望中千嶂合，物外一樓深。壘石分苔徑，營〔二〕亭補竹陰。納涼須坐此，舉步定相尋。

校記：〔一〕『消』，龍眠風雅作『銜』。〔二〕『營』，龍眠風雅作『爲』。

方郯二首

方郯 字夏瑞。

和李芥須〔一〕 六首之一

何處談心好，龍眠訪戴家。濃陰驅烈日，飛瀑接流霞。野雀〔二〕知求食，奚童善煮茶。縱然〔三〕車馬客，山水不余遐。

香山有何處尋春好詩十首，此用其體也。

校記：〔一〕龍眠風雅詩題作擬何處談心好和李芥須先生作。〔二〕「雀」，龍眠風雅作「鵲」。〔三〕「然」，龍眠風雅作「非」。

古別離 十首之一

誰謂歡無婦，誰謂儂無夫？不知婦愛歡，得似儂愛無。

方登嶧十四首

方登嶧 字鳧宗，號屏垢，兆及子，官工部主事，有述古堂集。方黎如集虚齋古文述本堂三世詩集序：『方宗系自西陵而居樅陽者，爲大名人魁士，自前代率磊落相望，宫詹學士風流未沫。積水成淵，復有鳧宗公震發其間，重之以沃園先生，而申之以問亭制府，其所遭或幸或不幸，然而歡訶既工，苦言彌好，指歸要會，教總柔敦，可以成孝敬而厚人倫，不第如王氏過江，人人有集也。』黄叔琳方鳧宗詩序：『鳧宗始官京師，與劉北固、狄立人、汪文升皆能詩有聲，既坐鄉人累，謫遷東北塞外，而子中翰君先卒，悲憂窮感一發於詩，其爲詩取法少陵，情思刻至，音節朗厲，而一歸於和雅，不以顛沛失性情之正。』沈德潛述本堂三世詩集序：『水部負友朋之累，與中翰遠處窮邊。宫保少經患難，今且秉節鉞，任封疆，乃誦先人之清芬，裒聚成集，發而讀之。凡天時之變易，地勢之阻深，人事之險夷，與夫友朋之死生契闊，物類之殊形詭狀，一於詩見之。雖其體格時有不同，而其淵源忠孝、立言有物者，龍眠風雅之後，此爲大宗矣。』張維屏聽松廬詩話：『鳧宗古詩得樂府神理，近體亦蒼健。』郡志：『嶧著有依園詩略、星硯齋存稿、葆素齋集、如是齋集。』

古詩

終古閟天機，災福靳光露。人如陟險崖，蒼茫走迷霧。京畦徹經理，轉爲殺身具。朗朗郭宏農，身命不自顧。聖賢垂趨避，趨避何所據。持此問蒼昊，願言燭前路。

村北

野曠朝靄清，日出方遲遲。遠風吹水氣，澹林結幽姿。策蹇訪故人，村北路逶迤。碧陰漾千畝，涼露沁心脾。刈麥走田父，婦子相追隨。老翁欣得食，回頭顧其兒。大兒束麥把，小兒抱豆萁。歌笑偕鄰叟，飲濯清湍湄。留連緩去路，寓目心情怡。田間有真樂，朝市知者誰？

彌樸彌真。

子夜四時歌

東風杏花雨，吹來春滿樹。坐看雙燕子，容易自來去。

幽州馬客吟

吐懷結相知，不在新與舊。健兒識良馬，不在肥與瘦。

秦女休行　別裁集選

一尺髻，三尺刀。讐人頭，在女腰。渭水深，華山高。血風腥，天冥冥。手提髑髏氣峥嶸，法吏執之付於理。女惟報讐誓一死，後來人有麗娥親，千古英雄兩女子。

沈評：『两女子能復父仇，惟志堅而氣定也。宋高宗能無愧死！』

盤中詩　別裁集選

木刻鳩，紙剪馬。飛山頭，走山下。露貫珠，紉爲襦。雲裁衣，爛光輝。是耶非，孰辨之？六月桑，吐蠶絲。冬之蕙，茁新枝。爾所思，非其時。素者髮，丹者淚。心惻惻，老已至。骨肉殘，風雨駛。寸有長，尺有短。馳雙輪，不可挽。我所急，天所緩。擊瓦鼓，聲烏烏。白雲滿天歌且呼，歌周四角旋中樞。

霜遲樂　別裁集選

七月不隕霜，卜魁城邊穈子黄。八月霜不落，千夫百夫下田割。官田刈穀載滿車，官兵急公先完租。毳帳牛車十日路，馳向城中易茶布。和茶煮穀布裁衣，卒歲不憂寒與饑。人人盡樂霜遲好，蕎麥沙田收更蚤。但願年年不出兵，官兵都作農夫老。

出西郊道過摩訶庵經前明宦寺葬地 別裁集選

易代一抔土，纍纍葬宦官。餘威剩碑碣，流毒在衣冠。樹接宫雲密，鐘敲佛火殘。東京喬固冢，鬼哭北邙寒。

沈評：『誅奸宦，悲忠直，棱棱凜凜，詩不徒作。』

七兄以詩慰病答和 別裁集選

形骸百煉後，心事五更中。苦海終無岸，愁城豈易攻？道危迷老馬，邊遠失歸鴻。誰謂青天闊，浮雲亦礙空。

望南信不至 別裁集選

不見兒書至，應知下筆難。有心慰衰老，無計説平安。關塞寒雲早，門庭落葉殘。倘逢南雁過，便當室家完。

憶舊遊

杏花村接石塘東，遊侶常邀載酒筒。十里湖光漁唱裏，一春山色屐聲中。水香蓮葉纔過雨，野暗林梢忽到風。回首郗家池館日，廿年鬚鬢欲成翁。

紀事 別裁集選

争看金甲健兒裝，玉輦雲移下鳳凰。都尉魚麗開細柳，將軍猿臂射長楊。威弧露冷彎秋月，韎韐風高帶曉霜。大閲殊觀非好武，良弓不爲太平藏。

移居

枝枝疏柳映窗斜，是架瓜棚曲徑遮。莫笑罌糧無隔宿，滿庭多種米囊花。

洞庭曲

洞庭波静碧雲輕，四望天鋪水面平。雙槳未停明月上，滿湖秋入鷓鴣聲。

方正瑗十一首

方正瑗 字引藼，號方齋，康熙庚子舉人，官至潼商道，有連理山人詩鈔。沈德潛別裁集評：『引藼自高祖廷尉公以下，世傳理學，出而從政，當軍需絡繹時，玉關萬里，轉餉十年，猶能創建書院，與文士講學，詩其餘事也。然皆古茂醇正，蔚然成一家之言。』顧嗣立江淮集序：『引藼爲密之先生孫，素伯先生子，詞章清麗，吐納風雅。登眺山川，留連人物，曠然神遠，與一時名士會於平山虹橋之間，援筆成詩如仙露明珠，下視一切爲塵飯土羹。所彙江淮集三卷，懷貞抱潔，遊覽江湖，才華發越。根之茂者其實遂，膏之沃者其光華，大雅於兹復作矣。』王蘭生關河集序曰：『方齋，故處士素北公子，素北公上承先人之緒，海内稱方氏五世理學，世世著書，羽翼經傳，方齋其後起也。』魯之裕瀟灑集序：『方齋以文章經濟著名，而天性沖淡。今退居林下且十年，讀先人理學之書，綿歷世衣冠之澤，山川風雨，草木禽魚，供其指使，涉筆成趣，雅音渢然，大旨一歸於忠孝，誠風人之遺也。方齋未仕，有金石、江淮諸集。既仕，有京華、關河諸集。兹集則歸田後，得數弓地而園之，曰瀟灑，且以名其集。蓋其心不爲境役，境愈嗇而心益有餘云爾。』國朝詩人徵略摘句：『少年愛新交，衰老思故人。』『芳草桃花四五里，白雲流水两三峰。』『燈影一家人乍聚，鄉音滿耳客初聽。』『故鄉千里復千里，遊子一年還一年。』『樹色塔痕三面擁，河聲橋影半空浮。』

述母訓 別裁集選

藐孤幸有託，一綫書種留。辛苦四十年，淚枯心未休。從政大夫列〔一〕，國恩〔二〕亦已優。秦中十五城，一箸兼爲籌。萬命倚死生，焉可私殖謀？大本貴先立，清風領諸侯。廉泉可以飲，腹滿他何求。喜兒赤子心，慮兒骨不遒。引索馭奔馬〔三〕，一蹶繮難收。勿逐驍騰飛，信道從天遊。上以酬君恩，下以解親憂。

沈曰：『通體皆稱述母訓，不更贅一語。』

校記：〔一〕『大夫列』，詩集作『居大夫』。〔二〕『恩』，詩集作『賞』。〔三〕『引』，詩集作『朽』；『奔』，詩集作『六』。

關西書院落成示諸生 別裁集選

關西聖人邦，治代隆終古。粵自漢唐來，功利雜樽俎。今兹禮樂備，文明會當午。未免征戰餘，習俗尚黷武〔一〕。豈知陝右地，學道固斯藪〔二〕。筍中出賜金〔三〕，築室蔽風雨〔四〕。矜式祀二賢，湯文正公、孔公釪皆前任潼商道。諸生聚三輔。學爲聖人徒，方圓就規矩。何人非冉〔五〕曾，何處〔六〕非鄒魯。殊塗而同歸，狂狷各有取。勿謂岐陽遥，流風動鐘鼓。

沈歸愚評：『以聖道化剛武，使士人有鄒魯之風，仍復還西岐舊俗也。詩品端重，不腐不佻。』

校記：〔一〕此句下，詩集有『青袍少業儒，鐵衣多擒虜』。〔二〕此句詩集作『原爲理學藪』；下有『讀書不講道，忠信便無主』。〔三〕『出』，詩集作『歲』；句下有『買得百弓土』。〔四〕此句詩集作『築屋跨山河，聊以蔽風雨』。〔五〕『冉』，詩集作『顔』。〔六〕『處』，詩集作『鄉』。

度秦峪嶺至商州與王如玖刺史 別裁集選

梯雲數千級，忽登秦峪頂。群蟨馬蹄下〔一〕，商顔尚延頸。風過虎氣腥，山荒草木警。民脂竭土祠，落日丹青冷。射矢黄花〔二〕岡，鳴鉦〔三〕藥子嶺。百里多陶烟，十人九垂癭。下鞍問疾苦，農樵意自騁。刺史政不苛，安居樂鄉井。夜黑月未上，燈火散林影。

校記：〔一〕『下』，詩集作『懸』。〔二〕『花』，詩集作『沙』。〔三〕『鉦』，詩集作『鑼』。

隴　干　在静寧州。

昔聞隴頭水，今向隴頭行。野草無春色，寒泉多苦〔一〕聲。雲荒得勝寨〔二〕，雪冷威戎城〔三〕。千載干戈地，居人久聚耕。

校記：〔一〕詩集原注：『一作夜』。〔二〕詩集原注：『韓琦遣任福』。〔三〕詩集原注：『宋時所築』。

白鹿莊

湖上茅堂在，千山列畫屏。龍吟出波冷，虎鬭到〔一〕門腥。夜雨鳴孤劍，春風醉六經。相將守松竹，長對〔二〕舊時青。

校記：〔一〕『鬭到』，詩集作『氣過』。〔二〕『長對』，詩集作『莫改』。

三南至〔一〕宣城同飲北樓

昨夢殷勤念遠遊，相逢一笑水雲流。諸侯席上多青眼，公子江南已白頭。露氣花熏燈下酒，鈴聲風動竹邊〔二〕樓。茫茫春事他鄉盡，何日滄浪買釣舟？

校記：〔一〕『至』下詩集無『宣城』二字。〔二〕『竹邊』，詩集作『月中』。

宿華清禪院

蓮花湯上起秋聲，駐馬宮門值晚晴〔一〕。得月樓臺無限好，在山泉水自來清。僧收茗碗留香永〔二〕，鶴下松梢〔三〕拂翠輕。莫問〔四〕唐家天子事，佳人難得是傾城〔五〕。

校記：〔一〕『值晚晴』，詩集作『著屐行』。〔二〕此句詩集作『僧歸遠岫沾雲濕』。〔三〕『松梢』，詩集作『高松』。〔四〕『問』，詩集作『憶』。〔五〕此句詩集作『枉教顏色怨傾城』。

古鏡 別裁集選

土花點點上青螺，珠匣塵封委緑莎。絶代應憐顔色少，六宮曾識舊人多。月沉碧海秋無影，雲暗滄江水不波。一照尚能愁魑〔一〕魅，雙盤龍氣未消磨。

沈歸愚評：『「六宮」一語於古字不取貌而取神，彼規規刻畫者，但得形似而已。』

校記：〔一〕『魑』，詩集作『鬼』。

至望江縣

金龍廟口繫紅船，攜得長〔一〕江两袖烟。春水一條〔二〕楊柳路，菜花開到縣門前。

校記：〔一〕『長』，詩集作『寒』。〔二〕『條』，詩集作『堤』。

同亮儕非熊遊敬亭〔一〕

十里蘼蕪緑上山，一樓殘雨數人間。殷勤綀雀不飛去，只在篔簹翠靄間。

校記：〔一〕詩集題作『再同亮儕非熊盧牟公調遊敔亭寄佟太守』。

和于殿撰

花間笑語載六首，録一。

五雲深處日華融，宿雨初消見曉虹。鈎上紅簾飛燕子，一雙剪碎落花風。

方珏一首

方珏 字達可，號竹軒，康熙時處士，有漫興集。

閉門

池水澄幽抱，嶺雲淡太空。苔緣滿砌緑，花映一窗紅。寂對便終日，曠然無與同。席門整日閉，世客少相通。

方正玭五首

方正玭 字組垂，號養虛，康熙間貢生，官青浦訓導。陳寶崖燕臺樂府序：『養虛族本桐川望，同槐里衍三拜先生之家學，擅四門博士之才華，幾載寒氈，一官瓠落，無端被黜，何意放歸，憤懣而上長安，獻吊而成斷句，縱横五十首，上下三千年，補日下之舊聞，續帝京之景物。』

陽春曲 擬温飛卿。

柔風不怯羅衫薄，芳徑蘿陰護朱閣。垂楊低拂黄金條，香芸半捲輕油幕。玉虎絲牽石刻麟，填門寶髻聯朱茵。夜來碾馬六街上，拾得珠璣光照塵。

邊農嘆

南人食香稻，邊民食燕麥。燕麥復不多，稊稗充朝夕。年年五月耕作遲，即有冷雨來札之。北方呼雹爲『冷雨』。迎秋更畏霜與霰，處處災祲□□□。今年郡邑喜西成，家有餘糧換匹絹。有絹可裁糧可舂，又恐豪滑難相容。

秦中 八首之一

藩府城高冷噪鴉，米脂盜起歇繁華。禁中無復吹笙伎，市上惟尋賣餅家。秦王製餅有六摺，今尚傳爲秦王餅。較射將軍旗捲雪，踏青蕃女騎穿花。秦關多少三吴客，每對離宫説館娃。

閒步

蓼花時節雨初晴，山後山前自在行。鐘磬有聲歸海寂，藤蘿無種上牆生。始衰便借齊眉杖，消渴頻攜折脚鐺。五十年來緣分在，道腴回味齒牙清。

塞上曲

道路通四極，兵民毳幙居。嗚鞭行草地，四月見黄蘆。

方正瑞三首

方正瑞 字玫士，號寓安，康熙間貢生，官訓導，有源莊集。郡志：『寓安讀書能日記數千言，所爲詩、古文詞，雄峻超絶流輩。游京師，名公卿多折節與之交。中年後屏跡林泉，博極書史，所著有義史題衣録、杜詩淺説、管見録等書。』

旅雪

閉門寒擁亂書横，齒擊常聞閣閣聲。灰撥一爐存火意，衣披百結有表名。瓶梅除水晴妨凍，檐雪侵窗曉倍明。葉落階空枯木在，悲風無復不平鳴。

渡口

菰米蒲花飽新雨，汀烟沙草緑湖濵。截流罾密常分界，過渡船公不擇人。逐水浮沉鳥兔鬧，任潮來往白鷗馴。一聲長笛滄波上，坐看溪翁理釣綸。

即事

晚風動芭蕉，緑滿窗前映。秋雨復秋山，寸心常不盡。

附摘句：『爐烟出屋成雲去。野火連天帶雨燒。』『燈火畫船人兩岸。樓臺酒肆月千家。』『人從隔浦行來小，天向無山望處低。』

方正璆六首

方正璆 字序左，號五峰，康熙間諸生，有五峰集。方氏詩輯系傳：『五峰，陪翁之子，族難時，從外家改姓陳，所刊詩文集皆然。今逾三代矣。』

訪楊子西園

何處尋詩挂酒瓢？宫亭霜葉醉陵霄。柳陰環水水環屋，松徑隔雲雲隔橋。照影梟鷗分院落，到門雞犬認漁樵。閒窗未覺西山遠，望裏爐峰手一招。

華嚴寺示宗公後人

青原分席到浮山，四代傳燈自祖關。再活荆條徵妙葉，密之公主青原，枯荆再活。重開蓮葉證生還。幢懸法蔭雲千壑，錫挂松枝水一灣。岡上梟華巖下桂，參天蒼翠許同攀。密之公墓在梟華岡，爪髮塔在飛來峰下。

陟投子

天半冷高峰，流泉斷谿口。葉落白雲飛，秋風近重九。

昔此棲龍象，鐘聲在碧霄。松風留不住，吹過趙州橋。

柳

弱柳春無那，東風作意吹。有花留不住，飛落別家池。

復集印土庵

蔬盤遥就古招提，不壓村沽渡淺溪。飯後鐘聲才出寺，回頭花在板橋西。

方正珌二首

方正珌 字士表，康熙間諸生，有益齋詩概。郡志：『中德子，所著表中集，詩十二卷。』

平荆關道中

朔風行漸熱，立馬萬峰間。荒角晚吹市，群羊時近關。秋雲寒化雪，沙裂岸成山。白日茫茫去，征人那得閒？

送師許二生南歸

迢遞關河轉歲華，起居早晚共天涯。山荒冷過春無影，日澹風吹雪有花。作客遠仍留絶塞，送人歸似泛仙槎。陌頭行入江南界，一路鶯聲聽到家。

方正玢十三首

方正玢 字弢釆，中德子，雍正甲辰舉人，官同知，有梁研齋詩集。

擬　古

溪上誰家女？采蓮溪中水。溪水漾愁心，望望遠遊子。遠遊不得歸，棄置周道底。秋風吹荷葉，還入荷花裏。荷香沾裳衣，淚與荷珠似。藕絲牽恨長，更益蓮心苦。

饑民詞

炎炎里中貴，腴田盈萬畝。家僮徵歲租，悉索到雞狗。朝廷賜蠲租，被恩盡豪右。賜租爲饑民，無田租何有？朱門羅酒肉，黔首鬬糲糗。王言出如綸，始沐其升斗。貴家千倉儲，良感主恩厚！

花朝宴集詩

紅芳紫豔紛如麻，東風開遍長安花。眼前春色不相貸，愁殺行人白日斜。王孫愛客成高會，置酒琅琊公子家。致士先從郭隗起，户外屨滿門盈車。四座一時盡厨飲，清言錯落紛天葩。座中更著遠公錫，眼空四大談毘邪。君看世事亦何有，人間白霧騰空蛇。我闻栩然良意快，有如背癢仙爪爬。主人张燈意未已，更永今夕歡無涯。玉碗春浮洞庭色，銀瓶露啜武夷芽。六街禁夜未歸去，狂歌急管驚棲鴉。大呼蘭亭晉諸子，此事詎讓前人誇。

夜泊

荒村臨古戍，清籟肅寒更。月出鳥皆醒，水流山欲行。遥鐘雲外動，遠火渡頭明。野色茫茫夜，扁舟客思横。

送扶南弟歸里

不去復不住，茫茫生計非。晚風吹客淚，斜日上寒衣。人逐清楓遠，心隨黄葉飛。官橋秋色裏，況是送君歸。

送左集虛丈歸里兼寄同學諸子

帝城秋色好，歸思動林皋。落日千峰晚，斜天一雁高。菊香醒客夢，楓葉點征袍。舊侶如相問，陌塵空自勞。

金山寺

一柱蒼茫裏，孤撑雲水間。倒江遥見塔，疊屋更無山。風捲海潮去，僧先晚磬還。行舟何處客，羡我片時閒。

三、四確切，一字不可移易。

懷徐周尹

一别春申浦，扁舟泗水濱。病連豆花雨，行及柳枝春。空歎人思趙，何曾客負秦？旅懷三載易，魂夢與君親。

曉　發

轅釜人初語，揚舲月尚中。水光争地白，野燒接天紅。高躍魚逃網，低飛鳥避風。酒家楊柳岸，曉日上簾櫳。

客中秋懷

自别江南計已非，改轅心事病多違。豈無醴酒穆生去，爲戀草堂杜老歸。鐵合六州真鑄錯，法曾幾載忘傳衣。信陵自有深恩在，回首夷門悵夕暉。

送張司空還朝

星軺初至自中臺，卿月剛隨晝錦開。四海幾家同入座，五雲累葉是三台。著書應補冬官籍，宿望元兼宰相才。歸夢早牽霜露切，瀧岡重見表阡來。

返自建州再邱已於是日歸楚

夜雨寒窗訂後期，扁舟深悔我來遲。斜陽惆悵空亭晚，黄葉黄花君去時。

西湖雜詩

捲起珠簾對碧空，簾前玉面妒芙蓉。嬌羞却怪遊人過，不看西湖只看儂。

方正璐一首

方正璐　字述訓，號定齋，中通子，諸生，候選州同知。

牽船行

岷山東走岷江高，雪山雪盡生春濤。方今三月桃花發，浪高突怒寒毫毛。孥空怪石氣磅礴，舉頭望石石欲落。猙獰向前來攫人，鋸牙出爪狀彌惡。舟子上岸穿石頭，奮身一躍如獮猴。呼類直到石頂上，橫拖長繂數十丈。繫在舟中車上衡，摐金伐鼓牽船行。江心擂鼓鼓聲急，石上諸人齊著力。有時欲使牽船鬆，三聲鼓響人從容。須臾復擊如前鼓，鼓聲不歇力倍苦。待他暮景歸峰巒，一團明月珠光寒。大家喝來加餐飯，爲數今朝上幾灘。

方曾祜三首

方曾祜 字秩斯，畿孫，康熙間貢生，官廣德州學正，有存拙齋、冬榮軒詩集。

尋　秋

寒雁際秋來，嚴霜所不避。梁燕翩翩飛，秋社辭巢去。繁華羨春榮，蕭索生棄置。豈識高騫心，原不畏顛頽。去住任春秋，乾坤總如寄。

月夜過建初寺同潘集山陳臨湘納凉

夜涼貪露坐，蕭寺閉門深。雲影峰千疊，鐘聲月一村。浮名天地意，溽暑歲時心。知己形骸外，高談任古今。

過東夾橋飲汪氏芳渚園

夾水橋通隔淺沙，竹林深處酌流霞。漁人垂釣不相問，開盡溪邊桃李花。

方　碩三首

方　碩　字俣士，諸生，早卒。

送戴蜀客入蜀

錦江江畔錦官城，萊子斑衣事遠征。路入蠶叢隨馬首，人過鳥道聽猿聲。望雲劍閣憐先主，看月琴臺憶長卿。從此趨庭饒嘯〔一〕詠，草堂遺句有詩名〔二〕。

校記：〔一〕『嘯』，龍眠風雅作『笑』。〔二〕『遺句』，龍眠風雅作『應亦』，『有詩名』據龍眠風雅補。

重九後三日集飲潘貽孫宅次還山兄韻

疏籬猶絢數枝〔一〕花，門徑參差路不遐。鮮鯽膾嘗三白酒，雕胡飯薦六安茶。已從空際看孤雁，懶向高林數暮鴉。好月入簾休秉燭，知君詩思益〔二〕無涯。

校記：〔一〕『絢數枝』，龍眠風雅作『帶兩三』。〔二〕『益』，龍眠風雅作『正』。

境主廟

名園收拾種橙篁，别構三間主簿堂。歇馬聽來松有〔一〕韻，開樽嘗得菊偏〔二〕香。閒看獵火明〔三〕山徑，醉把漁竿釣夕陽。一路樵歌天欲暮，北風吹冷舊衣裳。

校記：〔一〕『有』，龍眠風雅作『樹』。〔二〕『偏』，龍眠風雅作『花』。〔三〕『明』，龍眠風雅作『燒』。

方宗鼐一首

方宗鼐 字梅巖，諸生。

江南行

長干東下水悠悠，楚尾吴頭一樣秋。莫向雨花臺上望，鍾陵烟草使人愁。

含情無限。

方洪學一首

方洪學　字鹿岑，號怡園，國子監生，有怡園集。

舫閣贈陳官儀

斗室不盈丈，中藏天地寬。檐虛雲墮影，壁斷樹生寒。遊蝶窺書幌，飛花點石欄。獨嗟塵路客，無自與同看。

方季芳一首

方季芳　字澹齋。

秋　夜

楊柳蕭疏〔一〕月半斜，滿林秋色有啼鴉。夢回酒醒砧聲急，知在牆東第幾家？

校記：〔一〕『蕭疏』，龍眠風雅作『瀟瀟』。

方原博七首

方原博　字邴鶴，號一葉，康熙間貢生，官泗州訓導，有航海集。詩輯系傳：『邴鶴爲繼溪先生之子，海筠庭、徐徵齋兩太史出使琉球，邀與同行，撰有航海生涯集。他稿不可復得。』南堂詩鈔送大兄隨册使徐諒直之琉球詩：『報國飄零遠向燕，星槎更泛斗南天。生涯何至須航海，筋力況當非壯年。萬里回瞻中夏月，八蠻遥辨島夷烟。難餘兄弟相爲命，此際能毋一泫然。』

海行十日抵中山紀事三十韻

人道爭淳默，滄溟波不揚。鯨鯢消險阻，典禮錫遐荒。任是三山路，真堪一葦航。雲峰生碧落，日錦曝扶桑。風正飄添腹，天晴纛有光。璽書供畫棟，聖母祀雲堂。朱服羅鏘玉，黄冠祝瓣香。開窗人坐井，自船面至艙底，凡六層，深如縋井。軫纜士分廂。兵卒二百人，以次轆轤舉篷下椗。舟子升桅捷，蕃臣捩舵忙。使舵必蕃人，分寸不爽。如雷鼉鼓殷，賽月蚌胎張。兩船相失，夜則放火花，曝相照認。晝食厨連案，宵眠榻作牀。指冰當夏仲，起喝正驕陽。五月二十四日出海。勺水珍仙液，船貯淡水，親丁司之。餘糧秘客裝。嘯歌臨巨浸，游陟比方塘。殊狀潛鰻魮，忘機沉鸕鷀。幻張疑蜃闕，詭異説鼉梁。更接朝昏報，水程以更紀里。波分内外洋。經旬徒竦望，列嶼總荒唐。舟行，並未見有島嶼。引綆愁深窈，每日以水平試水深，至六百丈尚不見底。憑針決混茫。舵樓以米布針盤，然燭晝夜，輪視之，目不轉瞬。流星疑野火，游鬣認蠻鄉。舟行見有魚，深碧色，長數丈，蕃人曰：『此琉璃魚也。他處之所無。』謬誤殊難定，迂回詎可量。衆情方怍愕，神聽實靈長。攬錦才歸篋，鳴鴉忽繞檣。靈飆敢呼祝，巨艦自飛翔。左界回千浪，東頭指一方。搏霄争愛賞，見島喜如狂。水近俄成碧，山低未覺蒼。遥遥花甸宇，齒齒石川防。那霸曾無守，那霸當海之衝，築有礮臺，無人。迎恩尚有坊。過礮臺，有迎恩亭。鮫人操舴艋，引封舟入港。錦帕獻壺漿。明日宣金册，真游勝越裳。

按：徐亮直太史册封琉球，撰有中山傳信録，凡程里、風景、土俗，紀載詳明，先生所詠諸體詩，足以互相證發。

中島蕉園 中山八景之一

種蕉成緑天，用以織絺綌。人無懷素書，家有支機石。

久米竹屏 久米，村名。

密篠織籬居，夾取村路窄。朝雨吹蒼烟，夕陽人影碧。

中山雜韻 三十首之四

四層門闕一層宫，三面樓臺一面空。宸翰高懸簾箔静，髾花衮影望玲瓏。
紅鑾槅子祕西廂，爲設前楹席滿牀。笑説君王從不到，夜來明月照流黄。
鵝眼青青不解緡，也無肉好也無輪。朱封驗過歸官庫，細認元元豆餅銀。
不時猛雨不時風，多在靈烏烈影中。臘盡也須小揺落，緑秧偏映佛桑紅。

方元薦一首

方元薦 字南皋，號涅然，雍正間太學生。

山館夜月 國朝詩品選

萬籟已俱寂，空山欲二更。花應隔院放，香忽捲簾生。片月一窗白，孤燈四壁清。驚回幽鳥夢，坐久起書聲。

方元醴一首

方元醴 字高悦，號寄巢，雍正己酉舉人，有寄巢詩集。劉海峰集：『寄巢少時與兄元履至京師，一時知名士如吴襄、馮詠、徐葆光、萬承蒼、楊繩武、胡宗緒皆以詩文相切劘。諸君爲達官，而寄巢獨舉於鄉而罷黜不仕，歷佐幕府，而以其入贍姻族之孤貧，營丘壠，置祀田，暇則作爲詩歌，有集十數卷。』

荷柳魚稻之鄉　十八首之一

舊林湖山隈，一枝闢近墅。柳鶯啼南壖，荷風扇北渚。雁來禾稼登，潦盡罾網舉。抱素無外求，但結會心侣。

此爲頤莊十八詠之一，所詠有知稼軒、索笑居、月賓瞻廬、凝紫閣、鶴歸草堂、分雲亭、嘯月廊、天香徑、稻香、小艇、竹坪、餐霞洞、吹紅汫、净緑池、香雪堤、瘞鶴處、聞鶯橋諸名。今頤莊在郭外，所詠諸勝跡已多不復見矣。

方元壹三首

方元壹　字高本，號是巢，有同聲集。

憶古塘

又過清明節，風光可似前？却愁花著雨，但見水生烟。滿目蒼茫境，千秋寂寞天。一杯曾共把，猶記有當年。

十姊妹花

同居無異志，一體各呈妍。只恐風姨妒，應邀雲母憐。百千花莫並，二五耦相連。試向諸公問，容顔若個鮮？

贈楊管亭

家在南郊萬竹叢，四時園帳有春風。放懷二水三山外，得意詩瓢酒盞中。閉户已看林樹老，著書每到夕陽紅。此心默默堪千古，世事從他逐轉蓬。

方式濟十三首

方式濟 字沃園，登嶧子，康熙己丑進士，官中書舍人，有陸塘詩集。蔡世遠沃園詩集序：『沃園，蓋種學樹文績行之君子也。嘗出所爲詩讀之，秀骨獨異，清音自遠，雖懷人贈答，感物造端，一出於至性至情。其於君臣朋友之間，動關至極。』沈德潛別裁集系傳：『中翰隨考覔宗水部居塞上，服勤左右，以慰晨昏。著五經一得，書未成而卒。詩格清真，樂府尤矯然拔俗。』四庫全書目録：『方式濟龍沙紀略一卷。式濟因省親，至塞外黑龍江，紀所見聞，考核山川古蹟，以成是書。』

遠行曲 別裁集選

結束語童僕，雞鳴看天曙。辭我鄉里親，曳屣出門去。出門口無言，寸心煎百慮。請取囊中琴，暫坐理絃柱。一彈示知音，音新知者故。人情戀鄉井，冰霜况歲暮。此生値賤貧，焉能樂完聚？嶺高猿狖墜，水急蛟龍怒。行行將何之？白日沙飛路。

采萱 別裁集選

曉起望青山，萱花盈古道。采萱欲忘憂，佩之益枯槁。豈有壯士懷，聽命寸莖草。勿謂百年短，計日不爲少。憂更多於日，忽忽憂中老。蕙茝化爲茅，三歎秋風早。

護　菊　別裁集選

盆菊瘦亦花，尺莖綴錢小。荒地苦栽培，强説顔色好。種從鄰圃移，南階溉昏曉。八月藏户牖，扶護費探討。胡乃傲霜姿，翻畏霜寒早。人實累汝花，使汝隨邊草。

沈云：『人實累花，怨而不怒。』

掃　地　別裁集選

抱帚倚門立，寒風吹衣巾。淩晨汲土井，灑掃庭階塵。掃塵不掃雪，留取寒意真。棄帚出門望，邊塵浩無垠。俯視荒草積，仰見浮雲陳。放廢敢宴安，勞力清心神。强鍊未死骨，涸水潛窮鱗。家破散如雨，一僕隨征輪。偶效胼胝力，赬顔詡辛勤。萬里親童奴，傲惰誰能瞋？

八月十七日霜 別裁集選

土牀入夜氣，骨冷火不温。起視手種花，委仆牆籬根。早霜纔一夕，不諼須臾恩。窮邊無林柯，後凋誰與言。柔條受戕伐，悼惜同蘭蓀。回憶故鄉暖，萬里傷征魂。

沈云：『「窮邊」十字見投竄荒遠，雖抱後凋之節，人誰知之者，可以悲其志矣。』

蜀錦曲 別裁集選

蜀錦機長越羅短，繡出鴛鴦春水暖。姊妹華年俱遣嫁，空閨寂處蘭膏卸。女貞擇對師孟光，依然操作紉蘭纕。天孫五色絲縷藏，鮮明巧奪雲錦章，願縫堯衣與舜裳。

題遂安鄒廣文效忠圖 別裁集選

遂安城，大如斗。賊兵來，縣官走。儒官罵賊賊傳肘，乘機脱出虎狼口。集衆擊賊梃在手，妖星一掃寧雞狗。賊伏莽，去還來。城門火，棲鳥哀。登陴矢石驅風雷，狂風惡霧層層開。釋重圍，士民喜。歸我絳紗帷，理我舊書史。孤忠未顯微官死，當年佐陣兒折齒，兒今抱圖獻天子。

次韻答江上晚吟

江城有茅屋，白板面江開。一折門前柳，休吹笛裏梅。片雲將夢去，雙鯉逐潮來。剪燭吟君句，歸心入夜催。

題道院

夜與天俱静，森森殿影重。星低常近閣，風細不驚松。丹室含龍氣，苔階印鶴蹤。渾疑清嘯處，衡霍最高峰。

送朱鹿田之任蜀中　別裁集選

天入高峰攢，羊腸路曲盤。黄巾追往事，朱邑幸之官。復業民無幾，催科政待寬。從今行蜀道，高唱不知難。

偕錢大敦一晚眺

岑寂翻嫌閉竹關，芒鞋同踏翠微間。半湖新水没春草，萬瓦寒烟補斷山。簫鼓賽神村女散，茶瓜留客野人閒。輕舠更有他宵約，紅藕月明香一灣。

法塔吟門　奉天以北第二關，直稽林北百八十里。

山口巖扃月照營，等閒過客待雞鳴。此身已在重邊外，不怕陽關第四聲。

題小姑廟（雨村詩話選）

密株斜磴夕烟霏，玉女明璫敞石扉。夢里鄱湖碧千頃，一從淪謫幾時歸？

方澤六首

方澤 字雲夢，號涵齋，雍正己酉舉人，官鹽大使，有涵齋詩集。

晚春登綠雲樓憶方齋兄酒泉消息

綠雲紅雨滿樓臺，疏豁窗櫺野望開。渭水晴光穿樹入，中條春色渡河來。日長宛轉啼嬌鳥，苑静陰森暗古槐。憶遠忽驚時物换，斗牛應有使槎回。

雨中

兼旬風雨卧柴扉，三徑桃花萬點飛。鳥語漸多山氣暖，笋芽齊迸土膏肥。鄰雞唱午催炊熟，舊燕尋巢送客歸。忽報門前賣雙鯉，春潮應已上漁磯。

雪霽句：『一綫冰開銀絡索，九華雪立玉芙蓉。』

栝州署樓秋望

嵯峨萬嶺抱如城，斗大州開地苦貧。近市有時聞逐虎，諸生多米習樵薪。木奴風動枝枝鯶，烏桕霜酣葉葉新。暮靄朝嵐饒變態，看山不覺上樓頻。

希夷峽

入雲數里見仙蹤，一峽如門直嵌空。山水自靈人自去，野花啼鳥管春風。

柴林即景

白雲一縷起山腰，忽作奇峰忽海潮。飛上天心十里雨，卧看池面萬珠跳。

安定門外

白榆風急晚蕭蕭，薄冷堪消酒一瓢。莫上夕陽樓上望，牛羊荒草古金遼。

方　苞十五首

方　苞　字靈皋，號望溪，康熙丙戌進士，官至禮部右侍郎，有望溪集。沈廷芳望溪先生傳：『曾祖象乾，官副使，避寇僑居上元。祖幟，官教諭，父仲舒以遺逸名江南北。先生幼從兄舟學，博究六經、百氏之書，更相勖以孝弟。冠後游太學，安溪李公見其文，歎曰：「韓歐復出矣！」時天下士集京師，投謁無虛日。先生非先焉不往，益見重諸公間。中康熙丙戌會試，未殿試，聞母疾，遽歸。後緣序南山集，下詔獄。獄具免罪，召入南書房，白衣修書，旋移蒙養齋。雍正九年授中允，累遷至禮部右侍郎，章數十上，悉關國計民瘼，俱蒙批報，而同列多厭苦之。乾隆四年，忌者劾之，落職，仍修三禮。七年，周官義疏成，以衰病乞休，賜侍講銜，歸，建祠堂，名曰「教忠」，置祭田，以歲時合族，而以其餘贍族人。卒年八十二。』四庫簡明書目：『望溪集八卷，其爲文取法昌黎，謹嚴簡潔，近時爲八家之文者，以苞爲最。』方息翁蘭叢詩話：『先太僕公好爲七律，鴻意壯采，全得秋興八首之遺。先宫詹公集杜學之大成，晚年批杜集章法、句法、字法，皆有指授。望溪兄、宜田姪實確守之。宜田詩表見於世，望溪以文勝，而詩居功半，今藏於家。』姚惜抱集：『方侍郎苞，少嘗作詩，以視查公慎行。查曰：「君詩不能佳，徒奪爲文力，不如專爲文。」自是未嘗作詩。』李調元雨村詩話：『桐城方靈皋，工古文，詩非所長，然當時名重山斗，求詩序者，必得弁言以爲榮。』昭代名人尺牘小傳：『初字鳳九，所著有周官集註、周官析疑、儀禮禮記析疑、周官辨、喪禮或問、春秋通論直解比事、左傳義法舉要、離騷正義、史記補註，删定管、荀諸書。』來孫恩露識後按：『公詩，漁洋、堯峰諸公曾謂不以此增盛名也。夫論留連光景新穎之作，於群公或未逮，而堂堂之盛，正正之旗，力追漢魏，上薄風騷，非具大識力，不能辨也。』按：『百川、望溪兩先生，少以經義重於世，望溪享年耄耋，治經與古文，今所行抗希堂十四種是也。獨韻語未曾刊行，茲從哲裔得詩十五首亟録之，讀者當以獲觀爲快也。』

將之燕別弟攢室

詰且將戒徒，獨步登山崗。淚枯不能落，四顧魂飛揚。往時重暫別，而今輕遠行。豈忘岵屺詩，言此裂中腸。死者不可留，何况客異鄉。家貧無儲蓄，老母甘糟糠。翁性嗜醇醪，客至羞壺觴。所恨爾長逝，出門增恫惶。爾能奉晨昏，細大無遺忘。長兄雖篤謹，不若爾精詳。日夕下山去，身世兩茫茫。

恩露曰：『「淚枯」二句動心驚耳，是學古而得其真精神者也。』

赴熱河晚憩谿梁

群山作秋容，蕭然如静士。月出烟光融，山空疑遠徙。解鞍步河梁，高天淨無滓。倘值身心閒，景物睹尤美。因羡耦耕人，銷聲向雲水。

擬子卿寄李都尉

汜泭委驚湍，隈隈任所觸。大冶自鎔金，焉能順其欲。羈鴻隱朔漠，飛翔翼常縮。獨鶴棲瑤林，長鳴念谿谷。不聞鸞鳳音，時恐鷹鸇伏。百年會有盡，沉憂日夜續。寸心遥相望，萬里見幽獨。

裴晉公

不去爲無恥，不言爲不忠。正告中興主，漠然如聵聾。以兹至晚節，心跡有異同。出入任群小，將相如萍蹤。宫廷匿夭氛，邊疆多伏戎。宗臣在東洛，夕命朝可通。緑野餘清興，精神已折衝。安敢謀一身，高舉思明農。

明妃

漢帝惜豔色，明妃出後宮。曲中留哀怨，横塞詩人胸。蔦蘿隨蔓引，性本異貞松。衆口不瑕疵，多憐所遇窮。若使太孫見，安知非女戎？昭陽爲禍水，豈讓傾城容！

恩露曰：『明妃、太真，世多詠之者，蓋憐其色而傷其遇也。然實則牆茨、新臺之類，故此作獨别於前人，亦美刺之，貴得其真耳。』

嚴子陵

君臣本朋友，隨世分污隆。先生三季後，獨慕巢由蹤。真主出儒素，千秋難再逢。故人同卧榻，匪直風雲從。孤尚一身遠，大猷千古空。豈伊交尚淺，將毋道未充。卧龍如際此，焉敢伏隆中。

恩露曰：『論者謂東漢節操，子陵開之。其説固然。但明良際會，千載一時。猶然抱道不出，以此立言，亦未始非正論也。』

薄暮自樅陽渡江赴九華

名山如勝友，未見意難忘。即事得餘隙，扁舟下夕陽。閒情戀雲水，浪跡暫家鄉。身世何終極，空嗟去日長。

送楊黄在北歸

吾衰駒隙短，君去塞雲高。嘉會生難再，離思別後勞。風霜隨客路，藥餌仗兒曹。何日還三徑，音書附羽毛。

展斷事公墓

不拜稱元詔，甘爰十族書。壯心同嶽柱，寒骨委江魚。天壤精英在，衣冠想像餘。拜瞻常怵惕，忠孝檢身疏。

高皇肅人紀，義氣愾環瀛。作廟褒余闕，開關送子英。微臣知國恥，大節重科名。嗚咽窮泉路，應隨正學行。

川姑墓

欲踐曹娥迹，孤嫠誰保持？門纓中有變，節孝兩無虧。七十不環瑱，千秋作表儀。忠魂應少慰，有女是男兒。

輓李餘三方伯

盛夏軒車至，精强倍往時。誰知交手別，永與故人辭。六郡遲膏雨，三吴滿涕洟。衰殘失素友，愁病更難支。

金門同載筆，玉壘數遺詩。萬里面如覿，千秋事所期。官移臨震澤，天與豁離思。再會無私語，劬躬答主知。

公既爲邦伯，翻稱門下生。自慚無道術，焉敢正師名？抱病仍求益，憂民實至誠。斯人若絃剪，終古志難平。

別葉爾翔

四海故人盡，爲君一繫舟。衰殘良會少，謦欬宿心酬。八十苦無食，千秋豈暇謀。自慚籌莫助，别後重離憂。

方貞觀三十九首

方貞觀 字履安，號南堂，諸生，拱乾曾孫，乾隆丙辰舉鴻博，未就試，有南堂詩鈔。杭世駿詞科掌録：『南堂於康熙癸巳，以族人牽累入旗籍。雍正元年放歸後，由左都御史孫嘉淦薦舉鴻博，以老不能赴試。』鄭方坤國朝詩人小傳：『南堂少有異材，爲詩取明白坦易，不爲鉤脣棘吻之音。大抵於張籍、王建及長慶集爲近。壯歲，以南山集牽累出關，屈鬱抑塞，羈懷旅緒，往往形之歌詠，迨後放歸田里，所爲詩益造平淡。令讀者鼓罷泣歌，各如其意之所欲出。』省志：『南堂工詩，善行楷書，名著淮揚間。盧雅雨都轉恒推重之，與縣孫文定公嘗從之學於詩云。』昭代名人尺牘小傳：『南堂工書，近汪退谷。』李可淳南堂詩集序：『南堂詩初學張、王，又學東野，後乃沉淫於貞元、大曆之間，鎔煉陶汰，獨標孤詣，務極雅正。迨後難生慮表，流離顛沛。久乃得釋歸。其窮愁無聊託之謳吟，益造平淡，益近自然。陳恭尹論詩曰：「感人以理者淺，感人以情者深，感人以言者有盡，感人以聲者無窮。詩之道，所以後六經而獨存也。」南堂其庶幾乎！』張文和澄懷園集方貞觀詩序：『貞觀幼承家學，負異材，所著作不屑苟同於人，而尤工於詩。其所刊古今體詩二百五十首，其情深，其調古，無鉤棘之苦，無雕鏤之迹。司空詩品曰：「遇之匪深，即之愈稀。」又曰：「不著一字，盡得風流。」又曰：「如月之曙，如氣之秋。」讀貞觀詩，庶或遇之。』李調元雨村詩話：『方南堂，桐城名士，與汪退谷、王篛林、喬介夫、舒子元往來，有句云：「老除文字將焉託，法止飄零總算寬。」寫出暮景如話。』

袁枚隨園詩話云：『桐城二詩人，方扶南與方南堂齊名。南堂句如「風定孤烟直，天遥獨鳥沉」；「因潮通估客，隔葦見漁燈」；「無意懷人偏入夢，有心看月未當圓。」人多傳誦之。』又曰：『郭復堂起元與履安最稱莫逆交，嘗贈句云：「一瓢自酌輕千乘，三徑還歸抵十洲。」云云。』姚彦純賴古居詩話：『康、雍之間，吾邑詩名最著者方南堂、馬相如兩先生，次則方扶南先生，或謂扶南少遊朱門，老入韓室，淵雅深厚，非兩君所及。或謂兩君清空娟妙之境，扶南亦有不能，殆難軒輊。予謂二方皆少詹事曾孫，其詩固各從所好，各擅所長。其性情亦不相近。南堂布素蕭然，若忘其爲華胄者，平生故舊相如而外，姚鍾、左淵、倪錚，韋布十居八九，然則南堂胸次灑然，所謂孤鶴高飛，獨出群者耶。」按：南堂詩鈔卷葹集自序：『癸巳之歲，建寅之月，奉詔隸入旗籍，蓋康熙五十八年也。至雍正元年巳恩宥南歸，在旗籍者僅三年也。』先生輟鍛録曰：『有才人之詩，有學人之詩，有詩人之詩，未有熟讀唐人之詩數千百首而不能吟詩者，讀之既久，章法句法字法，用意用筆用典，音韻神致脱口皆肖，點綴與用事，是两項。用事有正用、側用、虚用、實用之别，作詩最忌敷陳多於比興，詠歎少於發揮。古人有一二語獨臻絶勝，後人萬莫能及，則一時興會所至，不能强得也。音韻之於詩所關甚重，蓋聲音之感人最捷，入人最深，而其消息則甚微。立題以簡爲主，所以留詩地也。所謂「語不驚人死不休」者，非奇險怪誕之謂也。或至理名言，或真情實景，應手稱心得未曾有，便可驚心動魄。康熙己卯、庚辰以後，一時作者古體多學韓、蘇，近體多學西崑。空疏者多學陸務觀，然徒有其貌耳。近人又舍漢魏、三唐，别有師承，另成語句，往往取宋元説部，摭實還就，語意不貫，氣勢不屬，尤爲黯於大道矣。』按：先生與息翁所説皆足爲後學津筏。然息翁極推美昌谷，謂其集各體皆佳。先生則謂昌谷瑰詞險語，用以驚人爲魔道，其見不同如此。

喜姚鐘見過

木落永巷静，夕鳥歸林喧。開門故人至，新月窺東軒。卧疾誦讀廢，懶慢冠帶煩。經年厭談話，見君始一言。忻此暮色佳，坐對秋黄昏。謀婦出清醪，拂席秋樹根。所得自覺遠，人事安足論。

秋　光

秋光照閒原，昏烟帶平林。山鳥静〔一〕不語，溪流聞鳴琴。微雲弄輕姿，日西峰移陰。倚樹展清眺，長風吹我襟。

校記：〔一〕『鳥静』，詩集作『静鳥』。

遊三共山

幽尋無定指，所在得奇景。絶巘蘿可捫，穿雲上峰頂。茅菽〔一〕山叟居，空庭閉松影。山静鳥哢寂，花落溪流永。久坐塵慮疏，清趣時獨領。天昏日欲暮，樵歌發前嶺。低首〔二〕俯眾壑，歸路細如綆。長嘯出青霄〔三〕，風吹葛衣冷。記取武陵源，藤花覆丹井。

校記：〔一〕『菽』，詩集作『茨』。〔二〕『首』，詩集作『頭』。〔三〕『青霄』，詩集作『秋旻』。

雲龍山〔一〕宿田家作

落日銜遠山，人影倒前路。望巢鳥飛疾，渡水樵歸去。石徑路轉深〔二〕，迂回始知誤。憂心方怦怦，忽與丈人遇。下馬拱而立，馬饑齧枯樹。顧我止我宿，蠶屋新泥固〔三〕。更具黍與雞〔四〕，馬芻飽亦飫〔五〕。天明唤客行〔六〕，爲掃車上露。相送出深林，雞鳴在烟霧〔七〕。只恐桃花源，重尋不知處。

校記：〔一〕『山』下詩集有『迷失道』三字。〔二〕『路轉深』，詩集作『深轉細』。〔三〕『蠶屋』句下詩集有『暖湯旋濯足』。〔四〕此句詩集作『更爲鷄黍具』。〔五〕此句詩集作『客醉馬亦飽』。〔六〕此句詩集作『一覺天已曙，丈人唤客行』。〔七〕『霧』，詩集作『塢』。

送别姚寶珩

銀燭焰短金罍竭〔一〕，欲歌不歌舌如結。肅肅〔二〕無聲一夜霜，明朝馬上飛〔三〕黄葉。

校記：〔一〕『竭』，詩集作『寒』。〔二〕『肅肅』，詩集作『悄悄』。〔三〕『飛』，詩集作『看』。

程風衣作歸山圖見寄奉答〔一〕

詔許還鄉望鄉泣，山路模糊幾不識。去時松竹〔二〕未成林，歸來草樹嫌蒙密。解帶量松長舊圍，汲泉烹茗甘如昔〔三〕。老友風聞喜欲狂，繪圖遠寄白雲鄉。真氣淋漓世無比〔四〕，此意山高秋〔五〕水長。憶昔天涯夢裏歸，過橋棘刺尚攀衣。今朝看畫山窗下，還似當年魂夢飛。暖翠晴嵐濃欲滴，素心誰與同朝夕？君倘能來訪故人，更爲〔六〕添君向山立。

校記：〔一〕詩集詩題作程風衣作歸山圖並題七言絶句一首見寄代柬奉答。〔二〕『松竹』，詩集作『竹栢」。〔三〕「汲泉」句下詩集有「邱隴誰能一息忘，君恩似海深千尺」。〔四〕「比」，詩集作「敵」。〔五〕「秋」，詩集作「而」。〔六〕「更爲」，詩集作「我更」。

題天居寺

金鐸語秋風，空山古梵宮。數峰分向背，一水別西東。鳥伺齋鐘動，猿窺橡栗紅。高僧不識字，冥觀夕陽中。

曉發含山縣

隻堠又雙堠，晨雞猶未鳴。疏星懸大壑，殘月下孤城。露重宵衣濕，荷香暑氣清。乘涼急農事，漸有桔槔聲。

前半首寫曉行之景如畫。

浄果寺

愛此竹房淨〔一〕，頻來看夕陽。歸雲度嶺没，去鳥竟天長。風磬落清響〔二〕，渚蓮生暗香。流連〔三〕有餘思，暝色漸昏黄。

校記：〔一〕『淨』，詩集作『静』。〔二〕『落』，詩集作『遺』；『響』，詩集作『韻』。〔三〕『流』，詩集作『留』。

春遊

拄杖向亭皋，晴明老更〔一〕豪。春酣花盡態，風暖蝶争高。緩步先防倦，窮幽當習勞。盈筐自采采〔二〕，晚饌有蔞蒿。

校記：〔一〕『更』，詩集作『興』。〔二〕『采』，詩集作『摘』。

郊居

郊居易爲適，動即到山邊。畬火雨中見，樵歌風外傳。松舂初試粉，榆鑄未成錢。獨立平橋上，人家炊晚烟。

寄懷相如

涼風入簾幕，黄葉下階除。一歲見飛雁，離人未有書。云持古誼〔一〕往，恐〔二〕與世情疏。二頃山田在，何如歸舊廬。

校記：〔一〕『誼』，詩集作『道』。〔二〕『恐』，詩集作『應』。

日暮

日暮花更落，鳥啼春欲還。因貧常得静，多病轉能閒。竹樹陰連屋，蘼蕪緑上山。偶從鄰叟話，引步出松關。

趙姑祠

颯颯〔一〕山風吹古祠，溪烟不動柳成絲。一春微雨香燈暗，盡日無言寶帳垂。獨鳥遠飛芳草外，孤花剛謝夕陽時。精靈似爾復何恨，翠黛含顰更念誰〔二〕？

校記：〔一〕『颯颯』，詩集作『欲暮』。〔二〕『更念誰』三字，原刻本缺，據詩集補。

侵曉

門庭侵曉語鶯頻，盥櫛難支卧疾身。寒食真成愁裏節，好花虚受雨中春。閒情剩有新詩卷，良友都無舊酒人。回首十年羞孟浪，消磨幾許賣梨銀。

舅氏程梅齋先生罷建州守

風流人識杜樊川，誰耐朝朝簿領邊。久慮應玄將〔一〕破甑，須知夷甫不言錢。年來早〔二〕有還山夢，事去方真斷俗緣。十載翟公琴酒客，何人揮淚使君前？

校記：〔一〕『將』，詩集作『終』。〔二〕『早』，詩集作『幾』。

秋分

玄鳥初歸秋已分，寒蟬怨暮不堪聞。請看緑葉終黄葉，何必青雲勝白雲。久已烟霞成痼疾，强爲歡笑逐人群。只因〔一〕口腹平生累，小恙兼旬不斷葷。

校記：〔一〕『因』，詩集作『餘』。

别馬相如

落葉城邊别故人，黄花風咽夕陽昏。十年浪許摩天鵠，一笑真成失木猿。聚散無常皆運數，飄零有地即君恩。平生識得朱文季，揮手何煩作後言。

寒　食

古原半落野棠花，渡口低飛乳燕斜。細雨白楊人上塚，冷烟孤棹客思家。無心更作清〔一〕遊夢，有恨都歸兩鬢華。碌碌本非淮海士，那堪寒食在天涯。

校記：〔一〕『清』，詩集作『青』。

宿畏吾村

白榆褪莢柳依依，五載辭家尺素稀。時食及春思馬鬣，餘寒侵夜夢牛衣。不名一藝心良苦，擬老爲農願亦違。輪與雞豚有廬舍，夕陽分路認依稀〔一〕。

校記：〔一〕『依稀』，詩集作『村歸』。

重有感

茫茫寰海一帆舟，勇退誰能向急流？昨日將軍專閫外，今朝廷尉望山頭。書生説劍言皆妄，平世窮兵武亦羞。漫道弓藏緣鳥盡，文饒功過略相酬。

當是詠年羹堯事。

新秧

新秧出水浪盈盈，好雨知時旋放晴。柳漸開眉先有態，鶯方調〔一〕舌未成聲。蒲輪漸〔二〕喜無遺逸，蓬蓽〔三〕應終享太平。一事自慚衰已甚，不能食力竟躬耕。

校記：〔一〕『調』，詩集作『學』。〔二〕『漸』，詩集作『近』。〔三〕『華』，詩集作『菓』。

自虎丘抵無錫

東風習習小陽天，端正蒲帆十幅懸。曉發尚愁吴苑雨，晚沽已得惠山泉。霜凋柳影疏仍緑，潮落橋門空漸圓。却笑年年過江客，歸舟惟載五湖烟。

得家書效翕山體

老妻書至勸還家，細數家〔一〕園樂事賒。彭澤黄魚無錫酒，宣州栗子霍山茶。芭茅已補牀頭漏，藊豆猶開屋角花。舊布衣裳新米粥，爲誰留戀滯天涯？

按：芷江詩話：『吴簪山淮與先君友好，客淮上，嘗寄一律云云，蓋即此詩也。方年世先於吴，豈吴録此詩，而後人誤爲吴作耶？』

校記：〔一〕『家』，詩集作『丘』。

與沈凡民夜話有懷大司馬一齋范公

信陵門下更何人，同是酬恩未殺身。一代文章思胄子，十年風雨憶平津。雲鬟酒勸紅毛洌，水調歌翻白雪新。今日因君悲往事，不勝老淚暗沾巾。

附七言摘句：南歸：『四海一夫無不獲，小人有母更堪憐。』汪漢湘從軍：『曾是詩中射雕手，去爲磧裏捉生人。』送王沛遠：『世路艱難如執熱，故交歡聚比摶沙。』寄十兄沃園塞上：『鼠穴乘牛真幻夢，馬頭生角枉呼天。』過淮陰：『國土可憐終横死，伺人休怨止爲郎。』

復還京師〔一〕出北峽關

到時楓葉盡，去日葦花開。可似平沙雁，年年一度來。

校記：〔一〕詩集無『復還京師』四字。

寄　内

池館春深草滿扉，輕寒帶雨入生衣。枯懷難再傷離別，飽喂青騾明日歸。

和汪令聞秋柳

依舊長條宛宛垂，行人系馬自生悲。可憐已是將枯日，還向郵亭管別離。

游仙詩　十首之二

雪花如掌滿平川，記得堯崩丙子年。屈指於今幾庚甲，一般苦〔一〕冷似當年。
到底劉安未絶塵，昨宵相與共朝真。還將富貴誇同列，手板横腰道寡人。

校記：〔一〕『苦』，詩集作『酷』。

符離鎮感舊

一道清溪數株柳，半邊籬落幾枝花。依然芳草門前路，不是當時賣餅家。

初歸喜手植海棠花開

三尺烟條手自栽，還家恰喜見花開。對花無酒莫惆悵，猶勝花時人未回。

西湖袁四娘竹枝詞

十千一斗任君沽，休問羅敷自〔一〕有夫。多謝王孫憐薄命，阿儂生小愛當壚。

雷峰落日斷橋烟，都在湖心亭子邊。郎自來遊爲湖水，如何騎馬不乘船。

極肖夢得。

靈隱東邊是妾家，松陰數里雜榴花。郎行若到渴時節，小弟歡郎他賣茶。

著處勾留著處延，馬驕不肯下金鞭。湧金門遠清波閉，看你歸遲阿那眠？

校記：〔一〕『自』，詩集作『可』。

南行道中口號　十八首之二

萬安城下〔一〕雞欲鳴，萬安城頭〔二〕天未明。篷窗孤客夜不寐，殘月滿灘聞水聲。河流如砥接天長，習習東風淺淺航。山鳥不啼舟子睡，一帆端正水中央。

校記：〔一〕『下』，詩集作『頭』。〔二〕『頭』，詩集作『下』。

吴懷朗課耘圖〔一〕

菽麥蚩蚩辨未真，幾人畎畝具經綸。握蘭華省風流客，轉是多年農丈人。

校記：〔一〕詩集詩題作題吴懷朗課耘圖小照。

方世舉十五首

方世舉 字扶南，號息翁，國子監生，有春及草堂詩集。方宜田春及堂詩集序：『息翁先生博學篤行，於書無所不讀，而性疏曠，不求仕進，好爲詩，生平用力尤多。少遊京師名日起，時多以詩稱之。後多寓居廣陵，某侍郎舉以應鴻詞，固謝不就。其自定稿斷自甲辰，以後少作，無一存者。晚年作韓詩箋注，遂嗜韓詩，長篇薄謫，不復斤斤繩墨。年八十餘猶於廣座燈紅酒綠中，伸紙濡墨，頃刻數十首而精彩不少減。余撫浙時，屢訂期不至，復書謂：「野人方與諸朋舊劇談高會，掀髯鼓掌以爲樂，乃欲爰居享我耶！」其襟懷高曠，當於古人中求之。』袁枚隨園詩話：『方扶南滕王閣詩足稱絶調，晚年嫌爲少作刪去。扶南好改詩，其周瑜墓詩嘗經三改，愈改乃愈謬。』周伯恬曰：『息翁少從朱竹坨太史游，故能强識博見，而詩有矩矱。所著有韓詩箋注、蘭叢詩話。』先生蘭叢詩話曰：「余少學於朱竹坨先生家，見草堂詩話之專言杜者，凡五十餘家。見友人顧俠君箋注昌黎詩集，於昌黎身世多有不合。余因通考諸書，爲韓詩編年箋注，詩屢變而至唐止矣。格局備，音節諧，界畫定。今日學詩，惟有學唐而已。古體皆有平仄，但非律體一定又當間用對句。七古尤甚。杜、韓有通篇對者，益見力量。劉原父謂昌黎以文爲詩。然五七古長篇亦自有兼傳、紀、書、序體者，不獨昌黎，作者亦不自覺也。李賀、孟郊五言造語有似子書者，有似漢書諸志者，劉、白、小李、杜當爲杜陵四輔。宜田嘗言七律八句要摶綰完固，宛轉玲瓏，句中寓有層疊乃妙。」』璈按：先生作詩話時，年八十五矣。其所論皆閲歷甘苦心得之言，今摘録大要於此。

慰伯父失古錢六十韻

男兒薄錢刀，雖古亦奚爲。君子貴博物，一事恥不如。食貨政之大，平準法所垂。自漢專立志，後史沿不移。然而不詳古，所載惟時宜。先秦猶可考，以上將安追？古文董卣識，有譜將失之。他但曰蝌蚪，不辨軒與羲。此手不易著，此過不易訾。蓋已無其器，焉能詳其詞。咸其輔頰舌，作其鱗之而。事物皆尚象，得不求舍規。吾家老伯父，稽古溯伊耆。細碎及此物，貪苦競刀錐。青錢易廢貨，金夫哂狂癡。千古乃有獲，一囊提纍纍。上自黄帝金，以下相肩差。猶憑管氏書，不獲燧人遺。清風動簾幙，綈几若布棋。一日千摩挲，浸潤晶光滋。悦目無大小，陸離争敦匜。轉愛土花蝕，得使五彩施。制度亦不一，肉好方圓奇。三古源流異，七雄文字岐。惟王各建國，立制非兒嬉。干羽與玉戚，文質誰敢疑？圖存史則易，下筆如列眉。官曹薄銅錫，董狐差不卑。注疏蟲魚甚，磊落勿詆娸。前譜蓋攸闕，書成乃著黿。天高鬼神惡，十事九敗隳。物忌不在大，已爲偷兒窺。胠篋踰牆去，伍伯不得治。良弓與善馬，所失較何其。伯父慨其歎，小子仰而嘻。此物亦階厲，偶爾有遐思。漢武實明主，算緡生怨咨。老濞自懿親，鑄山盜邊陲。司徒亦易至，貨取羞家兒。清流盛名在，障簏立見褫。更或逐什一，鬼笑口侈箕。一個思不得，言之何其悲。紫標非不固，空爲他人司。黄頭非不足，餓死不足炊。太始無銅臭，元精醇未醨。禍始庖犧氏，流毒遂紛披。到今遂棄置，不準今貨支。當其用事日，厥咎蓋所尸。得失不足道，好古□黏黐。人生且喪我，南郭見子綦。拔劍碎玉斗，開閤放妖姬。流連一物耳，安足關心脾。況手譜垂成，搜核窮毫釐。匹如得魚兔，筌蹄何思惟。萬物盡芻狗，老氏不吾欺。尊足者猶存，偷兒其如台。呼童沽美酒，户外雪風吹。且慰今日歡，梅花弄新姿。探囊乃羞澀，大笑不自持。前言吾過矣，冥冥錢神嗤。

逐　貓

張湯酷可憎，功徒在磔鼠。簡文寬有餘，格鼠何恚憮。姑息以爲恩，養奸徒自苦。疾惡當如仇，好仁非不武。春秋食郊牛，但以大惡舉。細碎尚多端，婢僕每更數。遏寇官有司，此豈任跛扈。造物産貍奴，天然付丁旿。里巷孳生多，請乞無虚取。青箬裹白鹽，資騁乃見許。入門如迎貓，特非蜡禮古。竈下供魚羹，門前喚漁父。初來頗效能，似可固吾圉。款款時巡廊，穿墉伺堂廡。用智依用兵，軍形似處女。示弱姑伏蹲，旋跳皺腰膂。戲擲返使逃，追奔伏腦盬。皮無人相儀，肉有鴟嚇腐。快哉去一凶，此事惟爾主。久之曠厥司，夜夜上屋宇。聲濘足奔波，瓦亂劇風雨。求耦類申公，去國輕一羽。窺探鼠有心，唧唧聚歌舞。久蓄忿鬱多，盛氣亦以吐。羞學齊莊公，晝伏遭嘲侮。欲依盧山君，侈大與驢伍。不思雞犬仙，獨以拖腸阻。不思首兩端，終以幽憂瘋。我急呼貍奴，餘勇謂可賈。時值食薄荷，沉湎甚醉醹。聽其與城狐，憑社各安堵。此氣鼓竭三，彼黠技逞五。有時拱而立，若以禮自處。其實狎侮人，意謂莫予禦。竚俟貍奴醒，瞢騰若聾瞽。睡久饑腸鳴，跳架攫鸚鵡。小鬟口驚呼，老夫髮上豎。無功已可羞，有過寧禁怒。與其二害俱，去一不猶愈。吕相曾絶秦，莒僕終去魯。惠養復何心，芻牧無猰貐。老婢請宥之，後効或可睹。日夕擾吾裳，柔馴過易補。婦媪固無知，依隈愛媚嫵。所以武韋時，賢良李義府。此物倘長留，受病同受蠱。蠱不自外來，貓亦依門户。逐疫依漢宮，侲子紛禁籞。僮僕吾無多，雜遝兼媪姥。擁篲力雖微，聊以代千櫓。擣砧聲雖低，亦足抵鳴鼓。逐之使飛馳，衆力約齊努。吾亦執杖巡，白小不復煮。鼠兮其奈何，惟以祝代詛。死爲十二神，速化配龍虎。

贈龍醫士

八月不聞木犀香，九月不見茱萸黄。兩花與我同情性，一般苦旱遭秋傷。空庭兒女方看月，我愁煩熱思無霜。姮娥竊藥不濟世，天高鬼惡無醫良。龍子託交久，呼之蒙疾走。惟憾酒微醺，心非未出口。豈有劉伶醒，而施扁鵲手。出脈姑試之，未知能當否？龍子低頭如醉眠，良久夢醒驚而言。空明不動君心田，胡爲今日如旌懸？摇摇不定須安便，此於秋旱何與焉。刀圭往往人鉤玄，卑無高論爲君痊。我聞其語驚，前倨瞀而改。漫應曰將母，於心實啟乃。此情不可宣，此紛聽君解。對面成隔山，測蠡竟到海。赫蹏小紙排藥方，驅使草木皆尋常。大言三服無多嘗，還汝平生冰雪腸。家人竊喜我竊笑，視事易者恒疏狂。談兵詎可信趙括，求仙何遽問劉郎。一匕再匕不望效，三日亦復心茫茫。朝暾入户但覺好，陡思日觀窺扶桑。呼童扶起下階步，不覺兩腋生清涼。手取晝叉仰屋梁，百錢叉下付厨孃。紫蟹攤市膏玄黄，黄雞入饌肥稻粱。不須沽酒傾餘杭，薄薄家釀勝茶湯。請君再醉吾糟牀，手占勿藥其悔亡！

郭舍人於宫竹酒杯既失復得

白日西下河東流，九鼎滅没不可求。楚弓楚得細事耳，一杯來去良悠悠。阿郭鐺杓共生死，狂呼力士兼舒州。從此酒人重酒器，有賣不惜傾貲收。朱提巧鏨蓬萊盞，藥玉快瀉錢塘舟。偶然醉臨竹根好，籊龍不赦斤斧搜。何時一去似黄鶴，飄然萬里隨沙鷗。酒徒來往嘆羽化，當筵忽復明雙眸。得官怪君不自喜，喜此翻動當時愁。作歌更酌酌到我，我用我法爲君酬。側身四望周八極，世間小劫三千秋。沙蟲猿鶴何累累，古來惠跖同蜉蝣。幕天席地勞吾輩，四瀛作觶猶乾喉。區區此君論觥籌，先生休矣髡無留。

題表弟程午橋編修篠園

性癖軒窗静，心清風露香。蒹葭有秋水，蟋蟀在西堂。昭代容閒逸，端居合典常。揚州花月地，蕭寂灌蒼筤。

登板子磯

一握苔磯築女牆，南朝司馬作金湯，衣冠不惜空鉤黨，兵甲惟防起晉陽。事去長江圍故壘，人來秋葉下僧房。赭山日落蕪湖冷，猶記將軍舊姓黄。

魏文帝賦詩臺

一綫長江一葦杭，六軍不發事篇章。三台公讌多才藻，七子登壇又帝王。時到黄初遵舜禹，貢來白下愛犀香。風流身世驚天險，從此孫郎號大皇。

按：三國志注：『魏文受禪畢，謂其左右曰：「舜禹之事，吾知之矣。」』四句用其語。又文帝嘗伐吴，臨江而歎曰：『長江天險，此所以限南北也。』自是不復伐吴。結末用此。

董子祠

天人三策奏明光，儒者逢時道未昌。拜爵幸容同賈誼，殺身幾至作京房。尚書給札工詞賦，宰相封侯利豕羊。衰草滿園繁露冷，不堪禮數博驕王。

賈傅長沙、董傅江都、董弟子路温舒，以災異奏對，幾至累及所師，如京房矣。二句皆用西漢人比擬，極爲確切。

梅花嶺

春江花月醉名姝，白甲殘軍授虎符。出鎮謝安開北府，背城張悌死東吳。將分水火妖星見，血裹衣冠厲鬼呼。故壘蕭蕭山悄悄，野梅如雪下平蕪。

史忠正之殉國，擬以吳之張悌，最爲切當。

感舊詩　二十四首之二

故國吴宫樹已枯，楚人裒鳳入吴歈。子雲不恨離天禄，杜牧偏教夢白駒。花圃有情明月在，酒星無賴曉風孤。玉山高會浮生盡，鐵笛何人過太湖。顧庶常嗣立。

去天尺五復回翔，靈鵲何心過海棠。杜曲詩人希稷契，元和吏部只文章。荼蘼春在尊空月，羅綺秋涼鬢有霜。袞袞門前舊沙礫，一時冠蓋盡山王。湯少宰右曾。

長洲陸叟謬　小感舊　十首之一。自注：陸經事虞山善鑑别宋元版書籍，何義門引與余交也。

白髮碧雙眸，逢書尚校讎。一生矜草屩，曾上絳雲樓。

西江李健卒

舊湖健卒老號豆腐。

白髮老材官，湖南一戰酣。偶因風日暖，袒膊見刀瘢。

張相國歸里過話

紅藥長吟三十年，薰琴罷聽五條絃。安昌絲竹猶無恙，閒唱秋風相府蓮。

滕王閣

隨園詩話

閣外青山山下江，閣中無主自開窗。春風欲搨滕王帖，蝴蝶入簾飛一雙。

方輔讀一首

方輔讀 字頌椒，號耕石，邑諸生，贈朝議大夫，有北垞集。

松下步月

孤松招月到，照我出柴關。上下清輝徹，高低素影環。天空容雁度，夜靜許人間。風動濤聲急，悠然一笑間。

方張登十五首

方張登 字午莊，號褚堂，乾隆壬申舉人，官平羅知縣，有好影軒詩集。姚薑塢好影軒詩集序：『昔王元禮自詫其七葉之中，人人有集。追惟午莊先世，自其六世祖明善公以來，勃窣理窟，蔚爲儒宗。廷尉中丞繼暢其支，至文忠先生貫三才兼儒釋。君大父嗣振其緒，君家尊府觀察六義經緯之學，摛華擷藻，吟詠斐然。迨君之身七世矣。顧君且漬墨磨丹，日新不已，方如春潮溢於江湖。今之愛君詩者，如綺波文縠沿洄不置，尤可貴也。』張若駒午莊詩集序：『午莊未十齡，從官燕、秦間，既而歷中州、吴、楚，所至喜訪求古蹟，遇物留題。又嘗與予自潼關達樊口，至武昌，相與憑吊前豪，指點遺址，勃然起舞，深所感觸，如創獲然。予嘗謂午莊爲善讀書人，今讀其前後集益信。』

先大夫墓下述哀

淒風響空谷，急雪封松楸。負土昨日事，三歲乃已周。衰絰有時止，深痛寧能瘳？九原隔終古，趨侍悲無由。夜雲如墨黑，夢入讀書樓。府君坐其上，責以業不修。虎嘯忽驚悟，流汗猶未收。回思少小日，飽食無他愁。承歡在書史，顧自耽嬉遊。義方昔不從，涕泗今空流。先澤至深厚，似續難爲謀。出入苦孤露，懼貽前人羞。遺書尚萬軸，忍淚勤搜求。

輪園修禊

急雨顛風春欲暮，莫惜春泥濕芒屨。已看紅雨辭高枝，尚有黄鸝隱深樹。山能飛翠水搖波，名園禊飲賓朋多。肯教上下三千載，獨數風流晉永和。香氣霏微動蘭圃，雨洗春光更明嫵。溪邊亭子垂蘿陰，缸面梨花如潑乳。青尊相屬在江湖，不負南中櫻筍厨。四壁詩成復泥飲，如此清狂古亦無。丹青好手不可覓，莫悵芳蹤易蕭寂。浮生若愛身後名，絲竹當前亦悽戚。放眼世界恒河沙，紛紛飄蕩風吹花。但得餘閒便乘興，世間何日無烟霞。

三慧庵

霜外精藍遠，平沙取次行。寒林猶落葉，斷水不成聲。山近鋒棱露，樓高梵唄清。願聞金粟理，蠟屐往來輕。

寄浮山洪公

先無可公法裔。

巖壑春來好，吾師在翠微。野花分磵水，初日上烟扉。慧遠禪尤邃，維摩病本非。青原留勝果，嗣化待傳衣。

雪晴自古浪送兵至武威

羽林天上出，西域濟雄師。捲帳山猶雪，前驅月滿旗。明駝千里健，宛馬五花奇。筆硯無豪氣，何如聽鼓鼙？

天印山 金陵懷古

秦帝經營奪化工，新通淮水厭江東。女牆月落潮烟白，燈市船來夜港紅。地入酒泉無寶氣，山開六代有遺宫。如何不鑿咸陽坂，五色絪緼付沛公。

温忠武墓

名士誰當第一流？孤臣獨共主君憂。已看甲馬趨金殿，别少風帆到石頭。灑淚三軍争敵愾，論功諸將亦封侯。過江延譽真無忝，北望并州萬古愁。

忠武慷慨，功名之會，於夙志已酬。然回念絶裾之情，無乃終天之恨耶？揆之名義，要難恕也。此等詩有關風教之作。

河華讀書處

水北山南一畝園，十年羇旅送朝昏。閒看寶劍聞刁斗，醉讀離騷倒酒尊。青散芙蓉通洛汭，寒添竹箭出崑崙。自從襄漢歸江左，秦月隨人直到門。

雲臺觀夜宴

高閣三峰欲抗行，憑欄暑氣夜來輕。山當月午清無影，風掃星芒怒有聲。名士酒酣看射虎，道人丹熟静吹笙。爲憐哀樂中年異，縱復登臨亦少情。

江州風雪

急風吹浪打船窗，天半黄雲雪滿江。溪女自誇村酒獨，榜人笑得鯉魚雙。渚宫十日聽金縷，湓浦連宵對釣矼。孤負匡廬山色近，幾回冰阻玉琤淙。

虹橋泛舟至平山堂

邗水拖藍静繞城，扁舟如葉掠波輕。已無名士徵歌舞，尚有青山管送迎。小雨過時花氣溼，緑陰深處佛燈明。酒闌擊罷回帆鼓，一夕揚州夢較清。

秋夜送客

僧廊送客夜何其，樹影飄蕭露氣滋。佛壁微紅巢蝙蝠，野塘生緑卧鸕鷀。笳鳴古戍殘更急，月落山城曙色遲。閒憶江南秋漸老，漁燈蟹火正當時。

平涼文太守宴席

風笛離亭歲幾更，飛蓬不易聚高平。紅燈度曲雲生席，緑蟻藏鉤雪滿城。九郡虎符當劇地，廿年蘭録識邊情。崆峒山色清如此，直送横門入望明。

憶懷坡並夢遊邘上

十年不飲南泠水，一夜重過廿四橋。夢好那知春已去，愁多應賴酒能消。玉簫深院吹烟月，梅雨空江上海潮。惆悵故人成小别，滿江鳧鷺待歸橈。

自題秇香圖

長筵帶月歌金縷，生馬嘶風踏塞沙。豪氣只今都減盡，藥欄春到學看花。

方澤二十五首

方澤 字柱川，號待廬，乾隆丁卯優貢生，八旗教習，有待廬詩緒。姚惜抱集方待廬先生墓誌銘：『先生少有高才異識，爲諸生，久屈場屋。督學觀保知先生賢，舉優貢入都，年五十矣。再入北闈，不售，爲八旗生教習，歲滿以知縣用，先生不樂就。歷游楚、晉、中州學政幕，遍觀山水之勝，作爲詩歌以自娱。後主洪洞書院。卒年七十一。先生與伯父編修府君友善，鼐兄弟皆受業先生，論學宗朱子，論文宗艾千子。先生爲文高言潔韻，遠出塵壒之外。埸屋主文俗士不能鑒也。然弟子獲雋於鄉、會試者十餘人矣。編修府君嘗謂先生文似明羅文止，詩似宋楊秘監云。』孫績識詩緒後曰：『先大父所作文，王罕皆太史嘗爲「龍眠十子」、「江左十子」之刻，而詩未行也。大父嘗自芟其稿，存爲四卷。績貧未能全刊，因先鐫其大概，曰待廬先生詩緒，以著其崖略云。』

首路

首路逐光景，騁望修且孤。羲和不我待，攬轡還疾驅。西方兩怪物，跳踉遮榛蕪。東有頎然叟，峩冠皤其鬚。攀援未遑及，手中書墮吾。

苦熱

朱烏啄赬虬，擺火燒萬族。露蟬喝晨餐，籠雞倦午祝。農夫力耘田，赤踝頂一笠。我腹貯清風，披襟對松竹。豈惜分渠涼，大扇不在握。白鷺雪渾身，傍水翹兩足。

迢迢谷松石

緣此百折溪，遘彼水邊石。怒馬奔嚙群，飲牛俯吮犢。襞襀龜坼兆，凹皷鼎折足。青天轉奔雷，迸雪落飛瀑。夜遊景倍幽，明月伴鶴宿。

次韻左繭齋古硯

天生雙手閒無用，弱毫蠹簡聊拈弄。長年竈煤研瓦池，百斛何由扛鼎動。君家硯寶髯蘇公，硯陰有東坡手銘。不數瓦礫銅雀宫。馬肝子石磨礲處，墨蹟依稀餘病風。蘇詩自注：『古云磨墨如病風手。』故應圭璋借此硯，明光起草俾世羨。何當頭白短燈檠，却共酸吟以詩先。詩如蘇海浩瀰茫，屬和嗟無秦與黄。天孫七襄燦雲錦，寒機椓軋艱報章。願借寶硯歷星紀，蔽影更尋山畏壘。點勘人間未見書，一掃淫哇追正始。

三月晦日贈杜鵑

春光銜在杜鵑口，夜半一聲春疾走。二十四番花信中，三分其日十之九。春頭長雨接宵晨，春尾顛風捲塵土。長紅小白媚雕闌，博得纔消幾杯酒。信不如歸應喚歸，春歸明歲春依舊。喚春歸者究何歸，兩川早落他人手。莫矜古帝是前身，再拜今無杜陵叟。

和葉花南太史題趙子昂畫馬

松雪畫筆馬尤工，一掃列廄群馬空。芊綿芳草王孫路，虬松上覆濤翻風。汗血騑騑散坰牧，青絲絡頭松陰立。渥洼龍種那受羈，鬛蹄輥地便晴日。錦韉金勒珊瑚鞭，騎而行者當其前。風雲萬里不同騁，長嘶昂首企騰騫。行者爲憐企者止，卧者憐企兩忘矣。神駿應參支遁禪，馬蹄微契蒙莊旨。嗚呼用舍唯其時，騊材絶塵逸足遲。品彙恬競各情性，圖寫象外和天倪。珍藏玉皇香案吏，題詩詑我披函示。寓目飛黄騕褭姿，棧豆胡爲自牽制？湘南回首黄金臺，春山苜蓿歸懷哉。鈿車香塵綺陌開，紫游繮外方裴徊。

待盧看月分韻

萬籟寂山夜，雙扉開雨餘。姮娥經浣濯，玉宇自清虛。露竹光連徑，風松影漾盧。此間集吟客，詩思淡何如？

子　規

並不關渠喚，春歸原有期。因迷棧雲路，每到落花時。自説鄉心苦，能令客淚垂。何辜將兩耳，三月向天涯。

夢涼涼生

命也君如此，傳來我正驚。悲風屠劍市，行李郢郎城。斯世誰無恨，何人太不情。塞深關月黑，魂夢豈平生。

阻風效誠齋體

碧淨一江水，東風吹不休。乍同愁客面，漸學老翁頭。幾葉衰楊岸，數梢寒荻洲。作聲鳴瑟瑟，相助恐行舟。

重至白門哭螢照堂兄弟

皎皎白駒什，交交黄鳥詩。昔聞臨穴惴，今憶永朝維。空復驢鳴作，何堪鶴唳悲。雙埋新馬鬣，宿草又多時。

同王希文費修大蔣星巖韋慎占管一潮泛舟登平山堂得雲字

十里紅亭路，陂陀帶夕曛。陰低環檻樹，青捲隔江雲。檣影燈千簇，簫聲月二分。湖光山色句，别後與誰聞？

靖州道中

旦暮窮登涉，雲顛並水涯。輿人獰若犺，石徑曲如蛇。鴉舅紛丹葉，旗槍綴白花。緣路多茶子樹，幹修而秋冬著花。殊方當歲晏，感物一咨嗟。

郟縣道中

迤邐經墟市，高低逐澗坡。關河分汝潁，節序届清和。樹類江南碧，山看郟北多。杜鵑啼不到，歸思自無那。

龍門紀游 四首之二

去汝將徂洛，龍門道所由。两山相對出，一水自中流。寺隱層崖腹，舟横古渡頭。皇華謂李春坊。眈勝蹟，暫憩與探幽。

白傅孤墳在，樵蘇任庶黎。有詩憑鬼唱，李長吉集『秋墳鬼唱鮑家詩』。無樹著鶯啼。夜月亭空敞，春風草又萋。我來千載後，釃酒重含悽。

附五律摘句：過河西務云：『黍苗疏亞堠，燈火近知村。』得家書云：『開緘兩行淚，落葉一聲秋。』梧州云：『嶺瘴雲遮堠，瀧流雪拍舠。』向曉云：『露珠明草葉，霜纈散林花。』蘭花云：『一空巖壑種，半入管絃樓。』題齋壁云：『檻風來鳥語，簾日弄花鬚。』

與蔡芳三夜話感賦

轉蓬南北總隨風，豈有聲華動洛中？作苦竊言堂上筑，就焚偏賞爨間桐。大兒文舉今誰是，幼婦中郎語自工。進學解成難免笑，諸生如我亦頭童。

歲暮得鄉問有懷胡亦士張弼宸

二千里外感松楸，鬒髮盈霜歲復周。斜日承塵鳴鵬集，停雲廣澤度鴻修。疏陳北闕舒三策，賦校南都詠四愁。想得新來應自醉，故人何似且依劉？

七夕次李春坊韻

暑退煩襟漸欲删，風牀永夕共蕭閒。星横碧落銀河畔，秋在空庭緑樹間。昌谷詩情增悵望，蘭成賦思動鄉關。澆愁酒滿君休勸，料解金龜换不慳。

發良鄉

喧闐車馬夢初醒，猶是南還舊轍經。送我有情雙隻堠，依人無定短長亭。蕭蕭草白霜還滿，漠漠塵紅日漸曛。稍喜冬晴似春暖，武昌應見柳條青。

旅　夜

索米長安倦薄游，南轅復此悵依劉。風燈老屋青油幕，雨柝荒江黄篾樓。歸夢有時乘款段，落花何處叫鉤輈。漢津皖口纔千里，籬菊猶能訂九秋。

送張廣文還鄉次息翁韻

晴江浩蕩接平湖，緑縐微波濺碎珠。三尺黄旗秋晚挂，西風瑟瑟滿菰蒲。

曉　發

三宿潯陽晚放關，起來身在浪花間。回看已失匡廬面，青入船窗是楚山。

曉發采石

便風多謝破程慳。借飽征帆不作難。柔艣無聲歸夢穩，翠螺山好未曾看。

河東道中

人烟闤闠歷黍高低，百丈斜牽堤復堤。亦有江南楊柳樹，流鸎不著一聲啼。

方　源二首

方　源　字紹川，一字振川，澤弟，乾隆初布衣，有非非吟。

宿屯溪

踏破谽谺路，屯溪别有天。兩峰青障日，一水緑連川。中有蒼髯叟，相逢黄石邊。挑燈論往事，投契覺忘年。

郊行即事

信步郊原外，行遲意復遲。雨多花減色，春老柳添絲。竹樹深簫管，人家醉酒巵。我來醒倦眼，歷歷動深思。

卷四

徐寅 蘇惇元
吴元甲 光熙 同校

方觀永二首

方觀永 字盥若，號辨菽，貢生，候選翰林院待詔，貤贈清河道。

隨侍塞上 十首録二

十笏茅檐萬里身，南雲西日倍傷神。鷦鷯枝上求三窟，豺虎聲中託四鄰。學易爲占京洛信，采薪時遇索倫人。關山原識歸非易，感觸難辭入夢頻。

零落江蘺鄉思多，滿囊沙草欲如何。團欒家任鹽齏樂，浩蕩心教歲月磨。絶塞有天開壁壘，長空無地指星河。書生且入弓刀隊，滿耳鳴駝一放歌。

方觀承三十七首

方觀承 字宜田，號問亭，由保舉中書，官至直隸總督，加太子少保，謚恪敏，有問亭集。昭代名人尺牘小傳：『字遐穀，雍正間爲平郡王記室，以布衣賜官中書，薦鴻博，不就試。精三禮，與秦味經同撰五禮通考。官畿輔時，尤留心水利，先後延趙一清、戴震輯直隸河渠書百餘卷，惜未梓行。有述本堂集、宜田彙稿。』李富孫鶴徵録：『宫保，雍正壬子入都，有族人薦於平郡王，與語奇之，及征准葛爾，遂奏爲記室，凱旋授中書，薦鴻博，臨試以避嫌不赴。後雖貴，手不釋卷，好吟詠，工書，善騎射，晚年生子維甸。高宗嘗命抱至，解所佩賜之，公賦紀恩詩云：『造膝幾人容抱子，眷懷昨歲詔迎醫。珠囊佩解龍衣上，玉食頒嘗𣪊哺時。』惜抱軒集方恪敏家傳：『公素勤於學，工爲詩及書。仕宦數十年，公事之暇，即執書讀之，所著有直隸河渠書百三卷、述本堂詩集十三卷。』張維屏國朝詩人徵略：『公之祖、父以文字累謫黑龍江，公往來塞外，嘗菽水，厲志學問，遍知天下利病、人情、風俗，所當設施，以軍營建策，由吏部郎中，薦至直隸總督。公明於用人，一見與語，即能知其才，若周元理、李湖等十餘人，皆所拔於守令、丞尉中者也。』花間談録：『恪敏公少時父、祖遠戍寧古塔，公裹糧擕奴胡南駒兒出口尋親，遇雪見氊廬，主僕依檐而卧，廬内劉孝廉夜夢黑虎抱一白犬，晨起掃雪，見恪敏主僕，異之，延入詢家世來歷，窺公器宇不凡，以女妻之，後封一品夫人。』又曰：『恪敏公總制畿輔，行義倉法。凡直隸村集建倉一千有五，籌畫分晰，立制周詳。』錢文端、陳群序詩集曰：『先生祖、父以累居塞外，先生徒步從，輒讀書，窮經籍，所爲歌詩，道窮苦而紀風土，孺慕之忱，溢於言表。』沈歸愚問亭詩集序：『梟宗水部詩激壯蒼涼，音節高爽，沃園中翰詩雄俊廉悍，癥結盡消，宫保詩詞達理舉，締構謹嚴，而述先德，感君恩，流離顛沛之中，一歸於和平温厚。』陳句山太僕問亭詩集序：『先生少攖家難，間關單步，槖饘萬里。其傷心拂鬱之境，備見於出入關塞諸篇，有古豪士所不能堪者，而先生之氣愈和，神愈謐，略無怨懟不平之鳴，洎乎遭時顯貴，爲所得爲，惟一意奉公，上紓軍國之籌，下究民生疾苦，而於人世嗜好一無所營，當其淵然獨居，歌聲若出金石，不異向者逆旅蕭條時也。』姚夢穀方恪敏公詩集序：『吾鄉方宫保公，以經濟之才，上輔聖治，膏澤被氓，庶功業垂信史，而又稟受異姿，嗣增家學，作爲詩歌超軼閎肆，自進於古，蓋以名臣而兼詩人之盛者也。公少時北窮徼塞，南涉江湖，其詞多沈鬱慷慨。晚遭恩遇，敘述温雅，要皆直達胸臆，自能兼包古今。』塵定軒譚粹：『方恪敏少治經，尤專三禮，嘗博采禮制因革，屬稿，聞秦味經蕙田修五禮通考，遂畀之，故通考中公説最多。』袁枚隨園詩話：『公未遇時，南北奔走，備極流離，金陵清涼寺僧中州知其爲偉器也，時賙恤之。公詩有「須知世上逃名易，只有城中乞食難」。後官制府，重建斯寺，殿宇焕然。』又云：『公勳位隆赫而詩情極佳，未遇時，有途中看花三絶「數枝紅豔困輕塵，隴後峰前别有春。袖底飛英吹墮地，似憐驢背有詩人。」「女兒妝罷鬢鬖鬖，鬢底桃花一面酣。結伴前村攜手去，每逢花處又重簪。」「稽首茅庵古白華，道旁人獻道旁花。慈雲座下無多願，每到花時婿在家。」』李調元雨村詩話：『桐城方恪敏公詩多奇句，洞庭雪云：「雲影白無岸，浪花飛上天。」冰牀云：「有綏如馭馬，無地與支龜。」夜來香云：「釵影半横人倦後，衣香又到晚來時。」東溪雨後云：「隴樹迴風吹野，人家倒浸前溪。」』方息翁叢蘭詩話：『宜田姪以徵辟起，從鄂相國視河遇之，爲誦其軍中詩十數首，余聞至「馬嚼冰連鐵，狼奔雪帶沙」。「辨面戈攢火，開關鑰墜霜」。謂其足抗岑之塞上、杜之秦州也。』

太公〔一〕遣赴奉天

重闈倚衰白，我行將何之？尋常未易别，况乃天之涯。饑寒驅冷鋏，汗漫無家歸。生計在千〔二〕人，得失難預持。敝裘支凍骨，羶酪充路饑。辛苦付前途，孤踪行李微。回首望朔風，淚眼垂冰絲。翻笑窮途泣，一身何多悲。

『生計』二語道盡客途情況。恪敏於此等處，閱歷既深，後來得志，便能推此情以待人，是大快事，否則終身淪落，亦無謂矣。

校記：〔一〕『太公』，詩集作『大父』。〔二〕『千』，詩集作『干』，是。

采石江打艤二十二韻〔一〕

南州詩略選

張帆千里行，收〔二〕帆十日住。順逆隨〔三〕天風，江程有常度。咄哉下水舟，忽與風争路。水勢憑東來，風聲勒西去。黄頭智狡獪，支艛聊沿溯〔四〕。掉尾突横風，傾敧不〔五〕暇顧。側舵剪飛濤，危帆撑破布。如竊風〔六〕姨奔，急避蜚〔七〕廉怒。寬流三十里，截斷沙崩處。蛟龍迹蜿蜒，蒼鷹勢盤互。周覽巨濤中，往復若抒戽。參差射潮軍，魚鳥各趨鶩。未問輸贏齊，猶嫌指揮遽。暮雨激寒潮，高雲吹敗絮。百折歷危磯，两岸茫所赴。篷窗卧漸濡，艙席坐屢仆。衆舟呈險色，顧我復何據。因感志士心，修途悲日暮。倒行而逆施，一擲輕瓦注。瓦毁不復全，波驚豈容誤！慚非破浪雄，每惟〔八〕恒情懼。願付榜人歌，盡唱公無渡。

朱聞木評：『「封姨」二語形容打艤入神入化，末幅爲日暮行遠者誡倒行逆施，議論正大，足以不刊。』

校記：〔一〕詩集詩題作『舟行折搶』。〔二〕『收』，詩集作『眠』。〔三〕『順逆隨』，詩集作『逆順遵』。〔四〕『詩集』此句作『强艚力沿泝』。〔五〕『不』，詩集作『未』。〔六〕『風』，詩集作『封』。〔七〕『蜚』，詩集作

『飛』。〔八〕『惟』，詩集作『爲』。

曹素功藾粟齋墨歌 湖海詩傳選

黄山六六峰，峰峰産奇松。曹阮二水交澄溶，天生墨材擅天下。精能孰繼廷珪蹤，廷珪去今八百載。劍脊龍文幾丸在，元明妙製亦多人。轉眼烟塵隨劫改，興朝作者獨數曹。輕煤薄麝萬杵勞，水濡不壞點如漆。半珽〔一〕可直千錢刀，後賢復能世其業。豹囊珍護青麟膏，鴻儒鉅公交口譽。姓字上徹楓宸高，却憶吾家老於魯。九元三極心良苦，名高物忌召恩仇。寂寞金壺剩空譜，秦寶鏡，吴純鉤，神物化去不可求。何如藾粟齋中旦日出〔二〕，子孫長作松滋侯。老夫意氣雄筆壘，興來須遣雙丸〔三〕待。藿甘園譜爲成圖，看潑春濤接雲海。

校記：〔一〕『珽』，詩集作『挺』。〔二〕『旦日出』，詩集作『菁英且日出』。〔三〕『丸』，詩集作『螺』。

雨後夜坐 湖海詩傳選

雨歇郊園暮，窗開野色青。歸雲不礙樹，淺水亦涵星。茶熟兼花氣，詩成記〔一〕灝靈。涼宵秋得似，的的度流螢。

校記：〔一〕『記』，詩集作『託』。

威遠堡邊門

斷柳憑分界，群山退守邊。周京嚴鎖鑰，藩落控烽烟。避徼〔一〕鴻宵度，當關虎晝眠。相譏怪儒服，辛苦著長鞭。

校記：〔一〕『徼』，詩集作『繳』。

舟過天津官雲程貽盆蘭賦答〔一〕

蘭皋元近水，舟際忽横〔二〕香。之子崇明德，多情解佩芳。因風想庭砌，帶雨夢瀟湘。亦有蒹葭詠，應憐臭味長。

校記：〔一〕詩集詩題爲雨中舟過天津官雲程侍御貽盆蘭賦此爲答。〔二〕『横』，詩集作『移』。

皖城中秋

燕市昨年月，并州作故鄉。鶴歸遼有語，雁入塞成行。乙巳兄弟等自塞外歸，晤京師。忽照南天水，全疑北地霜。扁舟繫遊子，流落近江湘。

暮

山近道仍賒，弓刀暮影斜。有程空數驛，無樹與棲鴉。馬嚼冰連鐵，狼奔雪帶沙。莫教輕一聽，頭白是悲笳。

夜來香

含風綴月蕊擎枝，只此幽蘭借色宜。釵影半横人倦後，衣香又到晚涼時。隋宫小字新芳譜，庾嶺仙根舊夢思。一種清芬苞墜露，幾人夜氣託先知。

曉發白楊村

一帆初挂早霜天，野鶴飛回警夜眠。寒水自明沙岸影，輕風不散柁樓烟。綱河地遠蛟龍迹，春稗人修草木年。試問湍聲閲行路，村翁笑撫白〔一〕盈顛。

校記：〔一〕『白』，詩集作『雪』。

嘉峪門〔一〕登籌邊樓作

湖海詩傳選

敦煌戍〔二〕外酒泉東，萬里登樓驛畫通。望去單于新毳帳，牽來都護舊青驄。水分夾谷邊重繞，山到陽關勢略同。冷映高旌移暮色，塞雲開處月如弓。

校記：〔一〕『門』，詩集作『關』。〔二〕『戍』，詩集作『西』。

野宿

遥指行人〔一〕入暮天，營依一匝短輪連。黑風飲馬人呼井，白雪眠車野裏氈。强抱夢魂來斷磧，又聽轣轆起荒烟。柳條數問邊城路，傳到冰河〔二〕不易前。

三、四語奇創確切，爲從前邊塞詩所未有。

校記：〔一〕『人』，詩集作『盧』。〔二〕『河』，詩集作『沙』。

哈密東城

安西分兵戍守，鎮臣統之，内蔽甘肅，外轉軍糧，爲西塞要地。

黄蘆岡外去程賒，紅柳城邊夕照斜。漠影一行初見樹，冰痕十月亦嘗瓜。南山轉粟梯長坂，西塞收兵牧淺沙。鄯善車師諸屬國，都從此路問中華。

恪敏七律氣格蒼健，庶幾五十六字中無一剩字，在唐之中季，亦夢得、義山之儔。

趙北口道中

馬頭塵盡出扁舟，趙北燕南樹正秋。一水蒹葭連數邑〔一〕，長橋新月界中流〔二〕。村糧入甕兼魚蠣，獵火遺矰雜〔三〕鷺鷗。行處哀鴻飛不定〔四〕，幾回旌旆〔五〕爲遲留。

校記：〔一〕「邑」，詩集作「縣」。〔二〕「新」，詩集作「星」；「中」，詩集作「寬」。〔三〕「雜」，詩集「渺」。〔四〕「行處」句，詩集作「行處霜晨凄澤雁」。〔五〕「旆」詩集作「轡」。

五日

五絲牽續夢〔一〕魂歸，蒲柳青陰景不違。載酒船中風細細，采蘺江上雨霏霏。人經紫塞頻年夢，路問烏衣往事非。烟水且拚鄉國醉，鰣魚將罷莧初肥。

校記：〔一〕「夢」，詩集作「舊」。

津門燈夕賓僚宴集〔一〕

種瓜城畔酒爲泉，丙子駐肅州。青淀橋南月似烟。丁丑趙北口。有興還同今夕醉，多情仍比去年圓。童歌聲滿村村近，客詠燈分一一〔二〕妍。更欲探奇瀛海近〔三〕，驪龍正好抱珠眠。

校記：〔一〕詩集詩題作津門燈夕賓僚吟詠競爽因憶三年所歷又成四韻。〔二〕『一一』，詩集作『字字』。〔三〕『近』，詩集作『上』。

冬夜雨中同劉林一馬湘靈話故鄉風景

湖海詩傳選

微風沸沸〔一〕雨濺濺，已到輕寒十月天。茗碗頻添新活火，梅花重檢舊吟箋。爲鄰預結山邊屋，息老須歸郭外田。記取官齋同剪燭，數枝殘菊影猶妍。

校記：〔一〕『沸沸』，詩集作『拂拂』。

舟謡

春水不停橈，春風上〔一〕柳條。不愁風逗水，常是夜乘潮。

校記：〔一〕『上』，詩集作『遍』。

上都河道中

歌殘勑勒天如蓋，路入〔一〕灤陽水不回。一片黄雲千載淚，秋風吹上李陵臺。

校記：〔一〕『入』，詩集作『繞』。

淀舟即事

雨後空明絶點埃，篷窗斜〔一〕對夕陽開。遥村暝色收罾去，别港青泥載藕來。行過塘頭復淀頭，葦花近屋稻盈篝。持螯消得金〔二〕門酒，絶似〔三〕江南九月秋。

校記：〔一〕『斜』，詩集作『倚』。〔二〕『金』，詩集作『津』。〔三〕『絶似』，詩集作『一棹』。

感宋祖許錢王歸國事

獨容歸國事超倫，北漢南唐總戰塵。自是趙家乾淨地，他年留與渡江人。

宋祖於諸降王吴越獨待之厚，錢塘一片土即爲南渡之基，報施固不爽耶。

灞橋新柳

遠水寒烟地寂寥，無多春柳尚垂條。行人不爲傷離別〔一〕，只覺關情是灞橋。

校記：〔一〕『傷』，詩集作『攀』；『别』，詩集作『思』。

早過千里叔邀同朱景山秦淮泛舟即事

近水軒窗一面開，市樓層疊〔一〕少塵埃。遊情飲〔二〕罷從容甚，招手橋邊小艇〔三〕來。

城北城南路總通〔四〕，玉簫〔五〕聲落茗香中。停橈恰受風涼〔六〕處，繫得垂楊緑一篷。

校記：〔一〕『層疊』，詩集作『於此』。〔二〕『飲』，詩集作『飯』。〔三〕『小艇』，詩集作『艇子』。〔四〕『城北』句，詩集作『樓檻寬圍水近東』。〔五〕『玉簫』，詩集作『棋枰』。〔六〕『涼』，詩集作『來』。

連雨書悶

山妻解事酒常具，鄰友能來句共參。竹檻荷塘深閉户，未妨梅雨住江南。

五日留〔一〕闕下

酌殘蒲酒旅魂愁，燈舫秦淮憶舊遊。夢醒江城今夜水，亂山攢處月如鈎。

校記：〔一〕『留』，詩集作『宿』。

卜魁竹枝詞

沙摶三月草芽乾，曾少春遊遠樹看。漠色乍青還乍白，東風吹暖復吹寒。

春草初生，經寒復枯。

東門十日雨微涼，拾得蘑菇入市香。野水恨教迷去路，兒童閒殺柳條筐。

九月通鏗獵騎紛，弓刀大雪從將軍。一時馬上齊回首〔一〕，親射雄獳六百斤。

江冰後，獵野彘於通鏗河，得雄者貴。

鄂倫春隸索倫圍，廬帳千家裹樺皮。大樹驚貂憑犬得，深山野鹿任人騎。

鄂倫春在索倫之北，與俄羅斯接壤，地產樺皮，用鹿與馬同，招之即至。

門閉炊烟暖禦風，家家竈火炕頭紅。客來更撥泥盆餤，羊胛餐香炙馬通。

校記：〔一〕『回首』，詩集作『聲賀』。

從軍雜詩〔一〕

一百首録五。自注：平郡王拜定邊大將軍，余以布衣授中書從行。癸丑八月戒途，十一月至軍門，明年六月進屯阿爾泰山山南。十月回烏良蘇大營，韔弓服矢而不知勞，磨楯草檄而忘其苦，乃爲詩以紀之。

依山穴石〔二〕起炊烟，接隴人耕屋上田。秋至輸糧無別役，客來買酒有餘錢。

自張家口至殺虎口，塞民與土默特人咸業耕種，北路軍儲歲取給焉。

雁影西風去不回，寒鴉何事遠能來。黄雲漸起清泉少，行過關程十六臺。

自張家口至博羅哈蘇圖爲第十六臺，入瀚海。

金錢不惜買明駝，龍頷雞膺具相多。五日猶齘三日飲，等閒瀚海幾經過。

牧人遺火夜燒荒，近幕風來地柏香。何處馬通烟更起，健兒獵罷煿生獐。

地柏高一二尺，蒙古名阿爾察，馬食之，糞作柏香。

雨欲生寒風正斜，奔雷掣電勢交加。龍來陰嶺真兒戲，雷電光中舞雪花。

暑雨變雪，與電光相映。此等奇景，非身到其地者，固不能寫出。

校記：〔一〕『詩』，詩集作『紀』。〔二〕『石』，詩集作『室』。

方受疇二首

方受疇 字次耘，號來青，貢生，官至直隸總督。方氏詩輯系傳：『來青歷任封疆，清貧如故，家無籯積，道路周知。居官勞瘁，以體國育民爲先。政事之餘不廢吟詠，所爲詩格律風調，莊雅可誦。』

盤山　二首録一

雨過層巒淨，寒凝積雪存。峰頭雲出匣，谷口水穿門。溼徑粘花片，盤松枕石根。來登最高頂，只見此山尊。

北平道中

幾行官柳拂清風，便引微涼散碧空。東淀夕陽西淀雨，舉頭驚見月如弓。

方維甸九首

方維甸　字南耦，號葆巖，乾隆庚子進士，官至兵部尚書、閩浙總督，謚勤襄。方氏詩輯系傳：『公之勳業，銘鐘鼎，垂竹帛，不以詩文重。然公性喜讀書，雖案牘戎馬之交，曾不釋卷，工研制藝，屢典文衡，聞有奏議詩文稿一筩，門者誤爲廢棄文卷，焚之，公爲之惆悵者踰年。今僅於張船山集中録得一首。』貢舉考略：『乾隆己酉廣西典試，禮部郎中方維甸；甲寅順天典試，副都御史方維甸。』花間談録：『方氏科目最盛文望，若靈皋先生竟未典試。至葆巖中丞則乾隆己酉典試廣西、甲寅典順天試，分校禮闈，於方氏爲異數。』陸祁生曰：『勤襄公詩甚多，猶憶爲公子傳穆聘婦外家，有「敢云甥似舅，可許姪從姑」之句，今詩輯僅存一律，全集散失，爲之惘然。』楊希銓曰：『外舅勤襄公孝友傳家，公忠體國，性喜讀書，所著詩文彙存一篋，長蘆移任時，家人誤爲廢紙，悉焚之。公長女仲蕙紹衣家學，彙録遺稿，僅得詩詞若干首，釐爲二卷。』

寄朱幹臣吏部

蒼松挺貞幹，不共桃李芳。時鳥競喧啾，不與鴻鵠翔。特立萬物表，高風仰羲皇。往來有闔闢，淳悶安可常。層厓積冰雪，窮陰起微陽。枯荄既芽蘖，將泄天地藏。和風一披拂，萬彙皆丰昌。

夸父思逐日，愚公欲移山。精專恃志鋭，寧復怯險艱。金石詎云固，豚魚非冥頑。求深願未遠，尺寸窮躋攀。善行無轍跡，仁術非一端。迎機譬發弩，乘勢妙轉環。胡爲敝精力，蹙蹙摧心顔。

四序遞相嬗，卉木隨榮枯。草或萎孟夏，花猶表冬餘。寒暑固有常，物理安可拘？深索古今賾，變態紛乘除。陳言不盡意，况無盡信書。剛德天所貴，柔弱生之徒。天人豈殊致，執一良區區。

將之盤山留別

中庭雙桃樹，的爍春華敷。明當事行役，盡此花間壺。離筵不成醉，曉角聲嗚嗚。春時軍士登宣武門吹角，謂之吹青。晨星隱光耀，殘月如星孤。出門二百里，王程指徐無。老親念春寒，檢點縫衫襦。穉兒索乳啼，未解牽衣裾。持家賴汝賢，抱孫爲親娛。勞人輕別離，揮手驅征車。寄爾盤山吟，報我長安書。好藏一斗酒，歸及春光徂。

寄内

霖雨日傾注，閉門清溪潯。野渡没新漲，層軒結濃陰。所思隔烟水，欲往溪流深。擘箋達幽素，擁鼻還微吟。愁來不成章，難報瑤華音。七月火西流，商飆吹玉琴。方幸溽暑滌，又恐西風侵。因風寄相思，應知遊子心。

客枕畏夜長，薄酒時獨傾。一尊不成醉，百慮緣愁生。家書勸我歸，爲道新篘成。雙鬟侑壺觴，雜花羅軒楹。月照酒鱗灩，風入紗幬清。因思閒者樂，益觸羈棲情。胡爲久行役？逐逐徇浮名。

題蔣礪堂制府竹深荷净圖即送之嶺南

芙蓉池上篔簹谷，水色山光團淨緑。風驅殘暑去無蹤，月與佳賓來不速。野航並載任所之，林梢蘋末吹參差。江南此境亦易得，况無熱惱牽塵羈。水雲深處坐清夜，此樂誰遣先生知。先生早歷金華省，鑾坡烏府高寒甚。手持白簡披琅玕，口嚼紅牙賦宫錦。年來開府鎮吴越，冬日温温霜凛凛。驅除酷吏喝者蘇，扇以清風安夜枕。更闌秉燭治官書，羽箑停揮汗流瀋。葑田未忍役民開，麴院何曾留客飲。形勞能使神超然，夢遊偶放西湖船。投身清淨不受染，洗濯月露同娟娟。圖成小影不示我，但寄一幅銀光箋。故人面目勞想像，清氣來往鬚眉顛。自昔風人歌有斐，又説蓮花比君子。眼前寄興何必然，詩思蒼茫落葭葦。吴兒舉棹越女歌，留公不住將如何？言從東海至南海，翠幢絳節遥相待。滄溟萬里連虚無，百怪弭伏群靈趨。太乙仙人花作桴，釣竿欲拂青珊瑚。潮頭擎月萬影俱，明明可掇招涼珠。曲池幽谷殊寒窘，更寫乘風破浪圖。

寄裴端齋内兄

亂山争送客，山盡見中原。此去經河内，相望隔漢源。疇爲東道主，小憩北歸轅。遥想官齋裏，迎門笑語喧。

寄張船山

癸酉春日，告養居江寧，船山居吴門。

横塘春漲接江波，一舸淩風可暫過。郭外好山如有待，座中名士恨無多。閒邀野客尋松菊，聞載佳人出苧蘿。聞新納妾。相約莫愁湖上去，扣舷同和竹枝歌。

附摘句：寄内：『人經絶徼頭初白，書到長安柳漸青。』題王竹嶼白雲回望圖：『新阡負土松楸茂，故宅臨江竹樹荒。』

方城三首

方城 字宸山，乾隆間諸生，有緑天書屋詩鈔。章節都梁遊草序：『宸山綵筆名流，烏衣妙胄，稟天生之慧質，騰衆譽於芳齡。年纔毁齒，居然食果之楊修；弱不勝衣，宛爾乘羊之衛玠。江鄉桑落，原抛錦字之梭；家住龍眠，夙種藍田之玉。葡萄滿篋，劈殘五色。鸞箋豆蔻連篇，揮盡一枝犀管。才規白雪，氣薄青雲。』方雪泉緑天書屋詩序：『吾弟守高曾之矩矱，以雅以南，擴堂構之經營；有典有則，世守東西廂之衡宇。身爲清白吏之子孫，老屋三間，恰在杏花村口；頽垣一片，見居楊柳湖邊。酒熟牀頭，剛到通家舊伴；門敲月下，知來古寺高僧。來朝不問陰晴，但箋名理；此夕且談風月，遂發長吟。事非勉强，詩主性情。島瘦郊寒，非斯詣無從解脱；元輕白俗，到此境已進自然。二千年高格無多，三百篇嗣音無墜。』

便足樓即事

登樓及秋節，暑氣午還深。一塢白雲起，千峰何處尋？長風偃高竹，急雨響空林。尊酒留佳客，披襟一放吟。

同王似山季弟雨中登柴林

身近高蒼接雁群，上方下界已全分。烟吞村落都成海，路斷山腰忽入雲。撲面但驚風颯颯，侵衣難禁雨紛紛。瀰漫何處通人境，犬吠聲聲隔嶺聞。

過銅陵

銅鼓山頭夕照低，銅官城外草萋萋。東風慰藉羈人意，幾日歸帆盡向西。

方　壺二首

方　壺　字口口，號渤山，乾隆間歲貢生。

惜陰亭

天地雖逆旅，光陰乃過客。儒者生兩間，一息難寬責。有晉陶桓公，忠孝堅金石。一行作良吏，曾令蛟臺側。大禹惜寸陰，陶乃分維惜。退食偶然暇，運甓聊自策。勳業銘鐘彝，精勤留遺跡。振衣躡危亭，像祏虔咫尺。曠代仰高風，駒隙難空擲。

水碓

入山剛數里，樵侶結重重。不見口口寺，偏疑何處鐘。怒泉穿石湧，野碓夾雲舂。漫説多機巧，江車羡九龍。

方光遠十二首

方光遠 字蘭溪，號南村，乾隆間太學生，有梅村詩稿。劉海峰曰：『梅村遊幾遍吴楚之境，其爲詩磊落瑰偉，兼六代、三唐之勝，而體致極工。』張碧漪曰：『梅村力學有年，生平著作等身。尤長於詩，其情深，其旨遠，其調古，其律嚴，而五言律氣味雄渾，句意堅蒼，非深有得於老杜者不能。』

登焦山

峰影如插戟，中流起千尺。天梯鬼斧開，絶險驚魂魄。到頂縱奇觀，江天展畫册。樓閣起重重，俯瞰臨絶壁。海氣空青蒼，雲影颺寒碧。飄飄御泠風，恍若振鵬翮。悵然懷古傷，不見焦先客。

環渠齋露坐

一榻倚烟蘿，鐘聲静院過。有風清露少，無月細星多。犬吠驚飄葉，蟲吟覆淺莎。隔籬香氣動，知是沼中荷。

山居草堂

户外山光逼，烟嵐咫尺前。石蘿牽翠帶，榆葉綴青錢。徑窄多封蘚，潭澄若浸天。雖非元亮宅，深隱已頻年。

登池陽城

日暮憑危堞，蕭條萬里風。平蕪低夕照，高鳥没長空。楚水浮天去，吴山列郡東。角聲不可聽，偏入客愁中。

舟泊銅陵

月色冷烟汀，孤舟客醉醒。宵砧雜急柝，漁火亂寒星。兩岸人聲斷，空江水氣腥。故鄉明發到，無事歎飄零。

池陽九華門外泛舟

湖寬千萬頃，縱棹漾中流。何處吹横笛，平沙起暮鷗。水光浮落照，草色入涼秋。作客羈三載，愁多時泛舟。

小龍山

石磴盤空曲，崎嶇一徑幽。陰崖時積霧，古木自成秋。村舍紛前浦，林巒散遠疇。安能自朝夕，憑眺任優遊。

山　行

飛翠溼衣襟，山空秋氣深。孤雲無定跡，野鶴有閒心。老樹生荒蘚，清泉響玉琴。行行何所似，疑在畫中尋。

五言摘句：夜坐：『明月空庭水，長風滿樹秋。』『冬日霜警葉，難戀風呼雪。』易成池陽橋上：『丹黄秋浦樹，向背夕陽山。』『采石潮落痕，留壁松多翠。』蓋山幽居：『風輕交落絮，日永倦啼鶯。』

晚次舊縣

江干日暮客帆收，疏柳寒烟古渡頭。攲帽冷風吟秃鬢，捲簾涼月入扁舟。鐘敲隔水殘雲斷，雁落平沙野塞秋。迢遞關山千里外，鄉思一夕動離憂。

漁父

小艇輕摇到處家，網竿即此是生涯。得魚换酒歌明月，炊飯無薪拾葦花。身外無關聞見事，灘頭只識淺深沙。蕭蕭鷗鷺常相伴，老却江湖兩鬢華。

山中即目

谷口晚烟横，霜潭寒水清。四山楓葉盡，何處起秋聲？

雪美人

縞素衣裳白玉珂，清肌豔骨妒嫦娥。可憐無限傷春意，未嫁蕭郎鬢已皤。

方叔厓四首

方叔厓 字答叟，號梠峰，乾隆間□□，有浪崖詩集。

壽僧六湛

竹林團坐佔春和，鑑未生塵水未波。氣定不嫌紅藥少，交深惟許白雲多。行邊石鎖千重鍵，靜裏香焚十丈魔。自是諸根都淨盡，污泥堪長碧池荷。

寄觀白上人

記別溪流已昔年，香臺遥憶洞雲鮮。紛華百戰傳降草，燈火孤篝繫短椽。拈偈晨分花意簇，談經春唤石頭眠。坐中誰識西來指，手拍金盤待月旋。

贈姪緒匀

座上尊中意氣賒，幾從劇孟想豪華。魚腸已付犁庭叟，蝶夢猶隨泛海槎。三徑桑麻迎暮雨，一溪桃李散春霞。行行鳧舄來天末，望望仙舟泊水涯。

遊黄連再造廟集飲王文徵園亭得與字

元鑰開靈刹，金輪轉法乘。庭前環定水，方外結良朋。龍戰初盈野，鴻飛夕避矰。蠙衣稠没碣，甃盞醉敲冰。雲著空衣在，花留平澤曾。梅梁空紫燕，石壁躍青藤。古杏槐同夢，危岩岱共登。相期歸去鶴，自許過來僧。山岫依林碧，江波接户澄。長沙因賦鵩，叢棘爲驅蠅。雪霽祇園覆，烟浮若木升。静觀桑海易，細數口口興。禪悦超三輩，塵緣斷七燈。人增新氣象，客減舊威棱。造日城全匝，登天路幾層。白衣慚鄭縞，香品薦吴菱。擊鉢聯唐句，揮戈繫魯繩。好風鶯漸唤，微雨蝶何懲。嚮北空憐雁，圖南妄逐鵬。此生聊復爾，重聽笑求丞。

方惟寅五首

方惟寅　字直清，號厚堂，苞孫，乾隆間諸生，有浣思齋詩鈔。

怨歌行

冷雨飛不息，餘寒侵入衣。淹留復負疴，低回心事違。草閣聊徙倚，涼飆拂面催。江聲疊寒響，來雁帶餘哀。俯仰内傷情，懷抱何時開。知音世所希，焦桐爨下摧。榮樂各異勢，良驥等駑駘。

客中遣興

我居糟丘側，數月不歸去。良友隔江天，唱和誰爲助？好風自南來，晴雲吹擘絮。曠望出郭遊，山川滌吾慮。静嘯發清機，獨憩任箕踞。黄鸝如有約，隔葉頻來語。

北道夜發

不辨山川色，雙輪望北行。寒霜紛且落，斜月隱還明。風勁裘無力，烟深路盡盲。遥知村落近，側聽曉雞聲。

寄　慨

百感茫茫寄慨深，銜杯時復動清吟。青燈坐想平生事，白髮難灰一寸心。無限雲程山海阻，有懷舊雨雁魚沉。臨風幾度增惆悵，酌酒攤書醉復醒。

葉氏寓園即方氏將園也招賞牡丹感賦

却憶從前穀雨開，十年往事已成灰。於今濃豔迎軒日，可認看花故主來。

方德溥一首

方德溥 字□□，號賓龕，乾、嘉間諸生，有芸蘩書屋詩稿。

登香界寺遊寶珠洞

寶珠九曲待攀蘿，踏破雲霞頂上過。罨靄晴嵐秋色老，迷離烟樹夕陽多。龍城迢遞環蒼浦，鳥道盤旋點翠螺。昂首層霄天泰自注：山名。近，桂飄香界竟如何？

方敬揚一首

方敬揚 字吉餘，號桐峰，布衣。

述懷

數載頻爲客，於今且石藏。應歌商羽調，猶學阮嵇狂。避世誇金馬，封侯笑爛羊。茹蔬聊自得，較勝服松黄。

方　覺十七首

方　覺　字天民，號製荷，乾隆間諸生，有製荷詩鈔。張菉園曰：『製荷與姚姬傳同師方巨川先生，爲文雅潔，詩學尤深。平生不輕示人，而里中知名士莫不推重，以爲老宿。晚年卜居龍眠，境益坎坷。』姚惜抱跋天民詩曰：『余少與方君天民同學讀書。其時里中方待廬先生、張弼扆先生，皆號能詩。天民年少即工詩，兩先生每呼令唱酬聯句。』又懷天民詩曰：『愛君深谷結茅茨，擁座梅花千萬枝。貪就子雲論字久，其如元亮欲眠時。松杉蔽徑才通澗，風雪空山獨詠詩。容有一函來見訊，樵夫擔出白雲遲。』方展卿輓先生詩曰：『荒丘此去便千年，知命何勞復問天。生勝孟郊惟有子，死同康子合稱賢。山中已斷黄花約，架上獨留白雪篇。引得泉林亦相吊，斷猿無數哭溪烟。』

余自倦遊歸與姚五（興泉）張三（曾徽）遊處最密 三人者年皆七十餘矣遂作三叟詩追昔撫今不無慨歎云

平生寡交遊，心知二三友。少日多暌離，四方各奔走。相期克致身，樹立垂不朽。此意竟蕭條，風塵都未偶。邇來蹤跡合，鄉閭聊共守。回頭青鬢過，今已成三叟。姚子性傲兀，矯矯氣長赳。貧軀室屢空，藝通遇乃否。況遭東野哀，輒獲元叔咎。歸來病伶俜，扶持惟小婦。張子少從官，趨庭豫中久。燕齊歷郊坰，吴越攬川阜。吟篇緣道多，奚囊投滿受。餘事寫丹青，亦得名好手。里居復傳經，矍鑠堪稱首。嗟余方弱齡，頗肆談天口。抗心希古人，自待未云苟。蹉跎百無成，但覺顔之厚。時或自矜奇，千金享敝帚。老去閲世塗，萬事皆衣狗。從笑伯龍窮，第拊楊惲缶。酣醉送餘生，拍浮傾北斗。我思生世人，七十古少有。三人更踰之，如耕乃有耦。閒輒相過從，賓主知誰某。脱略形骸間，有孚惟解拇。共惜老無庸，鼠穴銜窶籔。長賡伐木詩，平和神聽取。

贈韋五謙恒

君不見雙鳥海外來中州，春風動地鳴啾啾。又不見延津神物一朝合，霹靂頓起蛇龍浮。丈夫心期志四海，安能局促守一丘！史公文字有奇氣，山川而外賢豪遊。我生僻處窮鄉陬，槐黄强踏秣陵秋。昔聞鳩兹推才傑，韋子經術元成儔。中心藏之近一載，未知相見真相侔。秦淮往還日數輩，十不記一陰爲求。此君小異毋乃是，人前拍手呼曹劉。招之客舍使予近，拔劒慷慨歌相酬。縱談千古極意氣，辨口直似懸河流。忽然西風催去櫂，離觴一舉生離愁。人生材器各有用，安能潦倒終巖幽！眼中之人看騰踔，食苹呼類鳴呦呦。

寄答左眾郛贈行元韻

我溯春江上，帆對匡廬開。面目未見真，烟霧蒙輕埃。來客古豐邑，泉阿去不回。空餘獄中基，繡澀苔生陔。每當風月夜，牛斗起徘徊。雷君識奇者，無由得溯洄。

姚惜抱評曰：『竟是太白。』

遊平山堂雨歸躓於途傷左手戲作

乘輿入平山，千峰霧如鎖。飛雨解留人，欲止終不可。同遊促歸舟，石齒沐朶朶。路滑夙周防，仄步時駊騀。誰知垤易躓，失勢千尺墮。損面已當顴，屈手遂虛左。浮膚出青藍，作疾類瘯口。所幸未折右，致用此尚頗。平生少通路，方穿空炙輠。清遊亦偶然，天意豈云叵。故爲作厲階，腕掣若夔跛。天地一指喻，今者吾喪我。土木視形骸，倚伏念福禍。斲拙血指多，縮觀袖長䩭。

孫淵如曰：『風趣似坡。』

昔昌黎韓愈有訟風伯辭以爲山雲澤氣將雨而風散之故旱余以上天降災非獨風伯咎也作訟風伯解

古亦有旱兮湯之年，爪剪桑林兮厄彼聖賢。聖賢且然代相沿，昔人有言兮風伯之愆。我聞有主兮風伯何權，流行運嬗兮災生自天。天心好生兮胡不仁，嗟此彈丸兮槁吾人。民之命，食指困，種不入土兮何因陳陳。更蝻蝗兮飛振振，福不再兮禍有鄰。五行之沴兮孰知其由，我欲問天兮天悠悠。萬里空青兮何時油油，雹奪其幟兮雷喪其輈。暘烏意得兮朝飛暮休，蟲蟲烈烈兮金爍九州。澤無氣蒸兮雲不上同，風能吹雲而離氣兮，亦何庸以施其功。動撓潤熯兮宣天工，叫天不應兮醉中，雖助之爲虐兮會有適逢。千夫所指兮罪獨攻，風伯之冤兮長此安窮！

復至帶子溝觀桃紀遊

憶昔六橋坐春風，湖波倒浸桃花紅。山鵑舒紫柳襯碧，組織晝錦煩天工。看花此地稱最快，檢點奚囊負詩債。今春旅寄古真州，新城競道桃林稠。欺人却值飛廉怒，顛狂日夜縉春愁。吾儕興亦不易敗，輕舟沿賞心悠悠。連天翕赩升朝霞，一時剪散長林花。又疑刲血猩猩濺，糝粉勻調團作片。我時渡水立山巒，絳帕抹額襟流丹。乍羞白髮被花笑，穿林抱樹如童頑。兒曹矜遊群娅姹，校射徵歌出花下。花閱遊人歷古今，流水空山自開謝。青陽欲暮嗟如何，紛紛桃李得春多。長歌絶叫西飛日，回光照我如花酡。蒼然暮靄出深樹，指點舟横下山路。呼朋更酌却回觀，似入武林迷去住。風光如許紀勾留，他年更憶兹遊處。

去秋來真州即耳容甫名未見也今春獲晤數接言論學深博無涯涘而志存經世不屑屑爲詞章以亟有用者將執以往然其於世味泊如也爲賦一章以誌傾倒

新知天外合，希世獲名珍。我客真州日，孤懷與子陳。性奇知藻炳，業大況家貧。一畝蕭然處，誠身奉老親。

孫云：『元氣渾然。』

重過頤莊看芙蓉

秋水臨階净，飛鴻天半聞。岸香浮小坐，楓色帶斜曛。遊興秋偏逸，長歌酒易醺。前村烟靄近，樵唱已紛紛。

冬夜懷高松根

每覺逢君處，寸心先自降。相思憐昨夜，梅影忽橫窗。梁月耿孤夢，雁聲寒度江。何時聞辨口，東注聽淙淙。

次韻孫咫莽表兄將返青門留别

王孫門巷又萋萋，三上蘇公緑柳堤。秋老帆懸清渭北，（咫莽由青門來浙。）春歸人別聖湖西。梅含宿雨千枝亞，潮長平江两岸低。多少壯心消不得，幾回中夜舞鳴雞。

筆泉招遊龍眠山莊

塵寰回首事全非，千仞岡頭獨振衣。龍向何眠山一色，雲應此宿莫孤飛。（山有潭，曰『宿浣』。）高峰日落行人小，太古苔斑片石輝。聞道丹黄秋葉好，更攜雙屐待霜霏。

題姚夢縠詩集

争鳴下里沸淫哇，南指長懷大雅車。一代論才誰砥柱？千秋如子定名家。壯投朱紱親蘭佩，老切傳經擁絳紗。弟子江東盡檌楷，深知誰最似侯芭。

予卜居龍眠胡孟升有詩見懷次韻答之

入山何意便求仙，農圃於今恰比肩。流輩競輕知老醜，文章敢妄擬先賢。貧誰能逐嗤楊子，居善爲圖愧輞川。三徑羊求蹤跡遠，一尊聊酌野梅前。

馬嵬

蜀山迢遞蜀江長，峽雨零鈴客斷腸。一死轉興唐社稷，美人原不負君王。

春日即事

燕子何曾識故園，流鶯啼過夕陽村。無花不惹閒蜂蝶，只合春風與閉門。

庭　菊

嗟爾開何晚，西風獨耐看。無心競春豔，有色傲霜寒。杜老乾休嘆，靈均落可餐。頹齡期與爾，日夕共盤桓。

夏　日

羲皇我識舊陶家，濃緑窗前浸薄紗。睡起披襟風澹沲，滿庭如線落桐花。

方玟二首

方玟 字守謙，號愛松，乾嘉間國子監生，有聽濤軒遺稿。

寄赤泉弟白下

閉門謝客守寒氈，幾度吟詩意惘然。風雨夜牀人萬里，池塘春草夢三年。圖書去後塵堆架，花木別時□拂檐。寥落鶺鴒原上意，望江南是憶君天。

孔城夜渡

漠漠水雲平，寒光耿古渡。萬籟寂無聲，回首驚沙鷺。

方其平一首

方其平 字濬哲，號赤泉，乾、嘉間布衣。

過故人山莊

幾間茅屋枕烟霞，爲訪高人暫駐車。淺白深紅鬬春色，棠梨低映海棠花。

方　杓四首

方　杓　字建初，號華南，乾隆乙酉舉人，有夢香軒詩鈔。方氏詩輯系傳：『華南少遊望溪先生之門，工制藝，然年五十始登賢書，禮闈屢薦，不售。朱笥河、張墨莊諸公多推重之。』

古　意

太阿千金值，光氣逼斗魁。持以屠犬豕，鋩鍔頓爲摧。驊騮得良遇，一日遍八垓。局促服鹽車，曾不異駑駘。士勿患不用，小用反爲災。貴賤苟倒置，不如委塵埃。

訪陸羽長洲居雨阻留宿

閒訪幽棲過水村，春陰隔夕判寒温。一篙新漲白吞屋，十里好山青到門。借榻論心聯舊夢，挑燈聽雨倒清尊。無須更覓桃源住，近市偏能避市諠。

望匡廬

名山萬仞拔天根，縹緲峰巒勢獨尊。三日繞船青不斷，半空飛瀑白無痕。往來雲護神仙窟，遠近烟籠橘柚村。何日香爐峰下坐，水簾深處探真源。

下筠門嶺即事

彌望黄雲稻滿畦，山園秋暖芋苗齊。田家傍午炊烟起，一帶村雞樹上啼。

方根健九首

方根健　字士强，號卧雲，一號乾叟，國子監生。有植本堂詩鈔。方竹吾曰：『伯父性至孝，事先祖六十年，無一事不得歡心。生平扶危濟困，排難解紛，汲汲如不獲已，與人接輒述往事，以示勸戒，聆緒論者多自悔而改行焉。』方植之跋還居山中及一管筆詩後曰：『五言似陶公，樂府一章似白傅，且可備邑中掌故。蓋先生詩多含勸戒意，孔子所謂可以興觀者也。』姚石甫曰：『卧雲先生胸次甚高，其詩不作詩人習氣語，而真味盎然，淡而愈旨。』

還居山中

行年及八十，還住先人廬。非爲厭城市，家世習山居。雞犬當更柝，木石代茵毹。出門惟屐笠，終歲無馳驅。偶招鄰叟飲，先共剪園蔬。剪蔬南山曲，憑眺發歡娯。手種松與柏，垂蔭道路隅。

樵夫雪盈頭，釋擔息門左。問是隔山鄰，乃祖曾共舸。我昔過汝家，相見人甚夥。短髮黑面兒，牽衣索餅果。長大近如何，笑言即是我。

南鄰瞿鑠叟，長我兩三齡。山外無來往，樸直世躬耕。自言年十二，短衣入縣城。瞻仰朱門下，妄呼貴官名。貴官大公子，猝聽怒如霆。喝僕鞭三百，幾致殞吾生。此家近何似，請悉言其情。我聞不忍道，倩叟理瓜棚。

一管筆

自序云：乾隆三十四年，里中無賴子吴慶兒，以細故挾怨，匿名揭帖爲謡語，陷居鄰。時邑侯濟寧靳令君宗著晉省，典史某遽以謀反，申大府，令君面啓大府，言桐民良善，無謀反理，且以眷屬保之。時大府已發兵來剿，賴令君言得中止。令君返，廉得其實，置吴於法，民得安堵。當事方殷，時大府飭郡伯偕令君馳覘其情，軍駐練潭，約三時報不至，即進剿，守與令至，知無變，亟須繕狀，請撤兵，曰：『事在匆遽，非筆端有口，不能動大府聽，且終疑我書生煦煦也。』或舉李某，召李至，李令研墨以待，不屬草，瞬息繕成馳報，乃撤兵。令君酬其勞，問所欲，李曰：『欲爲刑吏。』勉從之。李一寠人，不數年而家資累巨萬矣。繕狀之明年，李妻夢大星入懷，生子名曰『昌宗』，五歲就傅，授書皆如夙讀。七歲爲詩文，出語多驚人。八歲病瘵，余一日往視之，與余敘寒暄畢，色忽變，厲聲呼父名，而數其所爲曰：『余之來也，以汝筆。余之去也，亦以汝筆。』踰時而逝，此余所親見者，爰賦其事以警世云。

兒死兒生一管筆，李某才氣横無匹。千言萬言倚馬成，萬斛源泉腕底出。蜃樓倏忽起龍眠，黑雲障天卜不吉。大府駐馬待進兵，三刻回春仗筆力。筆端有口信懸河，生乃死兮肉乃骨。邑人不誠定風波，萬户千門舊家室。赫赫豐功上帝聞，特遣星官大繼述。祥徵吉夢導星來，對客早辨長安日。神童譽起士林中，高車駟馬門如櫛。李某氣焰本非常，更誇指顧邀封秩。臺榭田園欲速成，回頭卅載憎寒乞。屈身胥史便機謀，致富不數陶朱術。牛山旦旦縱斧斤，舞文弄法翻虚實。十家九破管城間，揮金如土渾不恤。大第連雲粉黛圍，夜夜笙歌聲四溢。風雨摧殘庭院花，爾樂方長兒命促。夢醒丫丫説前因，兒死兒生一管筆。

龍井潭觀瀑

昔年喜作龍眠遊，遊歸輒復動遊興。出門不遠龍井潭，廿年冷落苔封徑。兼旬病起無所爲，策蹇來尋如夢醒。六月寒風出松林，白日當空雨散迸。行行忽見劍倚天，雷鼓喧豗駭聞聽。懸流直下千丈淵，須臾倒泛圓如暈。火急勺取入瓦鐺，拾松煎茶蘇百病。一呷舌本涼，再呷全身輕。昔遊曾飲中泠泉，方此未知孰賢聖？奇秀不入伯時圖，甘芳未遇又新評。溪山寂寞似高人，終古如斯無變更。世上紛紛名勝遊，但爲名遊不爲勝。

題張根固梯雲韻梅草堂

小築横山下，柴扉倚夕陽。落花三徑寂，種竹一天凉。地僻臨幽壑，峰高入草堂。主人清興迥，竟日擁詩囊。

宿山寺

晚行逢老衲，招我過橋西。荒寺乘磽確，頹垣卧蒺藜。雪消千澗活，月上四山低。回首來時路，蒼茫望欲迷。

寄訊張根固

當年相識在東吳，皎潔如冰貯玉壺。百盞彌温梅直講，全舟濟困范堯夫。乙巳歲歉，根固收債於吴獲千金，沿途賑貸，比抵家則已盡矣。每尋老衲窮禪理，遍挹名山入畫圖。歸後與君相見少，詩情還似昔時無？

山居秋夜

蕭蕭白髮早忘機，秋夜閒齋蝙蝠飛。索解乍逢如出險，攤書危對屢知非。一庭寒月清生砌，十里疏鐘静款扉。山莊在慈濟寺北十里。霜後幾叢牆下菊，來朝起視更芬菲。

方樹七首

方樹　字紉蘭，號豆村，乾隆間諸生。

遊齊山

山行不厭遠，五里十里長。馬蹄踏道上，溪聲迎道旁。上山扳古藤，草平如巨牀。且復坐須臾，勿令兩脚僵。天風吹石扇，日色横蒼凉。奇峰插白雲，仰視千丈强。巖木當秋勁，林橘受霜黄。呼童拾落葉，煨我五雲漿。所取資清賞，毋爲笑佯狂。崆峒不可見，與子遊羲皇。

讀韓信傳

王孫困時魚龍沉，江頭乞食誰知音？九霄雷雨破空去，一飯之報千黄金。當年楚漢争秦鹿，信可於中成鼎足。只知大將要登壇，忘却深山能辟穀。鳥盡弓藏古所悲，真王假王請已危。終見梟謀由吕雉，竟將冤獄附陳豨。一腔熱血君王看，化碧千年終不爛。君恩宜較母恩深，信不負母乃負漢。

如此爲淮陰白冤，深切痛快，得未曾有。

三至□湖亭

緑水紅橋倒影來，筆牀硯匣是良媒。何時更乞徐陵序，檢點新詩入玉臺。

江行曲　八首之一

罾罾比並釣魚槎，笑説魚多酒不賒。便就漁人沽一斗，慇懃贈與石榴鰕。

橘

乍疑金彈落弓弨，萬粒千丸繫碧條。懷橘有情歸夢捷，黄花黄葉子來橋。

客中夜興

吾家栗里在東皋，三徑青青仲蔚蒿。只恐蕙蘭忘不辨，細箋芳草寫離騷。

宿北峽關

關門老叟髮星星，小草幽花滿砌庭。説與來朝騎馬客，山光不似故鄉青。

方　諸六首

方　諸　字墨卿，號勿庵，嘉慶間歲貢生，有嶺南集。方氏詩輯系傳：『勿庵性坦易，善談名理，講制藝一準先民，凡從遊者，經其指授，咸循循有矩則。壬子鄉試，自録其已刻舊作，闈中擬元數日，以有竊鈔雷同之卷，遂被遺。自是久困場屋，門下士多取科第而勿庵竟抑塞，以明經終矣。』

雜　詩

化我尻爲輪，駕以神之馬。朝登崑崙巔，夕息蓬萊下。雲漿清且甘，碧柰摘盈把。茫茫宇宙中，孰是同遊者？

送春曲

送春遠至珠江曲，芳草萋萋馬蹄緑。馬蹄隨意逐春風，花枝撲面珊瑚紅。蜂腰蝶翅掠花蕊，珊瑚墜落珠江水。珠江水清似若耶，珠孃顔色艷如花。春歸不知向何處，下馬且醉珠孃家。

聞笛

雲上月行速，風停花睡酣。一聲折楊柳，回首望江南。

望湖亭

孤亭百尺瞰蒼涼，楓葉紛紛落照黄。人自南來江自北，白波九道下潯陽。

枕上作

珠江北接曲江頭，子午潮來月倒流。兩岸紅棉舟一葉，夢中昨夜出番州。

無　題

春江無定往來潮，燕子歸時郎尚遥。二十四橋明月滿，吴孃居處雨瀟瀟。

方莊一首

方　莊　字星巖。

塞上葺茅屋成用季父韻

蕭條僻徑短牆東，野色瑩田隴上村。濁水馬牛喧土井，夕陽雞犬認柴門。稗稊掃臼炊烟晚，瓜豆登盤野味尊。巷已無人還謝客，愛看滿院長苔痕。

方求晉一首

方求晉 字仲裴，號石坨，乾隆甲寅舉人，官來安訓導。

讀淮陰侯傳

高鳥盡，良弓藏。狡兔死，走狗烹。淮陰至死乃知悔，未死不肯負漢皇。蒯生畫策豈無見，天授人力難相當。功成者退在知止，子房辟穀謀洵臧。

方遵軾二首

方遵軾 字雨疇，號小坡。乾隆己亥舉人，有香草堂集。

皖城秋夕有感

旅舍逢秋雨，滄江夜聽雷。登高時欲屆，送酒客應來。瓜蔓青編户，蝸涎白篆苔。桃笙支病骨，輾轉曙光催。

老　馬

上將親騎破陣回，珊瑚鞭響叱龍媒。而今骨立秋風裏，知怕斜陽顧影來。

此曹公烈士暮年之感，老驥起興也。

方賜豪一首

方賜豪　字染露，號恬庵，乾隆乙酉舉人，官清溪知縣。方氏詩輯系傳：『公一爲令即挂冠歸，性恬淡，清貧如故。生平工書。歸里後，以八法教授，群奉爲模楷。』姚惜抱軒文集方染露傳：『爲人清介嚴冷，不可近以不義。官清溪知縣，以母老謁告，居官甫四十日歸，侍養十年，母卒。次年，以哀傷得疾卒。』

春寒

惻惻春寒睡易成，宵深陡覺敝裘輕。西窗儘有涼秋意，卧聽茅檐淅瀝聲。

方賜吉三首

方賜吉 字禧人，號昚庵，乾隆間貢生，有蓺香樓詩集。

縣齋雜詠 時客濠梁。

布穀鳴屋角，十日無倦聲。似得氣之先，天雨吝放晴。昨喜雲霧收，山圍翠滴城。釋策步亭前，小立暮烟生。衝藻潛鱗躍，移枝宿鳥争。流螢聚溼草，吠蛤喧疏更。夜歸不成寐，心事方縱横。

緑渚 距新城十里。

未入新城郭，輕舟載緑陰。水清石可數，山静鳥爲吟。小筏通柴埠，遥村露竹林。似曾遊歷處，陡起故鄉心。

滇中雜詩

縞袂霞裾蓋緑波，荷花惟有四光名殿多。隔溪誰宴雲臺寺？簫鼓聲聲打棗歌。打棗竿，滇中調名。

方寰一首

方寰 字丹九，號薑圃，諸生，有諫果園詩集。

瓊南春日即事

醒鶩曉日上窗紗，起愛尋詩手八叉。昨夜東風吹驟雨，小庭零落木棉花。

方根機七首

方根機 字石鄰，有善佛齋詩草。汪正修善佛齋詩序：『石伍纂輯家集，舉其尊府善佛齋詩讀之，其高淡之況，幽遠之旨，迥出人意表，蓋所謂天籟也。』

飲遂情山房留別熊坦如姚宜匡徐體猷體孺諸子

四圍花樹罨清渠，面面窗開敞太虛。百里都來孺子宅，一春同食左慈魚。亦知客座樽常滿，只恐家園蔓未除。我自明朝騎馬去，隴頭還盼故人書。

悼馬

世騎桓曲舊青驄，到我猶誇馬步工。問酒村連紅杏雨，過橋水皺緑楊風。馳驅原不關王事，得失全難聽塞翁。寳劍名姝同一劫，獨教神駿想支公。

方氏自省庵公後，累世官御史，故首句云然。

哭錢若璣

錦衣玉貌本豪華，轉似長貧處士家。自小宧情同止水，見人清氣比梅花。空教流涕思中散，欲覓知音少伯牙。肯待荒原多宿草，一盂才奠皖江涯。

潁上王晉齋先生與轂男書感賦

轂男兩次出公門下，薦而不售。

西來萬馬盡騰驤，剩有韝鷹側目望。再見吴公求賈誼，空教子固契歐陽。斯文意氣雲垂海，老我心情雪沃湯。爲問桐川家學在，可能下筆補遺亡。

過王家套

扁舟一葉出鄉關，百里行程指顧間。薄日輕烟袁子港，亂蟬疏柳老洲灣。濤聲並落三江水，帆影齊收两岸山。客底風光殊不惡，此身翻比在家閒。

附摘句：七兄之黔：『一路蠻花諸葛壘，五溪春雨伏波祠。』三堠河坐雨：『跳波魚漏千層網，荷笠人歸一葉舟。』

初夏江南道中

河豚風起雉媒驕，蘆葦高高緑過腰。直待杭州船到日，家家臨水賣魚苗。

和伯兄

社鼓鼕鼕酒斾斜，引人信步過鄰家。東風費盡吹噓力，不到春來不著花。

方於鴻七首

方於鴻 字漢衢，號楞巖。

寒食日遊北蘭寺

北蘭寺外梨花落，春江一帶平如削。茫茫烟草碧無痕，古塚斷碑牛礪角。懷古同尋列岫亭，東風吹夢落秋屏。寺旁閣名。隔江畫出蛾眉影，無數西山潑眼青。

東郊

出郭晚蒼蒼，烽烟古戰場。鬼燈青入樹，沙磧白如霜。地壓中原敞，天圍朔漠長。嘉禾尋故壘，杯酒酹汾陽。

舟行雜詠

荇葉青青落照黃，紅閨兒女爲蠶忙。人家竹屋都鄰水，不種垂楊只種桑。
三月秦淮水漲遲，岸花飛片柳縈絲。蔚藍天色鵝黃酒，消受清溪月上時。

廣濟道中

玲瓏石聚路攲斜，曲曲疏籬傍水涯。漸覺向南寒氣減，秋田蕎麥尚開花。

百泉閒眺

陌上垂楊散晚烟，清泉倒瀉蔚藍天。湖心欲買三分地，半種茨菇半種蓮。

方　績六十二首

方　績　字展卿，一字青展，號牧青，澤孫，乾隆間諸生，有鶴鳴集。方氏家傳：『公十歲讀項羽本紀，頃刻成誦。葉書山贈待廬公有「千言畢覽十齡孫」之句，長爲文師劉海峰、姚惜抱，超古邁時，造語奇崛。詩格出入少陵、山谷間，而激昂沉壯。貧乏坎壈，以諸生終。居恒校定諸子、史、百家藝術，整齊脱誤，是正文字，手所鈔録，凡數百卷，皆端楷無潦草，著有經史劄記、屈子正音、詩文集。』子東樹先集後述曰：『光律原方伯最嗜先人之詩，嘗謂其體導源於韓，其創意清而愜，其造語堅而從，其隸事敏而給。有后山之沉鍊，而去其拙鈍；有誠齋之警健，而去其粗厲。使讀者如遊芳林、玩琪花，有愛賞而無厭憎，殆半山、山谷之亞也。』

明妃

漢宫多佳麗，明妃如小星。浮雲黯其質，皓月奪其明。留爲君王贅，去使單于驚。馬上作怨曲，千載聆妙聲。誰知不得意，翻成身後名。

紅葉畫幀

丹柏生巖阿，何人移在紙？晨風動窗櫓，蔌蔌鳴不已。幽人怵秋懷，耳目倏熒佹。早知此樹悲，不合張屋裹。繼思復自解，觀物得妙理。如嫌湫隘居，借幻丘壑美。

再賦齊山石

嵌竇哂刻刓，蹁險叢忻懼。體煉任叉牙，口哆欲吞吐。雖無面目妍，似有心腹布。仰干穿曙星，俯窺滴暗露。莫謂渾沌性，亦能通佛寤。颼颼林響交，硌硌山容矗。地僻少重巒，逕盤多曲趣。陽卉紅間鋪，陰凍白際錮。暮歛秋浦風，朝歕九華霧。醜異乖常形，細思生元悟。上古螣螭遊，穿穴莽回互。况有仙牧遺，豬牛跡交錯。前年甲子冬，緬憶吴山路。甲子遊杭州吴山，其石之空奇與此等。犖確飽同經，只少韓公句。

月夜不寐

雨來瓦葉響，風定檐鈴止。空堂静復喧，蛩聲厭不已。抱衾不能寐，披衣坐還起。窗外何淒清，寒階如潑水。門低晏受月，斜光射衣履。内外悄無聲，惟聞婦歎耳。於時過四更，浮冰冷侵齒。浮冰，月光也，用孟郊。衰羸便早眠，今宵偶如此。尊中有酒否？未問晨炊米。

張雪鴻三丈爲余作墨筆牡丹望之如成五色詩以詠之

徐熙以來畫花草，百年畫史知多少。看來工死不工生，點綴丹鉛自言好。先生畫花逼真花，交枝亂葉開奇葩。布墨淺深成五色，筆端幻化堪咨嗟。方今嚴寒冰雪裏，特遣造物生萌芽。前者觀君畫松果，生者滴緑枯欲墮。又記觀君數叢竹，涉筆微風吹蔌蔌。松竹原爲逸士倫，牡丹詎稱貧家園。靡顔膩理比麗媛，意態久慣驕朱門。先生胸中結元氣，物理由來同一致。人間貴賤誰虛實，且逐繁華説姚魏。

先生見余牡丹詩復爲作墨竹

畫上牡丹虛富貴，對之猶能令人欲。君見富貴人如無，無怪怡情在松竹。我謂竹品更逾松，平生未受人間封。先生畫之只用淡墨水，環堵借蟄春蛇龍。羡君飽飯不厭貧，閒堂無事親墨君。何人得意賞高致，貧簹作記雙蘇文。

初夏友人治具郊遊

室中宜坐不宜步，方丈之庭無四顧。三春草色未升階，黄鸝卧聽他家樹。過眼日月如流星，裘褐就架春服輕。小橋東邊柳條暗，芒種節近秧針青。衆鳥啼鳴各有意，提壺性獨喜醁醽。此際獨遊亦自勇，況有良友相丁甯。水機山性豁沉悶，陋室明欲更新銘。

大風雨後同左叔固胡觀海遊東郊

東郊尋春共良友，花蹊歷遍尋柳堤。緣堤路斷隔烟水，一馬遞過三人溪。可惜狂風最酸楚，熟紅滿地如湯煮。從來花好不常新，燕燕鶯鶯留不住。一年容易有斯辰，白髮窮交老更親。草木有情足嗟歎，風塵無命益悲辛。

贈叔固

吾儕左子窮而暇，日向街頭詢酒價。醉來矢口亂譏評，時時亦復遭人駡。我窮於世無可擬，君獨嗜之如苦李。問君所取亦何爲，但道相從爲醉耳。人生各自有規模，古來玉石殊其科。君之性情獨類我，天生憔悴將如何？

賦齊山石呈池州席太守貴池韓明府

齊山之石吁可怪，簇簇玲瓏兼破壞。竅孔獅象箭貫肚，瘢凸羊豬病生疥。錐鑿驚看鬼斧工，位置妥識神才邁。連巖接厂蛟蛇居，幽洞元磴魑魅界。呼吸夜霧起天雲，吞吐江風生地噫。天公生此非有意，戲與頑形爲狡獪。人情好異貴稀有，譬如觀魚奇比鰟。邑侯想學東坡供，太守擬作南宮拜。鞭驅倘可到南軒，萬金争買誠嘉話。登高欲躡前賢蹤，看山還負詩人債。两公亦是好奇人，誰爲此詩鐫倒薤？

舒州田婦望雨歎和東坡吴中田婦歎韻

舒州两稻熟苦遲，八月正及腰鐮時。霜風欲來雨復斷，稻枯無食甯論衣。去年湖田渰没盡，珠顆玉粒抛塗泥。今年坂田龜拆背，蝤鼃失所魚無歸。两月銀河汎明月，星光燦燦如糟粞。天公縱不徇官請，應念愚民冷與饑。壯大逢窮且難禦，可憐顧我新生兒。樹下燒香祝黄祖，何不救我舒州婦。

豐年詩追和王半山元豐行韻呈六安沙刺史

月月雨風與晴日，勻布三旬相讓出。春蠶女不誤春絲，秋稼農還慶秋實。壠頭黄雲飛滔滔，豆肥瓜蔓迷亭皋。飯必求魚襖過尻，熟眠狗脚閒生毛。勇輸租賦贏充敖，追呼詎待長官勞。我聞官孟民如水，新得使君賢如此。河潤鄰疆惠澤通，蹋歌起舞吴兒同。宴坐書生不恨窮，歌詩頌德陵元豐。

戲作醉侯歌

男兒五十空白頭，自營糟丘封醉侯。不識醉中尊底至，須思醒後卑何由？君不見窠中蜂，僭學吴楚雄王風。又不見穴中螘，槐安率土偕臣子。從來真僞那堪論，紛紛徒以隸相尊。水仙亦據人間爵，杜宇矜稱古帝魂。侯乎侯乎字子虚，醉鄉本在亡何墟。渴羌實得酒泉郡，老夫竊號聊自娱。

調叔固

我心浩浩思酒友，欲築陂塘注名酒。濡頭浴骨醉萬人，況肯良朋私所有。人生惜酒不惜年，衣鞋俱可當酒錢。每笑王戎天性吝，金杯那到黃爐邊。笑君不飲爲嫌村，空學祥符宰相孫。王拱宸不飲市酒，嫌其村也。君家昔亦二千石，常令坐客嗟空尊。吾徒命薄非一事，餔啜細事奚深論。美惡同科歸一盡，但慮明月催朝昏。虛願難酬不稱意，不如市沽取足敲吾門。

秋日郊遊有懷舍弟

老夫晨起怕秋風，疑是今年秋不同。脚酸懶尋黃菊遠，眼昏不辨霜林紅。借問君年何所至，四十七歲成衰翁。故園春色年年在，客子飄零空山海。身上猶披母綴衣，腰間寧賣兄遺佩。少年流落真可憐，虛懷骨肉童稚年。童稚相依解嬉戲，豈識後有饑寒棄。

彭澤清明即事

李花白白棠梨幽，殯宮相亞前山陬。祭物筐攜插楊柳，紙飯爆竹驚鵂鶹。亦有新亡動悽愴，兒啼婦哭聲啾啾。清明時俗古如此，李花梨花飛不休。

四更起看月

夢驚雀噪烏催曉，起看曙色松横窗。東嶺二分吐殘魄，北斗七點斜秋江。花底露明螢火卧，牆根織對機女雙。常年風月夜皆好，暫時寂静心能降。坐聽雞鳴鐘欲動，更檢書史吹餘釭。吹，然也，見淮南子。

張虎兒畫雪竹

張子畫竹兼畫風，森森緑葉摇玲瓏。新篁出籜蛇始蜕，老叢負雪頭白翁。雅翻寒雀噪其中，不見威鳳來棲桐。有人持此釣東海，君知任公與太公。

醉中自詒

行年五十五十窮，棘津已有前賢風。再過一萬八百日，還向江頭作釣翁。蓬蒿兀兀身徒老，先生莫怪憂心擣。我亦風塵榮辱人，當時豈識能枯槁？昨夜東風送雁回，津亭灼灼群花開。每憶前人善憂怨，今日花開誰再來？數莖白髮且可鑷，百歲青山任自埋。此身那便無歸處，更向花前勸一杯。

夢叔固

六七人中君最少，鬢鬚先白嘗爲笑。頗疑斯世不相留，詎識中年未能到。多聞空似虞仲翔，賞音不值蔡中郎。窮薄自關天命耳，多生久駐庸何傷。我棄於時若樗樹，娱意同君弄章句。高山流水失鍾期，朗月清風哭元度。君家有兒還過從，庭中怕見雙梧桐。平生罪福不虛語，更以幽明報夢中。

感春

不信圖南語，鯤鵬變化神。疑年驚歲月，問志足酸辛。絃誦成何補？饑寒愧所親。亭皋春事動，知羨守田人。

生日家人對酒

吾年未四十，憔悴類衰翁。不惜身先老，其如志未終。百年聊慰藉，同輩幾雌雄。薄酒宜成醉，盤蔬幸歲豐。

秋日閒居

滿目淒涼意，塗窮愧有生。寒風經蓽户，落葉滿山城。跡自同回憲，情還恥絳嬰。一身猶不補，空説壯夫情。

聽人道南中之勝

二月南中水，桃花已下溪。妖藤能繫象，神骨尚占雞。刀習苗民祖，鬟傳孟獲妻。感時問銅柱，惟道草迷迷。

不省

不省流鶯鳥，偏宜在柳枝。春風九十日，啼出萬千絲。玉勒關山路，金閨豆蔻時。留顏有仙術，故用綬相思。

送人蜀遊

故園誰忍背？生事在他鄉。無計堪回首，臨岐一斷腸。嶺雲將雨重，津樹隔烟黃。何日經巫峽，愁心寄雁行。

寄張虬御

同病卑貧友，今還幾少年。悲君從薄宦，累我入詩篇。賨布裁妻袖，猺鹽作俸錢。猶勝守蓬户，摇落過秋天。

春日送胡雒君之湖北謁畢制府

烟柳籠堤風葉輕，銷魂如在武昌城。三春豈是辭家日，千里何當載酒行。庾亮勳庸新使相，德操名字小書生。萋萋鸚鵡洲前草，報爾千秋旅客情。

寄孫符如

當年思意自無窮，短髮新來更不同。碧草纔回三徑外，東風又駐百花中。時攀荒樹愁春老，每放衰顔近酒紅。時樣少年多不記，生涯猶念五湖東。

暮春遣興

空齋無事易黄昏，日日閒消酒一尊。三月泉林元是主，九旬風雨未開門。楊花暮灑詞人淚，杜宇春呼蜀帝魂。竊歎風光似揚子，玄亭寂寞共誰論？

讀經戲成二首

藜食先生腹未充，爲儒禄利與誰同。尚難主簿如孫竇，況説司徒到馬宫。小戴自慚何氏傳，兩龔終帶楚人風。衰年道術何須問，不耐江翁自轉蓬。

恐是紛紛盡戲儒，兔園册子比相如。都忘曲禮驪駒語，竟作司空城旦書。少日生涯原淡泊，老年收穫在菑畬。羡伊稽古尊榮者，别有中庸託後車。

三、四皆用漢書語，見王式鮑宣傳。

潘鼎如將赴蜀月下留余飲口占贈之

十年夜雨同杯酒，一夕春風送遠遊。坐我且邀明月共，懷人應趁落花留。生來本習閒居景，老去令吟異國秋。旅次相思亦何益，知君回首不勝愁。

良宇久客上黨聞其老而學詩寄此詢之

常侍詩名晚正優，十年却歎汝登樓。便同李白吟千首，只似張衡賦四愁。抱犢峰前初散夏，飛狐口内欲吞秋。知君若得江山助，應有佳篇肯寄不？

諸　友

每思諸友一嗎然，只共吾交便不鮮。知遇略如登驥坂，生涯纔似刮龜氊。雖餘伯業同書案，獨抱添丁乏酒錢。唤作雲龍了無别，均同塵鞅劇相憐。

重過樅陽感懷海峰先生

廣文置館本居賢，也冒官階海内傳。世稱校官爲廣文者，不典之言也。騎馬無人空舊宅，雕龍嬗業付他年。聲名自是劉公幹，遇合偏如孟浩然。卅載後生今亦老，重來感舊一悽然。

暮春齋中遣興

月緯年經一卷師，光陰偏觸客心悲。深紅上日歸黄鳥，暗緑殘春付子規。窗外閒花朝雨過，門前芳草夕陽知。何人欲即先生者，載酒頻來不汝辭。

讀海峰先生遺集

白頭騎馬作儒官，髣髴先生國子韓。便以窮行邀鬼敬，那能薄俸免妻寒。雄文有似求知易，顏筆無兒得替難。先生乏嗣。千古詞人定蕭索，遺編重把一心酸。

讀鮑海門集書後

俊逸家風又不同，直將豪健作悲翁。江山占斷南徐勝，燈火傳來木末雄。木末樓詩最奇警。妒起魚龍秋卧裏，驚翻風雨酒杯中。二語用集中句意。當年感動爲詩意，硯北微吟興未窮。

先大父諸弟子年來俱就凋謝今天民先生又没存者惟姬傳先生一人而已觸事愴情因成此作

悲念河汾土一丘，當時弟子總英儔。卑還官及陶開府，劣亦詩能趙倚樓。悄悄駒光真易逝，蕭蕭原草幾經秋。只今長慶衰郎淚，又爲桐廬處士流。

登小孤山

憑欄不覺此山高，但見群山爲折腰。直下蛟宫無尺土，仰穿鳥道入層霄。樓臺倒浸青紅影，江漢分流日夜潮。況是秋中好乘興，西風蘆荻雨瀟瀟。

過彭蠡湖

黄梅雨漲諸溪下，彭蠡翻波勢接天。百里曾無飛過鳥，連檣已絶後來船。沉雲半浸匡山黑，廣岸中圍日氣圓。莫道洞庭幽怪冗，老鼉吹浪亦軒然。

乙卯秋偕光静叔久住南昌歲杪將赴吉安作此招静叔小飲即以志别

不因江上有寒梅，那得維舟久未開。春水方生吾欲去，碧雲初合子宜來。孤江渺渺寒天櫬，倦客依依旅舍杯。有似韓公贈張籍，分光惜日苦低回。

自豐城舟行至南昌登滕王閣有懷故鄉諸友

山水吾邦興未衰，乘風不羨子安才。且攜南斗司空劍，來泛西山帝子杯。旅客情懷愁望遠，故人消息觸登臺。憑欄正值三秋候，潦水寒潭雁影迴。

賞菊醉後見月

秋光又看返今年，黄菊依然九月天。未欲有名貽死後，只愁無酒過生前。壺觴雖異陶彭澤，蕭瑟長吟謝惠連。謝惠連燕歌行：『四時推遷迅不停，三秋蕭瑟葉解輕。』醉裏不知誰得喪，舉頭霜月鬬嬋娟。

春暮客中獨酌效誠齋

此心原不羨輕肥，曼目虚齋擁布衣。連日詩腸饑更飽，他人酒盞是邪非。桃花帶雨淘春去，杜宇懷鄉勸客歸。且向風光共酬酢，異鄉行樂莫相違。

宿山中詠塋上古松

鬱鬱寒松宿古烟，偶來相對一悽然。修齡幾閲吾家老，上勢行將霄漢連。萬里江聲來枕上，五更霜氣動秋前。山林如此原當性，受命生來地獨賢。

寓歎

艱難險阻味全知，歷遍酸鹹未療饑。四壁蕭然歸亦好，百年如此老何爲？秋風尚雪劉蕡涕，鄰笛都關向秀悲。郙向桓家羨稽古，河汾也作衆人師。

出郊

江湖不見陸龜蒙，隱几昏昏似閉籠。十日已疏新緑友，今朝還遇舊黄公。東坡『苦厭黄公聒醉眠』，指言黄鳥也。林花檢點三更雨，津柳綢繆一笛風。倘是閒人有滋味，醉翁猶未及涪翁。

書事

人生失得真無定，莫倚清歌唤奈何。千里行塗津嶺半，三春花事雨風多。少時不免嘲瀧吏，老去空知歎夢婆。笑殺韓公並蘇子，枉將箕斗怨蹉跎。

觀劇

鶉衣鬆髻賤蒼鶻，傅粉施朱尊野狐。第謂當場爲戲耳，豈知人世有真乎。博州只用涼州酒，尚主無羞騎下奴。興罷都知渾無事，人生適意貴須臾。

自題詩稿

崔侯文思捷翻瀾，雜沓龍蛇意未安。偷句不憂潘十炒，國老閒談潘邠老詩多犯杜句。王直方云：『老杜復生，須與潘十廝炒。』嘶酸難免孟郊寒。傷心慘澹牛衣淚，快意酣嬉蠓甕寬。并入吟篇當圖讚，閒時展作古人看。

秋意

蕩楫下回塘，芙蓉蔽秋水。日晚驚風生，紛紛落蓮子。

即事

莫笑髯參軍，無輕短主簿。只可令伊喜，不可令伊怒。

閨恨

妾寄當歸草，郎貽紅豆花。相思不相見，况是不思家。

莫愁湖

春開晉苑花，秋老吴宫樹。君如要莫愁，莫在石城住。

江南春送人之江右

二月江南草欲齊，雜花生樹乳鶯啼。君行無定如垂柳，纔逐東風便向西。

有感奉酬

百尺長松不自長，下句蘿蔦與攀將。符融自有高名在，却道林宗是鳳凰。

春雨送客楚遊

武昌官路漢江堤，細雨東風正作泥。莫倚平生善吹笛，梅花落在庾樓西。

江　邊

離家白髮已增新，灼灼江頭二月春。楊葉洲邊望楊柳，雨絲風絮最愁人。

書涪翁遊青原山詩後

七祖名山鐘磬哀，顔公遺筆委蒿萊。千年猿鶴饑猶瘦，那復人間菜肚來。

五月十九日復古書院

溼氣侵衣露草低，平疇春遠稻苗齊。青山歷亂桃源近，時有班鳩屋後啼。

武功山一名小桃源。

方啟壽二首

方啟壽 字谷存，號子年，嘉慶間監生。

莫愁湖

湖爲前明中山王徐達賜墅，舊有勝棋樓，上塑中山王像。湖中漁租至今仍徐氏收取，湖上有亭，繪莫愁像焉。

玳瑁爲梁貯阿嬌，鬱金冉冉夢迢迢。鏡中秋影波三尺，簾外香光畫六朝。風月欲來先楚利，蘆魚有主特苗條。名王占盡湖山美，倒恐盧家恨未消。

舟發安慶

女牆八卦粉依然，小别重來又十年。昔歲羈棲成潦倒，今時遠適轉流連。河鲀暮雨臨江館，蘆葉明朝上水船。鄉味漸稀人漸遠，皖公山色有誰憐。

五、六晚唐風韻。

方于穀九首

方于穀 字石伍，嘉慶間歲貢生，有拳莊詩鈔。顧日新曰：『拳莊詩導派新城後，乃上窺歷代，悉能變換形貌古製。天才奔放，蒼勁宕逸，近體遠致遠神，鏟廢死句。』

寄慤庵

慤庵江北〔一〕秀，來築二龍間。門外一溪〔二〕水，牆頭數點山。眼前無俗物，世上有餘閒。待學涓高術，松筠共掩關。

校記：〔一〕『北』，詩集作『左』。〔二〕『溪』，詩集作『灣』。

南康舟中

夾岸人家共〔一〕竹籬，杉皮屋子映漣漪。蔗田高下自村落，芋圃參差成歲時。古寺白雲秋後夢，亂帆黃荻〔二〕雨中詩。轉因蹤跡隨萍梗，贏得他鄉觸景奇〔三〕。

校記：〔一〕『共』，詩集作『苦』。〔二〕『荻』，詩集作『葉』。〔三〕『觸景奇』，詩集作『閱歷奇』。

夜酌懷養蕉

三更重剪燭花丹，茗椀還温酒未乾。怕聽清歌催子夜，尚儲臘味佐辛盤。倦如疲馬常登坂，愁比春潮直上灘。敢怨生涯殊冷落，差强作客有袁安。

自問

江城太守重文章，送到諸生集講堂。那有師儒忘寢膳，轉將孝弟語門牆。絶裾未必關王事，負米何勞到異鄉。自問行藏難自解，出門便算救窮方。陽城爲太學博士，問諸生有不省其親者，於是諸生多歸省。此以之自問，意尤真樸。

星石攜樽夜話

花氣濃教酒氣醺，一樽相對話慇懃。爲安謝朓烏皮几，分寫羊欣白練裙。事後可知終有悔，人前每忌快談〔一〕文。此間便是瀟湘夜〔二〕，冷雨芭蕉不可聞。

末俗以講論文字爲忌諱，矢口之過，竟有刺骨之銜。讀五六句可勝三嘆。

校記：〔一〕『每』，詩集作『最』；『快談』作『只論』。〔二〕『夜』，詩集『館』。

答子固寄題稻花齋〔一〕 四首之一

山作屏風石作城，一條磵水路還平。耕桑便合稱經濟，婦女從〔二〕教識姓名。才發好花如子弟，偶燒殘札半公卿。佇看平地樓臺起，來聽溪聲與鳥聲。

校記：〔一〕詩集詩題作子固寄題稻花齋集四章依韻和答。〔二〕『從』，詩集作『都』。

答路杏池

蝴蝶飛飛花綴枝，松肪笋脯助吟詩。河魨二月登春網，是我清齋繡佛時。

秦淮雜詠〔一〕

青溪两岸簇〔二〕河房，亞字欄杆卍字牆。生怕郎船多錯認，當門特地種垂楊。

校記：〔一〕『詠』，詩集作『詩』。〔二〕『簇』，詩集作『盡』。

過小龍看花〔一〕　六首之一

一條磵水落盤渦，半是平沙半淺莎。行到金家沖口路，筠籃箬〔二〕笠出山多。

大小龍山占桐邑南鄉之勝，落落寫來，都成畫意。

校記：〔一〕詩集詩題作同澄衷種蘭諸兄弟過小龍一帶看花得十絶句。〔二〕『箬』，詩集作『箸』。

方秉澄七首

方秉澄，原名遵巘　字子靖，號竹吾，一號淑吾，嘉慶間廪生。姚石甫北園讌集詩序：

『竹吾居北園，環山帶水，松竹鬱深。投子龍眠，雲烟蒼翠。接其外廣軒曲池，魚鳥翛然暢其中。竹吾意氣豪俊，文章書法尤善。里中英彦樂交其人。嘉慶壬戌至丁卯間，則有李海帆、朱芥生、方植之、馬元伯、徐詠之、左匡叔、徐六驤、張阮林、劉孟塗、光聿元、吴子方、朱魯存，此十數人者，皆以文章道義相取。余相與往來，觴詠其中，以爲竹林之遊，無以過也。』張泰來曰：『先外舅同輩學問文章，極鄉里一時之盛。諸公或望隆卿貳，位躋藩輔，否則一官一邑借展所學，次亦手執一經傳其後嗣。外舅則一無所遇，又且耳病廢棄，客死他鄉，人世坎軻，備造其極，生平制藝多爲人取去，所作詩亦不自收拾，今檢得古詩數首，以見梗概云。』

駿馬篇

駿馬産渥洼，踔哉神龍族。八尺奮長鳴，雙耳森削竹。俶儻亦馴良，舉步無局促。若聞鼙鼓聲，翹首元戎纛。願偕武健兒，沙漠效馳逐。一斬月支頭，功成報芻牧。明視誇九方，驪黄斯悦目。棄置服鹽車，叱咤隨奴僕。惜此青雲姿，甘爲泥塗辱。藉非以力稱，安能飽苜蓿。

不遇：『鄣無恤九方，歎一展駿足。』而牛皁苜蓿猶緣力得，悲夫！

黄鵠篇

黄鵠不遠飛，垂翼依嘉樹。桑雁正竊脂，逐去猶回顧。豈戀腐鼠甘，嫌疑易逢怒。仰視浮雲高，雲中近天路。白鶴何翩翩，鳴聲散烟霧。憶昔同翱翔，心羡還目注。羽毛不能假，清風焉可御。會有豐滿時，相契自朝暮。

儕偶競奮，己獨戢翼，在陰之和，獨何人哉！

雜　感

電光不可炊，霞綺不可衣。虚情競相慰，肝腸傾與誰？灼灼桃李花，東風揚其姿。繁華能幾時，不如春草萋。貪餌誤潛鱗，斷尾知雄雞。君云磐石固，我心有所思。

進退得失之間，皭然泥而不滓。

森森喬木陰，噦噦棲蟬鳴。華筵開廣廈，斗酒娱嘉賓。歡會良不易，酡顔春風生。絲竹競繁響，新聲彌賞心。我思理素琴，絃急難叶音。停琴長嘆息，不如見吾真。

漁者不見水，獵者不見山。但期心所願，險阻皆等閒。秋蟬得意鳴，飲露高樹間。螳螂忽相偪，別枝誰可攀？趨避亦何勞，禍福無定端。達人惟俟命，俯仰心自安。

烈士徇名，夸者死權，各從所好。

豪俠少年子，意氣淩天雲。腰劍顧盼雄，挾策遊公卿。酒酣頻起舞，慷慨吐生平。萬金等浮埃，鼎重惟知音。春風方宜人，倏忽霜雪侵。朝爲鮑與管，夕爲越與秦。失意豈在大，簞豆見真情。

嘉禾送植之兄

行行出郭門，送君鴛湖湄。相聚不終朝，不如久別離。握手思盡意，意惻難爲詞。朔風吹寒林，白日忽西馳。舟人催解纜，同行促與歸。長夜不能寐，剪燭讀君詩。君詩何慷慨，擊節彌心悲。啟户瞻遥天，霜氣侵我衣。

方坦十五首

方坦 字履上，號丹衢，嘉慶間諸生，有丹衢詩稿。姚問樵曰：『丹衢讀書有識，奇穎過人。凡所引遠歌詠，無一語不從性靈中摩研而出。古人所謂「生心成五字」者，丹衢其庶幾焉。彼「株守繩墨」與「矜尚才華」两家對之，固瞠乎其後矣。」

遊清涼寺

薄日澹亭午，清風吹我襟。行行出東郭，遥見青山岑。孤雲散空碧，茂樹交繁陰。坐石聊小憩，緣溪復幽尋。浮圖聳絶巘，梵宇依高林。俯視城郭小，始知丘壑深。無由謝羈絆，倍惜此登臨。

登釣魚臺歌

杏子青青梅子小，繁花盡被東風掃。春鴻北去燕南來，光景催人暗中老。我懷抑塞無由開，獨上桐溪古釣臺。緑樹連雲密葱蒨，蒼巖拔地高崔嵬。遠山一碧數百里，落日晴嵐凝暮紫。平蕪盡處白浮光，萬古東流此江水。更聞上有仙人洞，回頭唤醒塵寰夢。仙人一去不歸來，石上殘棋至今空。我欲求閒未得閒，頻年橐筆去鄉關。何時徑遂棲巖志，買取巖前屋數間。

愛客泉長生蘋歌

長生蘋出晉祠水，泉名難老由斯起。曾聞天下舊無雙，今日雲中乃有此。城南七里水泉灣，高林古寺對恒山。門外靈源四時碧，鯈魚無數遊池間。山靈愛客意未了，昨湧新泉更深窅。千波徵士錫嘉名，絜齋明宰添芳沼。此泉竟同難老泉，長生蘋發葉娟娟。只知春夏顏常好，誰道深冬色亦鮮。桑乾層冰滿大澤，萬頃風沙塞草白。波光蘋影倍青葱，含情如識江南客。蘋兮蘋兮聽我歌，人生容易鬢絲皤。安得似君長茂美，年年歲歲澗之阿。

尋磻溪草堂

微風起蘋末，池水欲生鱗。穿竹忽迷路，隔花遥問人。雞聲三徑午，鶯語一簾春。坐愛幽棲處，真堪把釣綸。

投子山

門前投子山，朝夕弄烟鬟。翠黛不須掃，白雲長自閒。松間逢石坐，月下抱琴還。寄語同心客，丹梯近可攀。

律詩兼有古句，彌復清峭。

大風渡河

九曲黄河水，滔滔晝夜奔。盲風掀地起，駭浪接天渾。勢捲千堰急，聲喧萬馬屯。中流頻鼓棹，直欲溯崑崙。

熨斗臺懷四溟山人

明代論風雅，先生獨擅場。氣應陵七子，才足動諸王。一任青蠅點，終難白璧傷。高臺吟眺後，山水有輝光。

崇興寺　二首之一

閣圮菩提在，亭荒古柏空。我來絃子國，僧話梵王宫。山色寒烟外，溪聲落木中。留題無好句，不用碧紗籠。

登南雄郡城

蕭蕭木落海天長，獨上高城俯大荒。滿目雲山非故國，一年風雨又重陽。寒烟幾處榕陰緑，秋色誰家菊蕊黄。嗟我曰歸歸未得，不勝搔首向蒼茫。

高音亮節，殆可追步李茶陵九日渡江之作。

漫賦

十載風塵鬢欲斑，新詩疊唱大刀鐶。枉從宰相書三上，誰庇寒儒屋萬間？壯志久輸黄鵠舉，滄江坐羨白雲閒。嶺梅崖桂應相笑，爲底還山又出山。

湯雨生都尉消寒雅集

牛耳詞壇孰可操？筵開細柳醉葡萄。一時觴詠堪千古，三絶才名掩六韜。雨生工書、能畫、善琴，故云『三絶』。紫塞英風追頗牧，黄初詩格重劉曹。銷寒競寫陽春曲，從此雲中紙價高。

喜雪

沃國冬晴暖似烘，今朝雲氣忽冥濛。庭霙不斷飛飛白，爐火重燃熤熤紅。天散六花爲世瑞，家無半畝願年豐。新晴好約攜尊酒，共醉山城圖畫中。

廣州雜詠

牡蠣紅牆上綠苔，珠圓荔子綴罘罳。試燈風暖元宵近，便有桃花歷亂開。

題畫

一道寒泉萬樹松，青天飛下碧芙蓉。不知曳杖行吟客，家在橋南第幾峰。

春望

雁門關外柳毿毿，萬里晴光極蔚藍。只愛白雲無繫絆，春風吹送過江南。

方遵周二首

方遵周 字用喆，號琴圃，嘉慶間諸生。

六安道中

蹇驢馱夢過溪橋，布穀聲中看插苗。蠶事過春桑葚熟，人家近水鴨群嬌。山頭風起林翻白，日脚雲開雨未消。薄暮且投茅店宿，輕陰漠漠恐連朝。

七夕

癡心兒女拜銀河，曾乞天絲巧若何。縱使雙星輸巧慧，一生猶是別離多。

方遵矩二首

方遵矩 字遐照，號晴堂，嘉慶間諸生，有行樂草。

送　別

聚首不知樂，别離頓覺難。悲風吹祖帳，斜日送征鞍。烟雨他年夢，江山此夜寒。何緣重把臂，猶自共盤桓。

暮歸道中

風光最愛早秋天，一帶平林織暮烟。遥指峰巒高下裏，乍看樓閣有無邊。尋詩客到雲生屐，罷釣人歸月滿船。我獨騎驢事驅策，柴門不遠夜燈然。

方　椿三首

方　椿　字道融，號森庵，嘉慶間衍聖公府屯官。

送文濤之廣陵

纔返潯湯棹，飄然下石頭。手持白玉麈，獨上木蘭舟。劍氣衝霄漢，濤聲撼斗牛。我心如片月，長逐大江流。

竹塢

荒園多種竹，半畝緑陰稠。盡日不知午，四時常有秋。鳥飛雲外落，風定雨初收。一片清虚氣，開軒客自留。

中秋月下

一年十二回圓月，不在愁鄉即異鄉。何幸故園今夜好，恰逢佳節桂花香。秋纔及半冰輪滿，鬢欲全皤髮影蒼。萬里晴光清似水，照人襟襫冷如霜。

方楷一首

方楷 字道衡，號毅庵，嘉慶間諸生。

懷李二海帆 二首之一

憶昔長安汗漫遊，天涯詞客共神州。楷模久已欽元禮，客舍還教識馬周謂馬獻生。南海亭臺尋舊跡，西湖風月感新秋。只今故好雲烟散，落拓江湖雪滿頭。

方性道二首

方性道 字堃載，□□□，乾隆間諸生，有□□集。

小孤山

眾流中斷處，險絶一峰孤。地勢全分楚，江聲尚識吴。柁樓炊晚□，舟尾飼神烏。砥柱傳環異，靈旗夜有無。

登晴川閣

鯉魚風起浪花圓，列岫崚嶒疊遠天。一片帆檣迷鄂渚，萬家烟火接晴川。寒城客散旗亭酒，晚市人争渡口船。振筆題詩最高頂，鳳鸞清嘯落平泉。

方宫聲二十四首

方宫聲 原名夢松，字象三，一字子固，號東溪，嘉慶間拔貢生，早卒，有海棠樓詩。方氏詩輯系傳：『子固以選拔入都，朝考後遂病卒。所撰有黄海集、小娜嬛閣學詩、黛龍逸稿。詩才横放明麗，風骨頗振近日。』邵君遠撰海内詩品云：『子固詩如春鶯引吭，圓美悦耳，世遂多以疑雨集玉臺體目之，非知子固詩者也。』

詠史

秋江秀芙蓉，空谷生蘭草。幽獨藴芳馨，思之傷懷抱。楚懷與漢文，安可同日道？痛哭吊靈均，賈生空自老。可惜太平時，貧賤事猶小。

汪梅塍百一鸜鵒硯寮圖

秋齋夢醒喜鵲噪，梅塍先生來相過。手持一幅硯寮景，索作百一鸜鵒歌。端溪石妙不在眼，有眼乃見緣爛柯。眼非一種貴生翠，雞貓雀不如鸜哥。鸜之鵒之更異品，有或一二難得多。歷稽米史及蘇譜，下巖眼頗踰後磨。聯排星斗每六七，無朦翳淚鑽鷩渦。慶曆以來此石少，蚌坑似是實則訛。兹百有一悉圓活，陰崖當日誰攻磋。荒靈老洞孕太古，泉光石氣相盪摩。風吹不亂點滴注，灌瞳纏脈青旋螺。爲鸜五十鵒五十，奇零其一從旁睋。化工如此豈輕獻，必逢真賞來搜羅。深房大廈位妥帖，四垂風雨森簾波。雁頭箋紙虎僕墨，夢樓揮灑隨園哦。贔才不棄展相視，小陽天氣方晴和。冬烘無事睨高樹，看群八八頭出窠。樹頭卷裏炯相向，金旋碧暈無稍差。點睛在昔孰神手？少見多怪翻相呵。何當過訪試硯室，啟篋三拜親摩挲。

雨耕丈書來問江行消息

地坼東南水，天寒西北風。萬山争起伏，一線瀉鴻濛。雨合江聲壯，潮青海氣通。漫憐飄泊苦，尚未泣途窮。

渡　頭

渡頭人散去，楊柳獨依依。目極江之永，隨風送我歸。雲中城郭是，天末雁鴻飛。今夜投誰宿，漁家水四圍。

李義山詩：『高閣客竟去，小園花亂飛。』劉子儀詩：『短亭人散柳依依。』起聯從二詩脱化。

月中過北崦觀荷

漏静碧波寒，芙蕖面面看。花依風露宿，客愛水雲寬。潔白非時好，馨香接古歡。主人留月住，照冷石闌干。

屈原祠

楚尾行經發楚思，木蘭花下纜舟時。擷來香草人何往？吊盡斜陽水不知。一曲滄浪迷釣艇，三春歌管賽叢祠。何緣長薄棲遲久，詎爲淮南桂有枝。

至休寧遲子均不歸再寄揚州兼紀行迹　九首之四

石城秋氣接蕪城，一杖同騎二鶴迎。足下江流吴楚合，天邊水勢泗淮平。使船真勝南人馬，鬭酒堪降北府兵。何處陳隋遺迹在，玉簫吹起月輪明。

三月遊蹤一電過，廣陵濤裏各奔波。共題小驛名金雁，獨渡寒江送木鵝。臨別更爲青海舞，再來猶贈紫雲歌。無端病倒秋風客，取笑當前春夢婆。

載將愁去載將還，烟水新亭一霎間。名士已空揮扇渡，布帆無恙覆舟山。鵬飛鷁退吾知命，虎踞龍盤勢未孱。可得小玲瓏閣裏，静聽風雨便闌珊。

遂從楊子瞻桐子，直上天門溯海門。鵲尾岸回潮有信，蛾眉山失月無痕。空江一病涼楓落，故里重歸晚菊存。君向蕭樓逢九日，茱萸灣裏幾開尊？

起二語用杜陵劍外篇結，末句格作起，尤覺突兀。

來青伯撫浙舟次謁呈

天津直北接龍沙，大駕頻年駐翠華。兩世甘棠迎雨露，九霄睿藻賁雲霞。人言盛代多新澤，帝謂名臣屬舊家。三省長官知不遠，請看開府已高牙。

呈石伍伯父

公望雲蒸薄暮霞，我如寒勒早春花。一門咸籍真狂友，十葉金張自大家。烈士壯心前棧馬，故侯活計後園瓜。可能下遍麒麟綱，尚復山巔與水涯。

山塘夜泊

此地吾曾賦錦裙，十年芳草换斜曛。望中馬是閶門水，夢裏人行楚峽雲。殘月半帆花外落，緑波雙港寺前分。吴孃暮雨瀟瀟曲，今日重來竟不聞。

六語確切，不可移掇他處。

過歙懷淩仲子年伯

昭亭一别幾經秋，黄海重來未白頭。春草竟蕪揚子宅，夕陽長在謝公樓。隻雞敢忘生前語，萬卷空期死後收。自恨不才負知己，惟應騎馬避西州。

答家兄子山報罷客武清寄懷

少年裘馬滿京華，客子還乘下澤車。身世未妨同諫果，功名不欲似唐花。久聞臺上黄金賤，莫負庭前白日斜。獨念燕南連趙北，可容飄泊便爲家。

三、四成語屬對自然。

半夜

寒燈一豆青，薄衾冷如鐵。半夜子烏啼，前山有微雪。

暮興

山影瘦斜陽，灘聲急雲碓。幽壑不逢人，寒鴉立牛背。

題天門山

誰將擘華通河手，來闢東南两界山。爲有蛟龍從此出，天門雖設不能關。

板橋雜詠

一枝桃槳一枝簫，盪進秦淮出板橋。剛唱定風波曲子，水窗報道午時潮。
丁字簾西笛步東，緑楊鄰舍水當中。桃花紙薄分明見，隔箇紅闌路不通。
刺桐花發两邊樓，一樣簾絲一樣鈎。三五鶯聲都喚起，茜紗窗裏對梳頭。

惆悵

風波不定冶亭西，桃樹無根葉作泥。惆悵江南好時節，落花深處一鶯啼。

抵皖獨宿操江廠　時同舟者又廬、小崖皆返宅。

秋近江干露氣清，各家歸路認分明。空航獨宿無人語，一夜風潮聽舵聲。

冶春詞和韻

到底鶯花數故鄉，流連鏡裏太怱忙。小時食杏抛除核，生出花枝似我長。

附録摘句：『雲鋪三徑鳥藏樹，花落一溪人釣魚。』『鶯啼垂柳路三折，花落浣衣人一身。』『世道清貧佛共養，秀才冷落佛收功。』『瓦宫閣下風三日，揚子津頭月二分。』『紅藕蕭疏青雀舫，緑楊摇落紫蘭墳。』『日影細鈎花脚轉，湖光遥潑馬頭來。』『一往蒼山丹嶂裏，已離秋水亂流中。』『江水不流明月去，好山多傍夕陽開。』

方元琮四首

方元琮　字含輝，號竹庵，嘉慶間國學生，早卒，有卿雲館遺稿。含輝爲竹吾難弟，爲人孝謹，乃竹吾高才不遇，而含輝亦不永其年，碎紅埋玉亦可哀已。

雜詩　七首之一

種樹溪園中，繁陰覆我屋。涼風當窗來，几榻淨浮緑。玄蟬發清響，黄鳥聲相續。盥手理絲桐，揮絃成妙曲。之子意如何，翛然絶塵俗。顯榮豈不慕，苟得非吾欲。開尊飲美酒，微醺殊已足。

晨起

山月曉未墮，清光滿薜蘿。不知昨夜雨，只見落花多。鳥語藏深樹，漁歌出芰荷。開軒鄰叟至，談笑樂如何？

夜泊皖江

楓葉亂山秋，滄江静不流。笛聲吹野岸，月色上孤舟。鴻雁一時到，客心中夜愁。天明挂帆去，回首白雲浮。

來青制軍小春赴山海關

初日出林東，征塵帶曉風。霓旌連塞碧，虎帳接天紅。雨雪經冬足，人家樂歲豐。玉關遥望處，威鎮海潮空。

方又新十六首

方又新 字瞻生，號浮溪，嘉、道間廩膳生，有浮溪詩稿。張勛園曰：『五言名章迥句，層見疊出； 七言流麗清新，高者直逼香山、劍南。加以格律深細，簡練精純，自足領袖騷壇，追蹤大雅。』

題廬山三笑圖

千巖萬壑争屹崒，中有一峰真奇兀。靈山自古與仙通，仙人與我常相逢。傳聞惠遠鍊丹成，全身羽化浮雲輕。偶來月下訪仙侶，道士静修作賓主。五柳先生出山來，乘風同到廬山隈。遂成佳會千秋少，圖畫廬山共三老。廬山之高不可極，舉頭皓月淩虚碧。攜手拍肩相追逐，行行忽過虎橋西，空中隱約聞天雞。呼童開匣出詩草，一笑乾坤猶未了。仰天白鶴向空飛，淡淡白雲山四圍，仙人遊戲仙雲裏。手濯銀河天上水，香爐紫烟傍山起。此中仙境少人知，此際仙人會有時。山有仙人山不老，萬古遨遊如此好。三笑之樂樂何如，青天搔首空踟躕。請挂三山海島之虚無，使我來往問麻姑。

贈菊瘦

春寒十日不出門，焚香獨坐静詩魂。曈曈曉日照户牖，欲寫蘭亭僵两肘。差喜案上有新詩，只少牀頭一壺酒。故人邀我出門去，沿溪踏遍橋南路。紅樓紫殿望如仙，楊柳亭臺緑雲護。青帘隱隱是酒家，群仙相會紛如麻。嘉魚入饌雜蘋藻，猶有江南風味好。長鯨吸飲醉如泥，千巖萬壑胸前倒。興酣落筆天風起，龍吟虎嘯空山裏。隨風舒卷上瑤臺，咳唾珠玉落九垓。任他佛地三千界，都入維摩指上來。憶昔陽春回黍谷，名花瑤草添香馥。對月吟花夜已闌，高談雄辨興未足。迄今小别已三年，又值東風二月天。羡君已入桃源境，虚無指點得真傳。隔溪好鳥聲聲報，半是詩人半是仙。

初夏山居

萬樹影婆娑，千峰挂碧蘿。午陰花事韻，林密鳥聲多。寺静僧常覺，潭深水不波。吟情兼酒興，此境問如何？

重遊蘭實書屋贈菊瘦

重作登樓客，相知有故人。箕裘猶似昔，花木又逢春。書憶來時切，交從别後真。夜深勤刻燭，相對話前因。

書懷

老至無長策，親朋漸覺疏。風塵容易減，辛苦病難除。裘敝猶存鞟，囊空剩有書。抗懷希靖節，還讀樂吾廬。

有感

大衍年華過，原非愛遠遊。風塵貧病累，辛苦稻粱謀。折柳誰青眼，逢春恨白頭。吾生渺滄海，萬事等浮漚。

昌平即事

四野村居樸，川原近帝畿。高峰留積雪，古樹挂斜暉。地曠風聲勁，天寒火力微。關城驚歲暮，悵望白雲飛。

四時詞　四首之二

我憶浮溪好，春風二月天。巖前紅杏雨，渡口緑楊烟。戴笠僧垂釣，擔花人喚船。坐看圖畫裏，即是小遊仙。

我憶浮溪好，登臨滿眼秋。四圍紅葉寺，一角白雲樓。夕照暄僧背，朝烟染佛頭。未知摩詰筆，畫出碧天不？

夜宿范陽

幾日長安道，依人又遠行。離家親老僕，駐馬宿荒城。寒月淡無影，孤鴻夜有聲。深宵眠未得，忽起故園情。

自遣

聊作桐溪識字夫，欲窮滄海問麻姑。人間富貴原空幻，天上神仙半有無。差喜探源才覺悟，須知入世要糊塗。會當吸盡西江水，洗却塵氛换故吾。

雜興

天際浮雲自捲舒，何須渺渺獨愁余。花間蝴蝶終成夢，海上樓臺總是虚。澆塊時憑桐市酒，消閒暫借鄴侯書。癡情名利原非策，檢點奚囊反舊廬。

示姪孫春畦

謀生計拙較錙銖，風味親嘗似苦荼。入夜敝裘寒料峭，看書老眼影模糊。撲來面上塵三斗，醉後牀頭酒一壺。夢醒槐陰何處是，閒愁添我白吟鬚。

夜泊采石

移舟泊處晚烟清，遥夜江干露氣横。明月三秋添我輩，青山終古屬先生。琪花瑶草供吟筆，流水行雲閲世情。自是仙蹤無定所，磯頭采石即蓬瀛。

出都之密雲留别友人朱晴佳

怱怱裝罷别金臺，駐馬臨岐曉日開。野店荒村花尚早，遠峰高樹雪猶堆。寒雲萬里歸詩卷，啼鳥三春勸客杯。回首帝城仍在望，紫霞縹渺接蓬萊。

垂釣

垂釣清溪西復東，天光雲影淡無風。溪頭春色知多少，流出桃花片片紅。

方傳馨六首

方傳馨 字彦遠，勤襄第三子，早卒。姚惜抱序曰：『彦遠生負儁才，聰穎好學，惜天靳之年未能竟其所造，而遺詩一册，淵懿和雅，直登作者之堂。』

趵突泉

源泉湧萬斛，濤聲撼層臺。憑闌一眺望，豁然心目開。小亭簇奇石，修徑緣城隈。雲錦散沙汭，濺沫飛瓊瑰。吐納忽騰踔，噴薄争喧豗。水性不就下，地軸爲之摧。我來方孟陬，草木初根荄。陽冰信不冶，先春鳴蟄雷。神瀵瀉乳竇，滢翠生莓苔。靈瀆有伏見，幽境無塵埃。臨流思濯纓，近岸堪流杯。烟嵐望猶緬，羲御倏已隤。僕夫促歸駕，欲去重徘徊。波瀾任平地，水鑒澄吾懷。

夜光木歌

楚山岧嶤沔水深，松杉栝柏森成林。燧人鑽出一燐熱，萬古柴立猶千尋。耕餘日闢野火燎，入林斧斤時相侵。鹿角槎枒蝕苔蘚，龍鱗摧落埋烟潯。鬱蒸歲久發光怪，火陽始信根於陰。山中三日翻盆雨，萬壑争流激飛弩。浮槎斷梗蔽江來，列炬驚看滿洲渚。舟人載有誰奇珍，七尺珊瑚從乞與。摩挲相視屑紛披，置之暗室光騰起。飛電著壁月入帷，星芒交射影疾馳。熒熒終夜争輝耀，晝視依舊成枯枝。昔聞招摇之山有迷谷，四照花光分熤熤。祖梁之草有夜明，翠蔓金莖碎珠玉。眼中之木非其倫，亦有寒芒眩人目。我疑蓬萊瀛海東，十日照耀扶桑紅。罡風吹來幾萬里，一枝飄落滄江中。又疑廣寒造宫闕，七寶修成光皎潔。妖蟇吞吐幾千回，玉宇傾頽瑤棟折。造物設此詭異觀，神奇變化真無端。含輝藴景終一現，未許晦迹空山間。君不見窮士韜光在幽谷，矻矻披吟夜無燭。壁光無隙借鄰家，藜火惟聞照天禄。安得山山生此木，人間遍照寒窗讀。

東方曼倩故里

玩世聊同俗，功名吏隱俱。臣才宜將相，公等盡侏儒。史筆誰傳信，神仙事有無。茂陵空慕道，寢廟已荒蕪。

閏二月十三日偕劉雲洲出右安門至廣惠宫

不覺東風至，閒巡野徑行。人聲喧近市，山色緑依城。水淺蘆芽短，風和麥浪平。馬蹄無遠近，春意漸相迎。

天津

絶岸臨流斷，浮雲入望開。萬家連野盡，一水抱城來。平野分新隴，河流剩劫灰。直沽尋舊迹，臨眺一裵徊。

初夏自京師赴大梁途中雜詠 四首之一

曲曲長堤旁水圍，平田如罫稻秧肥。紅塵不到綠無次，白鷺一雙高下飛。